红色文化研究书库

中国需要什么样的市场经济

21位专家学者与吴敬琏先生商榷

中国红色文化研究会 ◎ 主编

北京日报出版社

图书在版编目(CIP)数据

中国需要什么样的市场经济:21位专家学者与吴敬琏先生商榷/中国红色文化研究会主编.
北京:北京日报出版社,2016.1
ISBN 978-7-5477-1821-6

Ⅰ.①中… Ⅱ.①中… Ⅲ.①中国经济－社会主义市场经济－研究 Ⅳ.①F123.9

中国版本图书馆 CIP 数据核字(2015)第 221876 号

中国需要什么样的市场经济:21位专家学者与吴敬琏先生商榷

出版发行	北京日报出版社
地　　址	北京市东城区东单三条 8-16 号东方广场东配楼四层
邮　　编	100005
电　　话	发行部:(010)65255876
	总编室:(010)65252135－8043
印　　刷	北京永顺兴望印刷厂
经　　销	各地新华书店
版　　次	2016 年 1 月第 1 版
	2016 年 1 月第 1 次印刷
开　　本	710 毫米×1000 毫米　　1/16
印　　张	18.5
字　　数	258 千字
定　　价	48.00 元

版权所有,侵权必究,未经许可,不得转载

目 录 CONTENTS

中国改革的方向是什么？/ 1

刘国光 中国社会科学院原副院长，特邀顾问、学部委员
十八大后再谈我国经济体制改革的方向　3

卫兴华 中国人民大学荣誉一级教授
坚持社会主义市场经济的改革方向　12

项启源 中国社会科学院经济研究所原副所长、荣誉学部委员
经济领域两种改革观的争论仍在继续　20

宗　寒 《求是》杂志社经济编辑部原主任
新中国前30年发展的成就不容抹杀　28

"中国模式"的实质是什么？/ 37

程恩富 中国社会科学院学部委员、马克思主义研究学部主任
中国模式：当代中国特色社会主义模式　39

>> 中国需要什么样的市场经济

刘国光 中国社会科学院原副院长,特邀顾问、学部委员
关于当前马克思主义理论的一些问题 53

夏小林 国家发改委经济体制与管理研究所研究员
"普世价值"的"欧美模式"不能救中国 61

方兴起 华南师范大学经济研究中心主任、教授
"从美欧模式"到"竞争性市场体制" 98

许友伦 西安财经学院教授
社会主义市场经济是什么模式 110

程言君 徐州市委党校教授
全面深化改革能以"西方的理论为指导"套搬西方模式吗? 123

重启什么样的改革？/ 135

有　林 《求是》杂志社原总编辑、研究员
一位严肃的学者起码要尊重事实 137

梁　柱 北京大学原副校长、教授
评《重启改革议程》三个前提设定的荒谬性 147

丁　冰 首都经贸大学教授、中华外国经济学说研究会总顾问
究竟要把我国引向何处? 157

何干强 南京财经大学中国特色社会主义研究中心主任、教授
评《重启改革议程》的理论逻辑 167

国有经济不需要加强吗？/ 187

杨承训 河南财经政法大学教授,河南省经济学会会长
坚持中国特色社会主义不动摇 189

侯若石 中国现代国际关系研究院研究员
国企改革不能仅以微观效率为核心　200

李济广 江苏技术师范学院教授
析吴敬琏私有化的经济改革主张　213

简新华 武汉大学经济发展研究中心原主任、教授
余　江 武汉大学经济发展研究中心博士
重新重工业化不等于粗放增长和走旧型工业化道路　225

改革开放不需要讲政府作用吗？/ 241

周新城 中国人民大学教授、中国社科院马克思主义研究院特聘研究员
改革既要尊重市场规律，又要发挥政府作用　243

韩　强 南开大学经济学教授
与吴敬琏先生商榷几个问题　251

张凤超 华南师范大学经济与管理学院教授
资本权力与市场秩序："竞争性市场"之刍议　271

中国改革的方向是什么？

不能笼统地说中国改革在某个方面滞后。在某些方面、某个时期,快一点、慢一点是有的,但总体上不存在中国改革哪些方面改了,哪些方面没有改。问题的实质是改什么、不改什么,有些不能改的,再过多长时间也是不改。我们不能邯郸学步。世界在发展,社会在进步,不实行改革开放死路一条,搞否定社会主义方向的"改革开放"也是死路一条。在方向问题上,我们头脑必须十分清醒。我们的方向就是不断推动社会主义制度自我完善和发展,而不是对社会主义制度改弦易张。

——习近平2012年12月31日在十八届中央政治局
第二次集体学习时的讲话
(《习近平关于全面深化改革论述摘编》,中央文献出版社
2014年版,第15页)

十八大后再谈我国经济体制改革的方向

刘国光

（中国社会科学院原副院长，特邀顾问、学部委员）

党的十八大报告为中国经济改革已经指明了方向，就是要"加快完善社会主义市场经济体制"[①]，而不是资本主义市场经济体制；要"完善以公有制为主体多种所有制经济共同发展的基本经济制度"[②]，而不是以私有制为主体的基本经济制度；要"完善按劳分配为主体多种分配方式并存的分配制度"[③]，而不是以按资分配为主体的分配制度；要"完善（包括计划、财政和货币手段在内的）宏观调控体系，发挥市场在资源配置中的基础性作用"[④]，而不是自由放任的市场经济体系。党的十八届三中全会高度评价十一届三中全会召开35年来改革开放的成功实践和伟大成就，强调全面深化改革的总目标是完善和发展中国特色社会主义制度，推进国家治理体系和治理能力现代化。而目前有一种错误的观点，对我们的改革目标进行歪曲。如果对此种错误观点不进行警惕和批判，就可能对我国下一步的改革走向产生不利的影响，对社会主义市场经济体制的完善产生极大的危害。

这种观点的核心思想和主要主张的出发点是：中国现时仍然是一种"半统制、半市场"的体制，政府和国有经济仍然牢牢掌握国民经济的一切"制高点"，市场在资源配置中发挥基础作用的目标远没有实现。改革开放所取得的成就完全归功于市场化的进展，改革开放中所出现的问题主要是由于政府干预过度、市场化不够。收入两极分化等社会矛盾的根源最主要的是由

[①②③④] 胡锦涛：《坚定不移沿着中国特色社会主义道路前进 为全面建成小康社会而奋斗——在中国共产党第十八次全国代表大会上的报告》，2012年11月8日。

于政府权力过大、贪污腐败过于严重。下一步改革要从以下方面着手进行：一是破除国有经济对一些重要产业的垄断；二是削弱政府对经济的管理和干预。"市场化"是唯一解决中国经济问题、社会矛盾的灵丹妙药，是唯一实现中华民族伟大复兴的"法宝"。

实际上，这种观点并不是什么新东西，它就是前段时间大家批判的新自由主义、市场原教旨主义。持这种观点的人，把中国现在实行的有国家宏观调控和计划导向的社会主义市场经济看成是"半统制、半市场"的混合经济。可是，事实是，尽管市场发展还有不完善之处，但我国的市场经济已经建立已是不争的事实。据国内外许多专家学者测算，中国的市场化程度已经相当高。北京师范大学经济与资源管理研究院的"中国市场化进程"课题组撰写的《2010年中国市场经济发展报告》显示，2008年我国市场化程度已达76.4%，生产要素市场化程度已达87.5%，产品市场化程度已达95.7%[①]。这样看来，总体上讲，中国现今市场化达到的程度，已远非是"半市场"，而是在国民经济中早已过了"大半"，体现出市场在资源配置中起着相当程度的基础性作用。至于他们所说的政府统制，实指国家的计划导向与宏观调控，也绝不是什么"半统制"，而是涵盖了经济运行必要的范围。所有这些也正是社会主义市场经济题中之意。

持上述观点的人还认为，国有经济仍然牢牢掌握国民经济的"一切"制高点，近些年存在大规模"国进民退"。事实是，改革开放以来，虽然国有经济总量不断扩大，但在国民经济中的比重却一直下降。以工业为例，1978年为77.6%，1990年为54.6%，2008年为28.3%，2010年为26.6%，2012年中国工业增加值占国民经济的38.5%。从上述数据可以看出，我国国有经济在国民经济中的比重不断下降，宏观上并不存在所谓的"国进民退"；微观上国有经济"有进有退"，但更多的是"国退民进"，一些案例中的所谓"国进民退"，多半属于资源优化重组，并非没有道理。事实上，更多的倒是"国退民进"。

---

① 李晓西、曾学文：《2010中国市场经济发展报告》，北京师范大学出版社2010年版，第337页、第321页、第340页。

持这种观点的人还认为,改革开放以来所产生的经济问题、社会矛盾的根源就在于政府干预过多,收入两极分化主要是由于政府权力过大、贪污腐败严重造成的。他们宣称,"2005年中国的灰色收入规模达到4.8万亿元,2008年则达到5.4万亿元。中国租金总额占GDP的比率高达20%～30%。巨额的租金总量,自然会对中国社会中贫富分化加剧和基尼系数的居高不下产生决定性的影响"①。按照他们给出的数据,我国2005年的灰色收入规模,是当年财政收入3.16万亿元的1.5倍,是当年行政管理费0.48万亿元的10倍,按当年全体行政机关人员1208万总人数计算,每个公务员人均贪污39.7万元。这明显夸大了贪污的程度,给党和政府机关抹了黑。严重的贪污腐化确实是我国政治经济社会机体里的一大癌症,必须如党的十八大后宣布的不论"老虎、苍蝇"都要从严惩治。而他们如此渲染行政官员贪污腐化的根本目的,则是以此掩盖过度市场化和过度私有化才是导致我国收入两极分化等社会问题的真正根源。他们栽赃政府的逻辑是,权力必然产生腐败,政府干预过多必然导致官员收入过高、百姓收入过低,因此要解决两极分化就是让政府放权、一切由市场来解决。这样的逻辑明显是错误的。政府权力大小与贪污腐化有关,但不是直接因果关系。改革开放前,我国实行高度集中的计划经济,政府的权力比现在大得多,但腐败并不严重;所有制结构偏颇于"一大二公",导致收入分配平均主义倾向的弊病,却没有出现收入两极分化趋势。现在,尽管政府对微观经济还有不少过度干预,应该削减,但政府对经济必要的管制与干预大大少于过去计划经济时期,腐败反而变本加厉,可见腐败的产生另有根源,明显与过度市场化所带来的社会道德风尚恶化有关,当然也不应忽视体制改革中不完善不成熟之处,造成权力市场化和权力寻租的机会,也为腐败的涌流提供了缝隙。

至于贫富差距的扩大和两极分化趋势的形成,实际上,主要源于初次分配。初次分配中影响最大的核心问题是劳动与资本的关系。按照马克思主

---

① 吴敬琏、马国川:《重启改革议程——中国经济改革二十讲》,生活·读书·新知三联书店2013年版,第10页。

中国需要什么样的市场经济

义观点,所有制决定了分配制,财产关系决定分配关系。财产占有上的差别,才是收入差别最大的影响因素。"收入差别最主要是拥有财富多寡造成的","财产所有权是收入差别的第一位原因,往下依次是个人能力、教育、训练、社会和健康"[①]。30多年来我国收入差距的扩大的最根本原因,是所有制结构上和财产关系中的"公"降"私"升和化公为私,财富积累集中于少数私人。持前述错误观点的个别学者认为,资本所有者收入越来越富,劳动者收入占比降低,原因在于劳动者(如农民工)知识少、技术低。要让农民工成为拥有更多知识、更多技术的劳动者,才能根本上缩小贫富差距[②]。这一论点,明显回避和掩盖所有制关系对贫富差距的决定性影响。

持前述错误观点的人主张,今后进一步改革,主要应从以下两方面着手进行:一是破除国有经济对一些重要产业的垄断;二是减少政府对经济的干预。目标就是通过"市场化、法治化、民主化"的改革,建立包容性的经济体制和宪政体制,实现"从威权发展模式到民主发展模式的转型"。说到底,他们心目中改革的理想目标模式和顶层设计,似乎就是欧美的自由市场经济模式或社会市场经济模式;他们推崇的服务于垄断资本的所谓"有限政府"、"中性政府",似乎就是资本主义国家的政府;他们主张取消公有制的主体地位和打破国有经济的主导和垄断地位,似乎就是要让私有经济主导中国经济;他们宣扬抽象的"好的"市场经济,似乎就是资本主义市场经济。他们的主张一点也不令人奇怪,因为在他们的思想深处并以刊发文章,认为"法国大革命"、"巴黎公社"、"十月革命"所宣传的思想给世界带来的只能是"大灾难"和"大倒退"。我们的党和政府一定要认清这种错误观点的实质,一定要警惕这种错误观点的危害,防止"资本主义市场化"的思潮干扰我们的经济改革大业。

下一步,我们的经济改革的方向是什么?要回答这一问题,必须对当今的中国有一个清醒的认识和判断。今天的中国和30多年前改革初期的中

[①] [美]萨缪尔森:《经济学》(下卷),商务印书馆1979年版,第231页。
[②] 吴敬琏2013年3月16日在上海中欧国际工商学院论坛讲演,2013年4月25日《上海商报》报道"经邦论道"改革系列讲座讲演。

国有着明显的不同,国家的经济形势、社会矛盾、面临的国际环境都已发生巨大变化。到20世纪末至21世纪初,中国已初步建立起社会主义市场经济体制,并已完善了10多年,下一步改革的任务就是按照党的十八大要求继续完善它,也就是说我们既不能回到传统计划经济体制的老路,也不能走上资本主义市场经济体制的邪路。经过30多年的改革开放,我国市场化程度已不比有些西方国家低,不足之处需要完善,过头之处需要削减,不宜简单地宣扬"进一步市场化"、"更大程度和更大范围的市场化",否则,会带来由于过度市场化而引发种种灾难的后果。我国的所有制结构已发生深刻变化,国有经济的战线已大大收缩,如果按照佐利克的世行报告"2030年的中国"所建议,继续对所剩不多的大中型国有企业进行私有股份化改革或改制,我国社会主义初级阶段以公有制为主体的基本经济制度将更难以维持。我国除新闻出版等极少数行业没有对外资大规模开放外,绝大多数行业已全部开放,如果继续盲目扩大开放领域或没有限制的开放,则可能给我国带来经济安全和文化安全的问题。我国的财富和收入分配不均的状况已相当严重,基尼系数大大超出国际警戒线,如果再不采取有效措施遏制收入两极分化不断扩大的趋势,则极有可能引发社会动荡,最终实现不了共同富裕的理想。

今后,我们还要搞社会主义市场取向的改革和完善,但不搞过度市场化;我们还要搞国有企业管理的改革创新,但不能搞私有股份化;我们欢迎外资,利用外资,但要对外资有所限制,不能被外资控制;我们支持竞争,反对行政垄断,但不能以反垄断为名,限制国有经济的发展;我们拥护政府让利于民,发挥私营经济的活力,但并不是支持政府让利于少数富人、少数大资本所有者,继续扩大贫富差距;我们赞成市场在资源配置中起基础性作用,但并不是说要削弱国家的经济调控和计划导向的能力。

值此再度研讨进一步如何改革之际,我认为,为了保证经济改革的正确方向,今后应该从以下三个方面着手进行工作:一是做优做强做大国有经济和集体经济,发挥国有经济的主导作用和公有经济的主体作用;二是转变政府职能,在减消对微观经济不必要的干预的同时,加强国家宏观经济调控和计划导向能力;三是着力改善民生问题,逐步解决财富和收入两极分化问题。

党的十八大报告再次强调,我们要毫不动摇巩固和发展公有制经济,推行公有制多种实现形式,推动国有资本更多投向关系国家安全和国民经济命脉的重要行业和关键领域,不断增强国有经济活力、控制力、影响力。在这里我想指出的是,在社会主义经济中,国有经济不是仅像在资本主义制度下那样,主要从事私有企业不愿意经营的部门,补充私人企业和市场机制的不足,而是为了实现国民经济的持续稳定协调发展,为了巩固和完善社会主义经济政治文化制度。因此,国有经济理应在能源、交通、通信、金融等关系国民经济命脉的重要行业和关键领域有"绝对的控制力"或"较强的控制力"。党的十八届三中全会明确指出,我国作为一个社会主义大国,国有经济的数量底线,不能以资本主义国家私有化的"国际经验"为依据。确定国有经济的比重,理应包括保障、实现和发展社会公平和社会稳定的内容,所以国家对国有经济控制力的范围要比资本主义国家大得多。还要扭转长期以来忽视集体经济的发展的现象,研究适时启动邓小平同志提出的"农村的改革与发展第二个飞跃"的步骤。对于非公有制经济,要继续坚持毫不动摇鼓励支持,引导其发展的政策,而党的十八届三中全会通过的《中共中央关于全面深化改革若干重大问题的决定》也正是这样明确指出的,"公有制为主体,多种所有制经济共同发展的基本经济制度,是中国特色社会主义制度的重要支柱,也是社会主义市场经济体制的根基。公有制经济和非公有制经济都是社会主义市场经济的重要组成部分,都是我国经济社会发展的重要基础。必须毫不动摇巩固和发展公有制经济,坚持公有制主体地位,发挥国有经济主导作用,不断增强国有经济活力、控制力、影响力。必须毫不动摇鼓励、支持、引导非公有制经济发展,激发非公有制经济活力和创造力。"

我国建立的是社会主义市场经济体制,我国的宏观经济调控能力应比一般市场经济国家强,手段也要更多一些。我们社会主义国家宏观调控下的市场经济怎样区别于资本主义国家呢？除了基本经济制度的区别外，就在于我们还有计划性这个特点，还有国家计划的指导。少数市场经济国家，如日本、韩国、法国，都曾设有企划厅之类的机构，编有零星或部门的预测性计划。英国、美国等多数市场经济国家只有财政政策、货币政策等手段，没有采取较有效的计划手段来调控经济。但我们是以公有制经济为主体的社会主义发展中大国，要实行跨越式发展，更有效及时地调整经济结构，实现社会公平和公正，有必要也有可能在宏观调控中运用计划手段，指导国民经济有计划按比例发展。这符合马克思主义社会化生产要有计划按比例发展的真理，也是社会主义市场经济的优越性所在。经济体制改革的核心问题，不单纯是处理好"政府和市场"的关系，尊重市场价值规律；还要注意的是处理好"计划与市场"的关系，尊重有计划按比例发展规律。"有计划按比例"并不等同于传统的计划经济。"计划和市场两种手段都可以用"，"国家计划是宏观调控的重要手段之一"，"社会主义经济从一开始就是有计划的，不会因为提法中不出现'有计划'三个字，就发生了是不是取消了计划性的问题"。以上这些都是邓小平、江泽民讲过的话[1]。党的十七大胡锦涛也强调了"发挥国家发展规划、计划、产业政策在宏观调控中的作用"[2]。党的十八届三中全会《决定》则明确指出："政府要加强发展战略、规划、政策、标准等制定和实施，加强市场活动监管，加强各类公共服务提供。加强中央政府宏观调控职责和能力，加强地方政府公共服务、市场监管、社会管理、环境保护等职责。"

我们党提出到 2020 年要全面建成小康社会。要在剩下的 5 年时间里，达到这一目标，我们必须加紧改善民生问题，抓紧解决财富和收入两极分化问题。要解决贫富两极分化问题，不能仅仅从分配领域本身着手。仅仅通过完善社会保障公共福利制度，调整财政税收、转移支付等政策，是难以从

---

[1] 中共中央文献研究室：《改革开放三十年重要文献选编》（上），中央文献出版社 2008 年版，第 635 页、第 647 页、第 660 页。
[2] 中共中央文献研究室：《改革开放三十年重要文献选编》（下），中央文献出版社 2008 年版，第 1726 页。

根本上解决这一问题的。我们需要从所有制结构，从财产制度上直面这一问题，需要从基本生产关系，从基本经济制度来接触这个问题；需要从强化公有制为主体地位来解决这个问题。这是过去历次收入分配改革政策决策中回避接触的问题，因而不能触及分配问题的根本。同时，我们也要通过财政税收转移支付政策的改革和社会保障公共福利制度的建设来改善收入分配关系。党的十八届三中全会《决定》指出："着重保护劳动所得，努力实现劳动报酬增长和劳动生产率提高同步，提高劳动报酬在初次分配中的比重。健全工资决定和正常增长机制，完善最低工资和工资支付保障制度，完善企业工资集体协商制度。改革机关事业单位工资和津贴补贴制度，完善艰苦边远地区津贴增长机制。健全资本、知识、技术、管理等由要素市场决定的报酬机制。扩展投资和租赁服务等途径，优化上市公司投资者回报机制，保护投资者尤其是中小投资者合法权益，多渠道增加居民财产性收入。完善以税收、社会保障、转移支付为主要手段的再分配调节机制，加大税收调节力度。建立公共资源出让收益合理共享机制。完善慈善捐助减免税制度，支持慈善事业发挥扶贫济困积极作用。规范收入分配秩序，完善收入分配调控体制机制和政策体系，建立个人收入和财产信息系统，保护合法收入，调节过高收入，清理规范隐性收入，取缔非法收入，增加低收入者收入，扩大中等收入者比重，努力缩小城乡、区域、行业收入分配差距，逐步形成橄榄型分配格局。"这样，我们才能扭转贫富差距扩大的趋势，最终实现共同富裕。

党的十八届三中全会《决定》指出："经济体制改革是全面深化改革的重点，核心问题是处理好政府和市场的关系，使市场在资源配置中起决定性作用和更好发挥政府作用。市场决定资源配置是市场经济的一般规律，健全社会主义市场经济体制必须遵循这条规律，着力解决市场体系不完善、政府干预过多和监管不到位问题。"同时该《决定》还指出，要"健全宏观调控体系。宏观调控的主要任务是保持经济总量平衡，促进重大经济结构协调和生产力布局优化，减缓经济周期波动影响，防范区域性、系统性风险，稳定市场预期,实现经济持续健康发展。健全以国家发展战略和规划为导向、以财政政策和货币政策为主要手段的宏观调控体系,推进宏观调控目标制定和政策手段运用机制化,加强财政政策、货币政策与产业、价格等政策手段协调配合,提高相机抉择水平,增强宏观调控前瞻性、针对性、协同性。形成参与国际宏观经济政策协调的机制,推动国际经济治理结构完善"。

今后相当长时间内,中国经济改革的方向仍然是建立完善的社会主义市场经济体制。我们搞市场经济自然需要市场体系,需要培育多元化的市场竞争主体,需要建立一个公平竞争和法治的市场环境,但我们反对过度市场化,反对以市场化为名进行私有化,反对通过弱化、分化、肢解国有经济来实现竞争主体的私有化和多元化,反对建立一个不讲计划、没有国家强有力宏观调控的资本主义式的自由竞争的市场经济。

坚持社会主义市场经济的改革方向

卫兴华

（中国人民大学荣誉一级教授）

我国的经济体制改革,已经历了30多年的岁月。改革的宗旨"是社会主义制度的自我完善与发展"。改革的取向,总体上说是"市场取向",最终确立了社会主义市场经济体制模式。改革的成就是有目共睹的：生产力快速发展,经济总量跃居世界第二,人民生活水平显著提高,正向全面建成小康社会迈进。

一、改革的方向：建立和完善社会主义市场经济体制

有两种关于改革方向的正面提法,需要正确理解与把握。

1."坚持改革的方向,倒退是没有出路的"

对这一提法,应按其本意正确理解。那就是要改革僵化保守的不利于生产力发展的旧体制,建立有活力、有效率的新体制。改革与不改革,是两种方向,应取前者而舍后者。但是,有人高调讲"坚持改革的方向"另有其取向。例如,一再宣称"国退民进"是改革的方向。他们主张,国有企业退出经济领域,由私人经济进入取而代之,又大力宣传国有企业退出竞争性领域。近几年又高调批评与事实不符的所谓"国进民退"。诚然,改革开放以来,实施公有制为主体、多种所有制经济共同发展的基本经济制度,国有经济一统天下的局面会被打破。国有经济的绝对量和比重减少、非公有制经济的绝对量和比重增加,是自然的必然趋势。但我国是社会主义国家,必须坚持《中华人民共和国宪法》（以下简称《宪法》）规定的国有经济为主导、公有制为主体的根本制度。"国有经济即社会主义全民所有制经济,是国民经济中

的主导力量。国家保障国有经济的巩固和发展。"《宪法》的这项规定必须坚持。我国的国有经济的绝对量和相对量已缩小很多。如果继续宣传"国退民进"、"国有经济从竞争领域退出"的主张,或简单宣称改革的方向是彻底市场化,搞市场原教旨主义,这就离开了社会主义自我完善与发展的改革方向。

2."坚持社会主义市场经济改革方向"

这是党的十八届三中全会所强调的。这一提法比前一提法更明确、更完整。前一提法只强调要坚持改革,容易被另有所图者接过去另搞一套。讲改革,必须弄清改什么、怎样改,举什么旗,走什么路,存在一个改革的大方向问题。改革,就是既不走封闭僵化的老路,又不走改旗易帜的邪路,是要改革不利于社会主义经济发展的传统体制,创立有利于社会主义经济发展的新经济体制,即社会主义市场经济体制。

什么是市场经济?市场经济是与计划经济相对应的一种资源配置方式。长期以来,无论西方论著还是马克思主义论著,存在一个共同的认识:市场经济是资本主义,计划经济是社会主义。这也是当时客观事实的反映。因为所有资本主义国家,始终实行市场经济制度;而苏联建立社会主义后的长时期中,所有社会主义国家都实行计划经济。我国改革开放过程中,认识到传统计划经济日益显露出的弊端,进行市场取向改革的探索。先后由计划经济为主、市场调节(市场经济)为辅,到公有制基础上的有计划的商品经济体制(划出了完全由市场调节的市场经济部分),到计划经济与市场调节(市场经济)相结合,到全面实行社会主义市场经济。市场取向的改革逐步深入和扩大。最终,突破了市场经济姓"资"、计划经济姓"社"的理论框架,找寻到完全创新的改革模式。

二、从社会主义商品经济到社会主义市场经济

不要将市场经济与商品经济画等号。我国在传统计划经济体制下,也存在商品经济,是社会主义商品经济。还提出社会主义经济是公有制基础上的有计划的商品经济,作为改革的取向。有商品经济就有市场,但在传统

经济体制下，市场不起调节经济的作用。在经济发展中起配置资源作用的是指令性计划，而不是市场。西方有些国家的词典中没有商品经济概念，只有市场经济概念，因而不存在市场经济与商品经济的异同问题。我国的特殊历史发展条件，造成商品经济与市场经济两个概念既相联系又有区别的情况。只有当市场机制能起调节生产的作用，从而成为资源配置者时，这种商品经济才是市场经济。因此，可以说，市场经济是通过市场调节起资源配置作用的商品经济。市场经济作为一种经济体制和资源配置方式，它自身不存在"姓资"、"姓社"问题，但它又不能脱离开一定的社会经济制度而独立存在。它可以与资本主义制度相结合，形成资本主义市场经济，也可以与社会主义经济制度相结合，形成社会主义市场经济。

我国对社会主义市场经济提出科学界定的是党的第十四次全国代表大会。十四大报告中指出："我们要建立的社会主义经济体制，就是要使市场在社会主义国家宏观调控下对资源配置起基础性作用。"也就是马克思主义经济学所讲的通过价值规律的作用调节生产与流通，将生产资料和劳动力分配到各个经济部门。可以看出社会主义市场经济包括三层含义：一是市场经济是由市场机制（供求机制、竞争机制、利率机制、价格机制等）调节资源配置的经济体制；二是社会主义市场经济是市场经济与社会主义基本制度相结合的经济，是以公有制为基础或为主体、以共同富裕为根本目的的；三是社会主义市场经济，不是完全自发的自由市场经济，而是在社会主义国家宏观调控下运行的市场经济。国家要运用经济政策、经济法规、计划指导和必要的行政管理和法律手段，引导市场健康发展。

社会主义市场经济的根本特点，在于将社会主义基本制度的优越性同市场经济的灵活性、效率性结合起来。市场经济是竞争经济，市场鼓励强者而不怜悯弱者。市场规律会形成一种激励机制和创新机制，促进经济的发展。同时也要看到，市场调节经济具有自发性、盲目性和滞后性，当代资本主义的市场经济也已不是政府只起"守夜人"作用的自由市场经济，也要实行政府干预。第二次世界大战后，许多资本主义国家如日本、法国、韩国等实行的经济计划，包括短期计划和长期计划，用"看得见的手"引导"看不见的手"。我国是社会主义国家,公有制的主体地位和国家的宏观调控制约着市场经济的负面效应,可以避免和削弱资本主义市场经济必然产生的经济震荡和经济危机。

我国已经基本建立了社会主义市场经济体制。取消了指令计划,放开了市场,市场经济初步建立。但社会主义市场经济体制还需要进一步完善和发展。党的十八大报告指出:"要加快完善社会主义市场经济体制。为此,就需要完善'公有制为主体、多种所有制经济共同发展的基本经济制度,完善按劳分配为主体、多种分配方式并存的分配制度,更大程度、更广泛范围发挥市场在资源配置中的基础性作用,完善宏观调控体系……推动经济更有效率、更加公平、更可持续发展。'"可以看出:这一论述依然是从社会主义市场经济的三个层次上着力于完善的。由于我国社会主义市场经济是以社会主义初级阶段的基本经济制度为基础的,就需要首先完善公有制为主体,多种所有制共同发展;按劳分配为主体,多种分配方式并存的基本制度。其次,市场配置资源的作用要更好地发挥,发挥的程度要提高、范围要扩大。要着力激活各类市场主体发展新活力。市场能解决了和解决好的事情,就放给市场去做,充分发挥市场调节的正面效应。最后,市场并不能解决一切问题,而且,市场经济还存在负面效应,需要加强和完善宏观调控体系,不能搞新自由主义推行的彻底市场化、自由化。新自由主义在许多国家和地区推行的恶果,应引以为戒,要警惕新自由主义思潮在我国的传播。

三、发挥社会主义市场经济的优越性,削弱和扭转市场经济的负效应

在社会主义制度下,发挥市场配置资源的作用,给我国带来经济发展的活力与效率。它的这种正面效应是主要的、肯定的。我国社会主义市场经济在应对各种自然的和社会的突发事件上,也表现出远胜于资本主义市场经济的优越性。如在2008年以来的金融、经济危机中,我国有效应对,最先摆脱了危机的冲击,经济增长领先于世界。另一方面,也不能忽视市场经济的负面效应。诺贝尔经济学奖获得者、美国经济学家萨缪尔森的风行世界的《经济学》一书中强调指出:市场经济存在市场失灵。"讨论市场失灵,是为了将我们对市场的热情稍稍降温,对看不见的手有所了解之后,我们一定不要过分迷恋于市场机制的美妙——以为它本身完美无缺。""价格机制的辩护者和批评者们应当认识到,有效率的市场制度可能产生极大的不平等。"又讲:"市场并不一定产生一种被认为是社会公正或平等的收入分配。一个完全自由放任的市场经济可能产生不可接受的极大的在收入与消费上的不平等。"日本学者的论著中也讲,市场经济承认分配的不公平。一夜之间可以成为亿万富翁,一夜之间也可以成为穷光蛋。

市场配置资源的正效应和负效应,完善宏观调控体系的必要性,在我国都已显露出来。分配领域的不公平和差距过大的趋势,需要政府采取有效措施和政策予以缓解。党的十八大报告强调要以人为本,发展成果由人民共享,实现居民收入增长和经济发展同步,提高居民收入在国民收入分配中的比重,提高劳动报酬在初次分配中的比重。党的十八届三中全会《决定》把"让发展成果更多更公平惠及全体人民"纳入全面深化改革的总目标。这就将保障和改善民生提到一个更高的地位。再者,市场调节的自发性和滞后性,在一定程度上导致我国多个部门的产能过剩。某些产品如钢材、煤炭等时而需求扩大,价格猛涨,利润滚滚;时而需求下降,产品滞销,价格跌落。近日,有媒体报道,我国目前一吨钢材的利润不如一根冰棍所值。这表明,宏观调控在相关方面还没有很好到位。实行宏观调控不应是头痛医头、脚痛医脚,而是应有前瞻性、预见性、计划性和科学性。

我国虽已建立了社会主义市场经济体制,但还需要完善和发展,还需进一步深化经济体制改革。改革的核心问题是处理好政府和市场的关系。既要更加重视市场规律,又要更好地发挥政府的作用。政府的调控既不能越位,也不能缺位。市场的作用既要放开,又要驾驭和调控。

四、社会主义市场经济理论问题上的是是非非

1. 我国需要建立和已建立了社会主义市场经济体制

在建立和发展社会主义市场经济问题上,学界存在不同见解。有些见解是偏离马克思主义和中国特色社会主义的理论指导的。有的学者借口市

场经济不存在"姓资"、"姓社"问题,不赞同在市场经济前加"社会主义"一词。他们只提坚持市场经济的改革方向或坚持市场化改革等。这不是个概念之争的问题,而是涉及要不要走中国特色社会主义道路的问题。市场经济不是一种单独的经济制度,它必然以一定的所有制为基础。或与资本主义所有制相结合,是资本主义市场经济;或与社会主义所有制相结合,是社会主义市场经济。目前世界上存在着这样两种既有市场经济共性,又有道路与目的不同、生产关系不同的市场经济体制,是有目共睹的。正如同商品经济本身不具有特定的社会经济属性,但可根据与其相结合的所有制不同,区分为资本主义商品经济、社会主义商品经济和小商品经济。江泽民同志曾指出,社会主义市场经济,加社会主义一词,不是画蛇添足,而是画龙点睛。不赞同讲"社会主义"市场经济,必然是不赞同市场经济与社会主义基本制度相结合,也不赞同加强和完善社会主义国家的宏观调控。然而,不与社会主义制度相结合,就只能与资本主义制度相结合,不管说者的主观主张如何,逻辑的推理必然是走向资本主义市场经济。可是,现代资本主义市场经济也有政府干预和调控。因此,不要政府调控和不要与社会主义公有制相结合的市场经济,实质上是已声名狼藉的新自由主义的私有化、自由化、彻底市场化的主张。还有学者将我国在宏观调控下的社会主义市场经济,批评为"半市场、半统制"的经济,这不符合事实。说者也难以论证其观点的真实性。

  判断是不是建立了市场经济体制,就是看市场是不是起了配置资源的作用。这就需要考察市场调节经济的功能的三个方面是否实现。

  一是市场机制调节价格。也就是商品价格在价值基础上由供求机制、竞争机制、利率机制等综合作用形成。我国的价格已绝大部分放开,由市场形成。产品市场化程度高达97％左右。因而已实现了市场调节价格的功能。

  二是市场机制调节企业的生产经营活动。生产什么、生产多少,根据市场供求主要是根据价格信号进行安排。现在我国已经完全取消了指令性计划对企业调控,企业都在看市场的眼色行事,根据市场需求及其变化安排生产和流通,实现了市场直接调节企业的功能。

三是市场机制调节供求。我国已不存在凭票供应时期的短缺经济。卖方市场转为买方市场。这是计划经济转为市场经济的重要标志。人们购买商品可以到市场根据价格和需求自由选择。

根据以上说明,我国的市场经济已经建立起来,不是什么"半市场、半统制"的经济。指责所谓"半统制",如果是指国家的宏观调控、国家要掌握有关国计民生的重要部门和资源,那是社会主义市场经济的应有之义。毛泽东同志在《新民主主义论》中引用国民党第一次代表大会宣言中的一段话:"垄断性企业和规模很大的企业,由国家经营管理之;使私人资本不能操纵国民之生计。"这也是新民主主义共和国的正确方针。我国已进入社会主义初级阶段,不能比新民主主义倒退,更不能比孙中山的主张倒退。如果只要市场经济或市场化改革,不要与公有制相结合,只与私有制相结合,不要政府宏观调控和掌握国民经济命脉,去搞自由放任的市场经济,显然,只能是"管得最少的政府是最好的政府"的早期资本主义自由市场经济,连现代资本主义市场经济都够不上了。

2. 坚持社会主义市场经济就要坚持国有经济为主导公有制为主体

也有人虽跟着讲社会主义市场经济,但在"社会主义"概念上做文章。一位有影响的作者,在一家有影响的地方报纸上,在"学习宣传贯彻落实十八大精神"的栏目中,发表了与党的十八大精神完全相悖的《改革攻坚,必须坚持三个不动摇》一文,其中宣称"国有经济正确定位不动摇"。怎样定位?作者说国有经济不是社会主义经济,不是共产党的执政基础。其根据是所引用的恩格斯在《反杜林论》中批评"冒牌社会主义"的一段话。恩格斯批评有人将俾斯麦为战争需要将铁路国有化称作社会主义,这当然是冒牌货。因为资本主义国家的国有经济不是社会主义,而是国家垄断资本主义。引证恩格斯的话来否定我国国有经济的社会主义性质,是一种理论是非的颠倒。恩格斯明确说明:资本主义国家的资本"无论转化为股份公司,还是转化为国家财产,都没有消除生产力的资本属性"。马、恩、列、毛、邓的论著和我国《宪法》及中央文件,始终把劳动人民掌握政权的国有经济,定性为社会主义经济。《共产党宣言》提出：无产阶级利用自己的政治统治，"把一切生产工具集中在国家手里"。恩格斯在批评冒牌社会主义的同一著作中，同时指出："无产阶级取得国家政权，并且首先把生产资料都变为国家财产。"国家是"以社会的名义占有生产资料。"马克思在《论土地国有化》一文中指出："生产资料的全国性集中，将成为自由平等的生产者的各联合体所构成的社会的全国性的基础，"也就是讲国有经济是社会主义制度的基础。毛泽东在党的七届二中全会的报告中强调指出，新中国的"国营经济，是社会主义性质的经济"，私营企业"是私人资本主义"。我国《宪法》明确规定："国有经济，即社会主义全民所有制经济，是国民经济的主导力量。国家保证国有经济的巩固和发展。"党的十八大报告指出："推动国有资本更多投向关系国家安全和国家经济命脉的重要行业和关键领域，不断增强国有经济活力、控制力、影响力。"

当然，国有经济还存在这样那样的问题，需要通过深化改革和完善体制机制来解决。但不能由此否定国有经济是社会主义经济，认为非公有制经济才是社会主义经济。把前者称作国家社会主义或冒牌社会主义，把后者称作人民社会主义，将二者相对立。还有人提出要摘掉企业"所有制标签"，突破"姓国姓民的桎梏"，理由是国有企业已是生产力发展的桎梏。

所有这些议论都是与马克思主义和中国特色社会主义背道而驰的，也是与历史事实不符的。中国特色社会主义理论和制度是：公有制为主体，国有经济为主导，多种所有制经济共同发展，一视同仁，平等竞争。毫不动摇地发展公有制经济，也毫不动摇地发展非公有制经济。国有经济有进有退，有所为有所不为。国家要掌握国民经济发展命脉。离开这一理论和制度的主张都是不正确的。

经济领域两种改革观的争论仍在继续

项启源

(中国社会科学院经济研究所原副所长、
荣誉学部委员,中国经济规律研究会名誉会长)

在我国改革开放过程中存在着两种对立的改革开放观,这是江泽民1991年在庆祝建党七十周年大会的讲话中提出的。他说:"意识形态领域是和平演变和反和平演变斗争的重要领域,资产阶级自由化同四项基本原则的对立和斗争,实质是要不要坚持共产党领导、坚持社会主义道路的政治斗争,但这种政治斗争大量地经常地表现为意识形态领域的思想理论斗争。思想宣传阵地,社会主义思想不去占领,资本主义思想就必然会去占领。""要划清两种改革开放观,即坚持四项基本原则的改革开放,同资产阶级自由化主张实质上是资本主义化的'改革开放'的根本界限。"[1]

最早明确地揭示了资产阶级自由化本质的是邓小平。1986年9月,他在党的十二届六中全会的讲话中说:"反对资产阶级自由化,我讲得最多,而且我最坚持。为什么?第一,现在在群众中,在年轻人中,有一种思潮,这种思潮就是自由化。第二,还有在那里敲边鼓的,如一些中国香港的议论,中国台湾的议论,都是反对我们的四项基本原则,主张我们把资本主义一套制度都拿过来,似乎这样才算真正搞现代化了。自由化是一种什么东西?实际上就是要把我们中国现行的政策引导到走资本主义道路。""自由化本身就是对我们现行政策、现行制度的对抗,或者叫反对,或者叫修改。"[2] 1989年政治风波之后,邓小平在总结这次事件的教训时说:"四个坚持本身没有

---

[1] 《江泽民文选》第1卷,人民出版社2006年版,第160~163页。
[2] 《邓小平文选》第3卷,人民出版社1993年版,第181~182页。

错,如果说有错误的话,就是坚持四项基本原则还不够一贯,没有把它作为基本思想来教育人民、教育学生、教育全体干部和共产党员。这次事件的性质,就是资产阶级自由化和四个坚持的对立。"①1989年9月,邓小平在接见李政道教授时又说:"动乱给我们上了一堂大课……搞改革开放有两只手,不要只用一只手,改革是一只手,反对资产阶级自由化也是一只手。有时这只手重些,有时另一只手重些,要根据实际情况。"②一直到1992年邓小平在南方谈话中仍谆谆教导:"在整个改革开放的过程中,必须始终注意坚持四项基本原则。党的十二届六中全会,我提出反对资产阶级自由化还要搞二十年,现在看起来还不止二十年。资产阶级自由化泛滥,后果极其严重。特区搞建设,花了十几年时间才有这个样子,垮起来可是一夜之间啊。垮起来容易,建设就很难。在苗头出现时不注意,就会出事。"③

改革开放后,在我国经济学界对大大小小的问题争议不断。当然,其中有许多属于学术上的不同见解,但也的确存在着两种改革观的斗争,值得我们高度重视。党的十八大后围绕改革方向仍然存在不同的理解和主张。其中一些争论与过去一脉相承,实质上仍反映出两种改革观的对立。

有些人口头上说拥护党的十八大关于改革开放的部署,却否定党的十六大、十七大以来的改革工作,说什么过去10年中国的改革停顿了、倒退了。

2012年12月20日,财经网刊发了张维迎教授的观点,用的标题是"改革进程开始逆转,必须重回市场化改革"。文中说:"改革开始后的二十年是理念战胜利益。但是现在基本上是利益战胜理念。几乎所有出台的政策都是为了保护和增加各个部门的自我利益。""改革开放30年后凯恩斯主义不仅成为中国宏观政策的指导思想,而且指引了中国'十二五'发展规划的制定。中国开始了事实上的'国进民退'浪潮,改革的进程开始逆转。"

此后不久,张维迎在博鳌亚洲论坛分论坛上当着不少国际上有名望的

---

① 《邓小平文选》第3卷,人民出版社1993年版,第305页。
② 《邓小平年谱》,中央文献出版社2004年版,第1289页。
③ 《邓小平文选》第3卷,人民出版社1993年版,第379页。

中国需要什么样的市场经济

外国经济学者的面,明确宣称:"过去10年中国没有进行经济改革。"

吴敬琏研究员对过去10年我国经济改革的评价与张维迎基本相同,他在2013年3月17日中欧国际工商学院论坛上发表演讲,题目就叫"中国怎样重启改革"。他说:"中国要不要继续改革还是转变方向,过去10年出现动摇。"2012年1月,由吴敬琏、马国川合著、三联书店出版的《重启改革议程——中国经济改革二十讲》(本文后面引用此书时简称为《重启》)书中,多处讲到他们认为的改革停顿甚至是倒退的事例。

对过去10年的改革如何评价是一个很严肃的问题。因为我们党的历次代表大会都是承前启后的。党的十六大、党的十七大的改革是前进了还是停顿了、后退了,直接关系到党的十八大改革的起点和走向。所以我们应该认真阅读党的十八大报告对过去10年的改革是如何总结的。

党的十八大报告在"过去五年的工作和十年的基本总结"这个标题下写道:"改革开放取得重大进展。农村综合改革、集体林权制度改革、国有企业改革不断深化,非公有制经济健康发展。现代市场体系和宏观调控体系不断健全,财税、金融、价格、科技、教育、社会保障、医药卫生、事业单位等改革稳步推进。开放型经济达到新水平,进出口总额跃居世界第二位。"在讲到工作中还存在许多不足、前进道路上还有不少困难和问题时,党的十八大报告提到"深化改革开放和转变经济发展方式任务艰巨"。统观报告全文根本不存在改革停顿甚至倒退这样的评价。这就告诉我们,某些人对改革的评价实际上另有标准。凡是符合他们的标准的就叫前进,凡是不符合他们的标准的就叫停顿、倒退。

《重启》把经济改革的目标定为"市场化改革",高尚全、张维迎也多次强调要坚持市场化改革的方向。我认为这个目标的设定就是不科学的。众所周知,市场经济有资本主义市场经济和社会主义市场经济的区别。两者有某些共同点,但也有明显的、原则性的区别。笼统地强调"市场化改革"而不提社会主义市场经济的改革,是鱼目混珠,别有所图。

1992年,党的十四大正式提出建立社会主义市场经济,此后十四届三中全会和十六届三中全会还专门就社会主义市场经济如何发展做出决定。

20多年来我们党不断总结社会主义市场经济在实践中的经验,逐渐形成在我国如何建立、健全社会主义市场经济的较为全面的认识。我领会主要有以下三点:其一,社会主义市场经济是与社会主义基本经济制度结合在一起的。在社会主义初级阶段也就是与以公有经济为主体,多种所有制经济共同发展的基本经济制度结合在一起的。其二,市场调节与宏观调控是相辅相成,内在统一,缺一不可。而且我国的宏观调控包含着计划性,这是与资本主义市场经济间或实行的政府调节有明显区别的。其三,国有大中型企业是社会主义市场经济的主力军,搞好国有大中型企业是完善社会主义市场经济的重要保证。

某些人鼓吹的通过所谓"市场化改革"建立的市场经济同我们党经过20年的探索逐步建立起来的社会主义市场经济完全是两回事。其一,他们反对以公有经济为主体、国有经济为主导,把国有经济、国有企业同他们所谓的"市场化改革"对立起来,力求贬低国有经济、国有企业在国民经济中的地位和作用。其二,他们极力反对国家对市场的宏观调控,主张把政府的职能局限在提供公共产品和为市场运行做一些拾遗补阙的事情。其三,不切实际地夸大私营经济在改革与建设中的地位和作用,鼓吹把国有经济私有化。我们不难发现这些主张的理论渊源来自市场原教旨主义和新自由主义。

下面本文将把某些人借口所谓"市场化改革"攻击、否定国有经济、国有企业的种种谬论作为重点进行评析。

2010年12月18日,张维迎教授在《财经》2010年年会上说:"我们一直说30年之后国有控股企业在GDP当中的比重降低到1/3的话,没有人会相信。现在仍然要预测未来20~30年控股的比重在GDP当中的比重会降到10%以内。我是比较乐观的。""国有企业与共产党的执政地位是没有关系的。中国的民营企业发展了,人民的生活提高了,就这么简单。国有企业与共产党的执政地位没有关系,共产党的执政地位是取决于人们的生活得到了根本的改善,这点必须认识到。""国有企业也与国家安全没有关系。世界上国家安全最脆弱的国家,都是国有企业占主导地位的。那么私有企业占主导地位的国家,国家安全搞得很好,而且不仅自己安全,还统治别人。"

在2012年3月17日"中国发展高层论坛2012年年会"上,张维迎说:"我想最好的宏观经济政策,不是说政府花钱的政策,而是政府应该尽量少花钱的政策。因为我们很少看到,政府的花钱能花得有效率的。未来的几年,中国来讲,最重要的是有三件事情在经济改革领域要做好。""第一件要做的事情,就是国有企业的私有化。我们很难想象,在一个国有企业占如此大的比重、如此重要的地位的情况下,中国能够进入真正的市场经济。而事实上国有企业已经成为未来中国进一步成长的一个最主要的障碍之一。"

2013年1月21日,张维迎在《重启》发布会上提出"需要中央做出几件事来,使大家知道国家确实在改革","具体可以做哪些事情呢?国有企业该退就退,不能拿着靠垄断行业赚到的钱到处去投资。或者将四大银行的股票30％、50％的股权转向社会,或者进入社保。"

不久前,在博鳌亚洲论坛分论坛上,张维迎又说:"过去10年中国没有进行经济改革,国有企业越来越强大,政府干预越来越多,这是很大的问题。如果政府不逆转国有部门主导的、国有企业主导的经济,中国将无法继续增长。""我们必须认识到,经济发展取决于企业家精神,特别是私营企业家精神,这是一个事实。所以我希望新一届政府和新一届领导人将会继续进行市场化改革,并且重新启动被打扰的、打断的国有企业私有化进程。"

高尚全先生在《市长参考》2012年第12期发表的《十八大后的市场化改革重点》一文也提出:"国有经济如何定位,目前尚未取得共识。有些人认为,国有经济是我们党的执政基础。照这个'基础论'定位,国有经济就只能进,不能退。因为'进'才能加强中国共产党的执政基础,'退'就会削弱中国共产党的执政基础。""国内外的实践经验证明:党的执政基础不在于国有经济的比重,而在于三个'民':'民心、民生、民意'。"

《重启》更有多处论及国有经济、国有企业,他们的基本观点与张维迎、高尚全两人相同。这可以从"前言"和该书第十六讲"市场化改革尚未完成"中几段总结性的文字知其概要。"前言"中说:"中国的改革还只是走在半途。它在 20 世纪末初步建立起来的经济体制,仍然是一种'半统制、半市场'的混合体制。政府和国有经济虽然已经不再囊括一切,但还牢牢掌握国民经济的一切'制高点',主宰着非国有经济的命运。""市场制度的建立解放了久被落后制度所束缚压制的生产力,中国经济实现了高速增长。这具体表现为:第一,改革为民间创业开拓了活动空间,使中国民间长期被压抑的企业家精神和创业积极性喷薄而出,到 20 世纪末,中国已经涌现了 3000 多万户民间企业,它们乃是中国出人意料的发展的最基础的推动力量。""特别严重的是,由于 21 世纪初期以来改革出现了停滞甚至倒退的倾向,这就使中国现行的'半统制、半市场'混合体制的消极方面更加强化。""由以上分析得出的结论是:中国正站在历史十字路口上。为了避免社会危机的发生,必须当机立断,痛下决心,重启改革议程,真实地而非口头上推进市场化、法治化、民主化改革,建立包容性的经济体制和政治体制。"[①]在该书第十六讲"市场化改革尚未完成"中有这样一段总结性的话:"总而言之,经过 30 多年,市场化改革取得了空前巨大的成就,也为中国经济的迅速崛起奠定了初步的制度基础。但是,中国改革并没有获得完全成功,改革还有许多'大关'没有过。就以已经初步建立起来的市场经济体制来说,也仍然很不完善。现有经济体制还存在不少重要缺陷。其中最突出的问题,政府和国有企业仍然在资源配置中起着支配作用。具体说来表现在以下方面:(1)虽然国有经济在国民生产总值中并不占有优势,但它仍然控制着国民经济的所有'制高点'……(2)各级政府握有支配土地、资金等重要经济资源流向的巨大权力;(3)现代市场经济不可或缺的法治基础尚未建立……"[②]

以上几位领军人物观点鲜明。在他们看来,历经 30 年的改革开放,国有经济不但没有起到积极推进的作用,反而起着消极阻碍的作用。中国的经济体制之所以还处在"半统制、半市场"阶段,关键在于国有经济仍然控制着国民经济的一切"制高点"。而要推进他们所说的"市场化改革",必须进

---

① 吴敬琏、马国川:《重启改革议程——中国经济改革二十讲》,生活·读书·新知三联书店 2013 年版,第 1、3、4、5 页。

② 吴敬琏、马国川:《重启改革议程——中国经济改革二十讲》,生活·读书·新知三联书店 2013 年版,第 241 页。

> **中国需要什么样的市场经济**

一步削弱国有经济,不但要使它们退出"制高点",而且要实现私有化。但是他们这样的主张显然是与党的十八大背道而驰的。党的十八大报告在"全面深化经济体制改革"这个小标题下明明白白地写着"要毫不动摇巩固和发展公有制经济,推行公有制多种实现形式,深化国有企业改革,完善各类国有资产管理体制,推动国有资本更多投向关系国家安全和国民经济命脉的重要行业和关键领域,不断增强国有经济活力、控制力、影响力。"这里说的是"巩固和发展"而不是私有化;是更多投向关系国家安全和国民经济命脉的行业和领域,而不是退出这些行业和领域;是增强控制力而不是消除控制力。

我们党高度关注国有经济是一贯的,可以说几十年如一日,党的十八大的有关规定也是十四大以来历届党代表大会有关决议的延续。邓小平、江泽民、胡锦涛都曾对如何巩固、发展公有经济、国有经济做过重要指示。2000年江泽民在一次重要讲话中从社会主义制度的经济基础这样的高度对国有经济历史地位做过深刻地剖析。他说:"在我国,中国共产党是执政党,领导人民行使国家权力。我们社会主义国家政权要有效运行,也必须掌握一定的经济和物质力量。新中国成立以来不断发展壮大的国有经济,是我们社会主义国家政权的重要基础。我国国有经济的发展,不仅对保证国民经济稳定发展、增强综合国力、实现最广大人民的根本利益具有重大意义,而且对巩固和发展社会主义制度、加强全国各族人民的大团结、保证党和国家长治久安具有重大意义。没有国有经济为核心的公有制经济,就没有社会主义的经济基础,也就没有我们共产党执政以及整个社会主义上层建筑的经济基础和强大的物质手段。""正因为如此,我们一直强调要把国有企业搞好,把国有经济搞好。党的十五届四中全会专门就国有企业改革和发展作出了决定。我们这么重视搞好国有企业,就是要保证国有经济控制国民经济命脉,对经济发展起主导作用,就是要不断巩固和加强我们党执政和我们社会主义国家政权的经济基础。"①

---

① 《江泽民文选》第三卷,人民出版社 2006 年版,第 71 页。

我常常在思考一个问题,为什么自20世纪90年代至今的20多年里,两种改革观的争论总是围绕着国有经济、国有企业的消长存废而展开呢?这正说明国有经济关系到社会主义制度的存亡。以公有经济为主体是社会主义初级阶段基本经济制度的灵魂,而公有经济的核心是国有经济。否定了国有经济也就不可能有公有经济的主体地位,丧失了公有经济的主体地位,初级阶段的社会主义将不复存在,更谈不到沿着中国特色的社会主义道路继续前进了。

(本文原载于《中华魂》2013年第9期)

新中国前 30 年发展的成就不容抹杀

宗 寒

(《求是》杂志社经济编辑部原主任)

1949 年新中国成立以来,中国共产党领导我国人民进行社会主义革命和建设,已经走过了 60 多年光辉灿烂的历程。以 1978 年改革开放为标志,这 60 多年可以分为改革开放前和改革开放后两个历史时期。这两个历史时期相互联系又有重大区别,但本质上都是我们党领导人民进行社会主义实践的探索。如果没有前 30 年进行社会主义革命和建设,积累重要思想、物质、制度条件,积累正反两方面经验,改革开放也很难顺利进行。所以,习近平总书记要求我们:"对改革开放前的历史时期要有正确评价,不能用改革开放后的历史时期否定改革开放前的历史时期,也不能用改革开放前的历史时期否定改革开放后的历史时期。改革开放前历史时期社会主义实践的探索为改革开放后历史时期积累了条件,改革开放后的探索是对前一个历史时期的坚持、改革、发展。"吴敬琏先生则持相反的观点。他在《重启改革议程——中国经济改革二十讲》一书中,除了继续否定国有经济的主体地位和宏观调控的重大作用,提倡所谓完全的"市场化、法治化、民主化"外,又进一步抹杀新中国成立后前 30 年所取得的成就,将其称作"苦难年代"、"巨大灾难年代"、"沉重灾难年代";竟说这 30 年"民不聊生"、"受害人占全国 1/9"、"人民遭无情镇压",等等,把新中国前 30 年说得一团漆黑,比旧中国还落后、还悲惨。这种择取个别事例以论证自己主张"正确"的做法,完全无视基本事实,是很不科学的,欠妥的,是一个严肃学者所不取的。

一、是"民不聊生",还是成就卓越

人们知道,旧中国是一个经济落后,人民极端贫困的半封建、半殖民地性质的国家。生产资料和经济命脉掌握在帝国主义、官僚资本主义和封建地主手里。以蒋、宋、孔、陈为代表的官僚资产阶级和外国资本勾结在一起,控制着中国的经济命脉。农村占 6.8% 的地主富农占有全部耕地的 51.9%,57.4% 的贫雇农只占有耕地的 14%。地租率高达 50%~70%。工业只占 10%,农业和手工业占 90%。80% 的劳动者终年劳动,不得温饱。

在党的领导下,我国广大群众经过长期浴血奋斗,推翻了"三座大山",建立了新中国,揭开了中国历史发展新的一页。通过没收官僚资本,确立了公有制的主导地位;通过土地改革,将封建地主的 7 亿亩耕地分给 3 亿农民,使农民拥有了基本生产资料,使每年作为地租的 3000 万吨以上的粮食回到农民手中;尔后进行的"三大改造",使我国生产关系发生了根本性的变化,奠定了社会主义制度的基础。

生产关系的变化带来了生产力的发展。"一五"时期,由国家投资,集中全社会的力量,建设起了一批大型骨干工程和国有企业。除从苏联引进 156 个项目外,又安排了 694 个重点项目,252 个农田水利项目,220 个运输邮电项目,156 个文教卫生项目,118 个城市公用项目,总投资 531 亿元。这些项目关系国计民生和我国长远发展,是为国民经济提供关键工作母机、能源、工业原料和消费品的。它们的建成投产,填补了我国工业的空白,增强了我国经济的实力,奠定了我国现代工业基础,不仅在新中国成立后前 30 年中发挥了重大作用,至今仍是国民经济的顶梁柱。

第二个五年计划到第四个五年计划期间,我国开展大规模社会主义建设。在这 20 年中,新施工的项目达 9470 个,全部建成投产的项目达 3016 个,新增固定资产 3635 亿元,新增固定资产量相当于 1952 年全部固定资产的 15.1 倍。通过建设,工业和基础设施能力显著增长。炼钢、炼铁生产能力分别增加了 2602 万吨和 3312 万吨,比"一五"时期分别提高了 6.7 倍和 7 倍;煤炭开采和发电能力分别增加了 32239 万吨和 3681 万千瓦,分别提高了 3 倍和 12.6 倍;新建铁路 16076 公里,提高了 1.6 倍,等等。在这些年中,许多新的工业部门,如矿山设备、冶金设备、发电设备、高精度机床、汽车、飞机等制造业,以及石油化工、电子等工业,从无到有,逐步发展起来。

>> 中国需要什么样的市场经济

许多知名的大型工业项目,像大庆油田、胜利油田、大港油田、马鞍山钢铁公司、攀枝花钢铁公司、韶关电厂等,都是这时期建立发展起来的。许多重要基础设施,如成昆、包兰、兰青、兰新、川黔、桂黔、贵昆、湘黔、湘桂铁路,南京长江大桥等,也是在这一阶段建成的。这期间,还研制成功和发射了"两弹一星",使一向轻视中国的西方世界不得不刮目相看。由于新建成投产了3000多个重点企业和骨干项目,我国工业落后面貌发生了根本性的变化,一个包括重工业和轻工业、大型企业和中小型企业、沿海工业和内地工业在内的比较完整齐全的工业体系和国民经济体系基本形成,我国由一个落后的农业国变成为现代工业比较完整齐全的社会主义农业、工业国家。

农业生产力也有了发展。这一阶段,通过土地改革和走互助合作道路,广大农民极大地提高了发展生产的积极性,改良土壤,兴修水利,进行大规模的农田基本建设,不仅促进当时农业的增产,也为以后农田水利基本建设奠定了基础。在这一阶段,广大农民发挥集体力量,坚持艰苦奋斗精神,战天斗地,共治理江河堤坝和新修堤防16.4万公里,相当于环绕地球4圈;兴修水库82000多座,总库容4000亿立方米;建成一批稳产田和水浇田,全国水浇田面积占耕地面积的比重由1956年的9.1%,上升到1977年的22.4%。积极进行农业技术推广,至1975年,全国有1140个县建立起良种繁育四级网络,四级农业科技队伍有1100多万人;培育出"广场矮"、"珍珠矮"等一批抗锈能力强、产量高的水稻、玉米、小麦和棉花新品种,对增加产量起了明显的作用。全国耕地面积由1949年的14.68亿亩增长到1970年的15.70亿亩,增长了7%;全国农业总产值由1949年的271亿元达到1977年的1339.2亿元,增长了3.9倍;粮食产量从2264亿斤达5655亿斤,增长了1.49倍;棉花从889万担达到4098万担,增长了3.6倍。这样的增长速度,是过去所没有过的。

由于生产增长的发展,人民的生活水平明显改善。全国就业劳动者由1952年的2.07亿人增长到1977年的3.9亿人,增长了95%;收入提高,全民所有制工资总额由68亿元增长到469亿元,增长了5.8倍;劳保福利费由9.5亿元增长到55亿元,增长了4.8倍;农民人均收入增长了6倍。居民到 1977 年的消费水平比 1952 年增长了 77%,其中农民消费水平增长了 57%,非农民消费水平增长了 112%;全国居民消费水平除"二五"时期有所下降外,多数时间都是增长的。由于底子薄,缺乏经验,有时生产关系没有完全处理好,前 30 年人民生活水平提高的程度不能说很快,但事实是,绝大多数人的生活都有明显改善,大多数人的生活与旧中国有天壤之别,这是所有过来人都亲身经历过和人们都感觉得到的。

《关于建国以来党的若干历史问题的决议》指出:"中国共产党在中华人民共和国成立以后的历史,总的来说,是我们党在马克思列宁主义、毛泽东思想指导下,领导全国各族人民进行社会主义革命和社会主义建设并取得巨大成就的历史。社会主义制度的建立,是我国历史上最深刻最伟大的社会变革,是我国今后一切进步和发展的基础。""32 年来我们取得的成就还是主要的,忽视或否认我们的成就,忽视或否认取得这些成就的成功经验,同样是严重的错误。我们的成就和成功经验是党和人民创造性地运用马克思列宁主义的结果,是社会主义制度优越性的表现,是全党和全国各族人民继续前进的基础。"

吴敬琏先生择取一点,无视新中国成立后前 30 年发展建设取得的巨大成就和人民生活提高的客观事实,是难以站得住脚的。

二、以偏概全,抹杀广大人民的伟大创造

1956 年"三大改造"完成后,建立了社会主义基本制度,但由于缺乏经验,急于求成,犯了轻率地发动"大跃进"运动、盲目地搞"人民公社化"的"左"的错误,而后又提出"以阶级斗争为纲",把阶级斗争扩大化,直至发动了长达 10 年的"文化大革命",使我国社会发展遭受到严重挫折。毛泽东在总结这一阶段的工作时写道:"我们对于社会主义时期的革命和建设,还有一个很大的盲目性,还有一个很大的未被认识的必然王国,我们还不能深刻地认识它。我们要以第二个十年时间去调查它,去研究它,从其中找出它的固有的规律,以便利用这些规律为社会主义的革命和建设服务。"①

---

① 《毛泽东文集》第 8 卷,人民出版社 1999 年版,第 198 页。

然而,从1956年到"文化大革命"开始前的10年间,我国社会主义建设仍然取得了巨大成就。工业、科学技术和基础设施建设有重要进展,在农村搞了相当多重要农田水利工程、农田基本建设和科学实验,国防工业有重大发展;在生产力发展和生产关系变革上所做的一些探索及其经验教训也很可贵。可以说,没有这一阶段的经验教训,就不会有后来"一个中心,两个基本点"的党的基本路线的提出,不会有1978年的改革开放,也不可能形成我们今天的以公有制为主体、多种所有制经济共同发展的基本经济制度。

这一阶段,新建成了一批大中型重点国有企业和重大项目,形成了一个以公有制为主体、国有经济为主导的工业体系和国民经济体系,国有经济力量增强,为以后全国生产力的快速发展开辟了广阔空间。这期间3000多个新建成的大中型项目,80%以上都是由国家投资的,其余不到20%的投资是地方或企业自筹的。新形成的生产能力、工业体系及国民经济体系,是以公有制为主体,以国有经济为主导的。它为我国社会主义制度的巩固和现代化建设长远发展打下了最重要的物质基础和生产关系基础。这个方向是正确的,成就是巨大的,谁也抹杀不了。

这一时期,还有一个突出成就,就是进行了三线建设。1962年,在制定第三个五年计划的时候,根据当时的国际形势和我国中西部地区严重落后,全国经济发展严重不平衡的状况,提出经济建设一、二、三线的战略布局,加强三线建设的战略思想。当时,毛泽东强调指出,要考虑解决全国工业布局不平衡的问题,要搞一、二、三线的战略布局,加强三线建设。根据这一战略思想,加大了内地特别是三线的基本建设投资,工业迅速得到发展。据统计,从"二五"规划开始,每一个五年计划国家对内地的固定资产投资额都高于对沿海地区的投资额,其中对三线的投资额大大高于对沿海地区的投资额。比如,"二五"时期对内地的投资为636.8亿元,其中三线投资438亿元,分别占投资总额的53.7%和40%,比沿海投资高11.4个百分点;"三五"时期内地投资611亿元,其中三线为482亿元,分别占全国总投资的66.8%和52.7%;"四五"时期内地投资898亿元,其中三线为690亿元,分别占全国总投资的53.5%和41.1%。1952~1978年对内地投资合计

3250.2亿元,其中对三线投资合计2381.1亿元,前者比沿海投资总额高34.6%,后者相当于对沿海投资总额的98.7%。

1964～1977年在三线地区共建设了1100多个大中型国有工业企业和科研、院校,形成了重庆、西安、成都、贵阳、汉中、昆明、兰州、西宁等一批新的工业基地和工业科技中心。这些原来工业一无所有或工业极为薄弱的地方,陆续成为机械工业基地、能源基地、原材料工业基地、电子工业基地、国防工业和尖端技术研发基地。从那时以来,这些地区一直是当地的经济中心,对带动广大内地经济发展,支援和促进全国发展起了重大作用。

这些地区突出的是机械工业、原材料工业、能源工业和国防工业。1965至1977年,在三线地区新建了124个国有大中型机械工业项目,包括湖北二汽、陕汽、川汽、东方电机厂、东方汽轮机等,其产品在全国都占重要地位,当时整个三线地区机械工业的生产能力已相当于1965年的全国水平。新建钢铁企业984个,新建了945个有色金属企业,使三线地区原材料工业生产能力迅速上升。能源工业方面,新开发了贵州六枝、盘县、陕西渭北地区煤炭基地,甘肃刘家峡、八盘峡水电站,湖北葛洲坝水电站,贵州乌江渡水电站等,电力和煤炭产量大幅度增加,为后来"西气东输"、"北电南送"奠定了基础。

在三线建设中虽然也有教训,如搞"山(靠山)、散(分散)、洞(进山洞)",但整体说来,对于改变我国工业布局,改变内地经济落后状态,促进全国经济平衡发展,起了重大作用。尤其是在这些过去"一无钢,二无铁",少数民族聚居的地方,建起一批重点骨干企业,对确立公有制的主体地位,合理开发利用当地的资源,带动当地经济发展,改善广大少数民族兄弟的生活,意义重大。可以说,如果没有当年的三线建设,就不会有今天西北和西南对全国发展的巨大贡献。

在这期间,还发展了一批集体所有制工业。到1977年年底,全国有街道工业2.31万个,职工160万人,总产值63.2亿元。这些企业,没有国家投资,由群众自筹资金创办起来,后来有的发展为大中型企业,有的与全民所有制企业合并,转为全民所有制企业。还有机关、学校、部队、工厂办的家属"五七"生产组和企业,后来一部分发展成为中型企业。这些企业在安排就业,为大工业配套加工,生产特色产品,支持现代化建设方面,起了积极作用。集体所有制工业产值由1953年的17.3亿元,在工业总产值中占3.8%上升到1977年的742.9亿元,占比上升到19.9%,有些地区占的比重超过1/4。

"文化大革命"期间,在毛泽东的直接主持和战略思想引导下,我国还与美国、日本等国建立了外交关系,扩大了对外贸易,从西方国家引进了一批先进的成套设备,对提高我国工业现代化水平,满足农业生产和原材料、能源的需要,壮大国有经济的实力,起了很大作用。

《重启改革议程——中国经济二十讲》的作者对这些事实一概熟视无睹,完全抹杀。

三、灭人之国,必先去其史

社会主义事业是无比伟大的事业,对我们党来说是全新的、不断探索和开拓创新的事业。马克思主义经典作家为我们提出了建设新社会的方向和基本原则,但从理论到实践都需要我们结合中国实际进行艰苦探索。在建设社会主义60多年的实践中,我们交了一份优异的答卷。在前30年,我们开展了对资本主义工商业的社会主义改造,确立了社会主义基本制度,为当代中国的一切发展进步奠定了根本政治前提和制度前提。在探索过程中,虽然经历了严重挫折,但为新的历史时期开创中国特色社会主义提供了宝贵经验、理论准备、物质基础。

比如,我们党对资本主义工商业的社会主义改造取得了巨大成就。改造既是坚定的,又采取了极为稳妥的政策和科学的态度。1953年9月,毛泽东同民主党派代表和工商界的部分代表谈话时指出:"稳步前进,不能太急。不应该发生震动和不安。""不但要根据需要和可能,而且要出于资本家的自愿,因为这是合作的事业,既是合作者就不能强迫,这和对地主不同。"在改造中,分别不同情况,对私营批发商采取"留、转、包"的不同形式。"留",即保留一部分私营批发商,让他们经营国营商业委托的批发业务;"转",即对那些有转业条件的企业,引导它们转入其他行业经营;"包",即对既不能继续经营又不能转行的批发商及其职工,全部包下来,经过培训,由国营商业和合作社商业吸收录用。对零售商,除改为合作社或合营的以外,国营商业采取分配货源,搭配热门货等办法,使之有一定的营业额,以维持生活。

对私方人员,作为一笔社会财富,量才使用,全部安排。1957年全国拿定息的71万在职私方人员和10万左右资本家代理人,全部安排了工作。其中,安排参加生产经营的占60%～65%,安排为管理人员的占35%～40%。当发现改造中出现了缺点时,1956年12月,毛泽东三次找工商界代表人士谈话,对政策做调整。邓小平同志指出:对"农业、手工业和资本主义工商业的社会主义改造,建立了社会主义经济基础,那是一个伟大的革命","事情做得非常好"。①"我国资本主义工商业社会主义改造的胜利完成,是我国和世界社会主义历史上最光辉的胜利之一。这个胜利的取得,是由于中国共产党领导全国工人阶级执行了毛泽东同志根据我国情况制定的马克思主义政策,同时,资本家阶级中的进步分子和大多数人在接受改造方面也起了有益的配合作用。"②

再如,对全民所有制的管理体制和中央与地方、国家与企业的经济关系作了重要探索和改革。在第一个五年计划时,毛泽东就发现苏联高度集中,对地方和企业卡得过死是有弊病的。他指出:"把什么东西统统都集中在中央或省市,不给工厂一点权力,一点机动的余地,一点利益,恐怕不妥。""统一性和独立性是对立的统一,要有统一性,也要有独立性。""应当在巩固中央统一领导的前提下,扩大一点地方的权力,给地方更多的独立性,让地方办更多的事情。这对我们建设强大的社会主义国家比较有利。"③1957年中共八届三中全会通过《关于改进工业管理体制的规定》、《关于改进财政管理体制的规定》和《关于改进商业管理体制的规定》,对中央与地方、国家与企业的关系进行了改革和调整,扩大了地方和企业的权力,给地方和企业以更

---

① 《邓小平文选》第三卷,人民出版社1993年版,第134、136页。
② 《邓小平文选》第二卷,人民出版社1994年版,第186页。
③ 《毛泽东文集》第七卷,人民出版社1999年版,第29、31页。

多的决策权、分配权和管理权。

对农村生产关系实际上也在不断进行探索和调整。起初搞互助组、初级社,后来搞高级社,坚持自愿原则,进退自由。后来头脑发热,搞"人民公社化"。当发现人民公社违背农村实际生产力水平时,适时做了调整,确定实行三级所有、队为基础的体制,在"人民公社"内部实行等价交换,按劳分配等。

这些改革在今天看来是很一般的,但如果没有这些探索、改革和对失误的总结,也很难有1978年后的改革和发展创新,使我国社会发展步入新阶段。

列宁说:"人对事物、现象、过程等的认识是从现象到本质、从不甚深刻的本质到更甚深刻的本质的深化的无限过程。"[①]不论在认识上还是实践上,两个30年都是相互联系的,前者为后者奠定基础,提供经验,后者在前者思想物质基础上进一步开拓发展。后30年坚持了前30年应该和必须坚持的根本性的东西,否定的是那些违背客观规律的必须否定的方面,在肯定中否定才得以大步前进;后30年有了巨大飞跃,但前进中仍存在矛盾和未被认识的必然王国,有待于进一步认识和克服。不应以前者否定后者,也不应用后者否定前者。歪曲、否定认识过程是无知的,歪曲、否定历史更是背叛。缺乏历史唯物主义,今天否定昨天,明天否定今天,一直否定下去,彻底虚无,只能是自乱阵脚,毁我社会主义江山。苏联的解体易帜就是前车之鉴。

实践告诉我们,道路和方向是第一位的。只有社会主义才能救中国,只有中国特色社会主义才能发展中国,这是经过实践检验的真理。按照吴敬琏先生设计的路子走,社会主义只能是走入死胡同。

(本文原载于《中华魂》2013年第7期)

---

① 《列宁全集》第38卷,人民出版社1986年版,第239页。

"中国模式"的实质是什么?

总之,要紧紧抓住合乎自己的实际情况这一条。所有别人的东西都可以参考,但也只是参考。世界上的问题不可能都用一个模式解决。中国有中国自己的模式,莫桑比克也应该有莫桑比克自己的模式。

——邓小平1988年5月18日会见莫桑比克总统若阿金·希萨诺的谈话
(《邓小平文选》第3卷,人民出版社1993年版,第261页)

中国模式:当代中国特色社会主义模式

程恩富

(中国社会科学院学部委员、马克思主义研究学部主任、
世界政治经济学学会会长)

党的十八大及其三中全会贯彻邓小平关于要建立中国特色社会主义模式的精神,强调改革开放发展体制机制的顶层设计即目标模式,强调坚持社会主义市场经济的改革方向,坚持和完善以公有制为主体、多种所有制共同发展的基本经济制度,而不是只讲市场的决定作用,不讲政府的重要作用,只讲混合所有制,不讲在改革中提高国有经济的活力、影响力和控制力。对于一贯曲解中央精神的舆论,值得认真商榷。

一、"中国模式"并非"北京共识"

吴敬琏认为:"有些人把前几年有人针对所谓'华盛顿共识'提出的所谓'北京共识'提升到了'中国模式'的高度"。[1] 用吴敬琏的话说,"这是一种误解"。

中国模式的讨论由来已久。20世纪80年代之前,便有国外学者讨论和研究中国模式。20世纪八九十年代,国际范围关于中国模式的讨论趋于活跃。其间国外学者多以比较中俄经济转轨视角来探讨中国模式。进入21世纪以来,国际社会开始从国家整体发展战略和现代化道路等视角对中国模式进行更加广泛的讨论。2004年5月,乔舒亚·库珀·雷默提出"北京共识"更是催生了中国模式的深入讨论。2008年,全球金融危机爆发,一些曾经认为西方经济体系完美无缺的经济学家对于被许多发展中国家称赞并仿

---

[1] 李建国:《中国模式之争》,中国社会科学出版社2013年版,第227页。

效的中国模式表现出浓厚兴趣。然而其关于"中国道路"、"中国经验"、"中国模式"的内涵、独特性、面临的挑战及世界性的深远影响等解读,因立场、视角和心态的不同而有明显差别。

我们认为,"中国模式"是客观存在的,也是不容回避的。这是因为:

第一,模式和其多样性是一种客观现实。世界上曾经出现过许多这样或那样的模式。任何一种模式都是相对于其他发展模式而言的。一旦一国或一地区经济发展取得显著成就或具有突出特点,就会有相应的模式提出,比如"莱茵模式"、"盎格鲁——撒克逊模式"、"东亚模式"等资本主义模式。再如"南斯拉夫模式"、"苏联模式"等有过重要影响的社会主义模式。"中国模式"概念提出的参照系,正是上述各类模式。社会发展模式的多样性是人类社会发展的一般规律和特殊规律的现实体现,是普遍性与特殊性的统一。世界各国的发展模式大多借鉴了人类社会已有的文明成果,反映了特定阶段人类社会发展的某些共同因素,体现了人类社会发展一般规律的共同作用。

第二,中国模式并非西方人的发明,吴敬琏把中国模式的提出归之于雷默的"北京共识",是明显与事实不相符的。早在20世纪80年代,邓小平就多次提到中国模式,如他在1988年就指出:"世界上的问题不可能都用一个模式解决。中国有中国自己的模式,莫桑比克也应该有莫桑比克自己的模式。"邓小平强调,中国只能搞中国的社会主义,要走自己的道路,建设有中国特色的社会主义。针对现代化建设过程中出现的一些人只讲四化不讲社会主义的现象,他批评道,这就忘记了事物的本质,也就离开了中国的发展道路,并一再告诫,整个改革开放的过程中,必须始终坚持四项基本原则。江泽民指出,"历史经验特别是近百年来的历史经验一再告诫人们,强求一种模式的后果是严重的",世界各国情况千差万别,实现社会主义的道路和模式可以是多种多样的。他深刻洞察到西方推行多党制的目的,就是要把一些发展中国家纳入他们的发展模式,成为其附庸。胡锦涛指出,"各国的国情不同,实现发展的道路也必然不同,不可能有一个适用于一切国家、一切时代的固定不变的模式",中国"致力于实现不同文明和谐进步,维护世界多样性和发展模式多样化"。他强调,中国共产党人一定要坚持改革开放的正确方向,不断完善适合中国国情的发展道路和发展模式。

显而易见,"中国模式",绝不是基于雷默的"北京共识",而是基于具体历史环境中的国情和世情,基于世界的多样性和发展模式的多样化,基于中国特色的社会主义。吴敬琏不可能不知道中国历届领导人的相关论述,故牵强附会地将"中国模式"与雷默的"北京共识"联系起来,然后堂而皇之地用自己所信奉的"欧美模式"来排斥所有非"欧美模式"。

吴敬琏认为,"欧美模式",即"自由市场经济模式","是成熟的市场经济国家所共有"的。显然,在他看来,中国要成为"成熟的市场经济国家",从而被欧美国家承认"市场经济地位",就必须以"欧美模式"作为改革开放的目标,其他非"欧美模式"(包括中国模式)都必须统统加以否定。为了达到否定"中国模式"的目的,吴敬琏歪曲"中国模式"的内涵。他认为,"中国模式"强调的是"中国具有一个以强势政府和国有经济对社会的强力管控为基本特征的政治和经济制度"。然后基于这一点,提出否定"中国模式"的理由。他说,按"中国模式论"对改革开放以来中国经济发展获得的良好成绩所做的解读,"中国能够创造如此优异的成绩,根本的原因在于中国具有一个以强势政府和国有经济对社会的强力管控为基本特征的政治和经济制度","至于中国社会出现的种种乱象,在这种观点看来,却是政府的掌控还不够全面有力"。吴敬琏反驳说,我的"看法和上述观点完全相反",因为"只要把中华人民共和国成立以来前30年和后30年的情况做一番比较,就可以清楚地看到,'中国模式论'对改革开放以来中国经济发展获得的良好成绩所做的解读,是完全无法令人信服的。如果说强势政府和国有经济的强力管控是中国经济崛起的秘密,那么,在改革开放前的30年中,中国拥有一个较之当下更强势的政府和一统天下的国有经济,为什么中国人得到的却是无穷无尽的苦难,经历了一次大饥荒就夺去了成千上万人生命的人间惨剧?"[1]其实,与其说吴敬琏在反驳"中国模式论",还不如说他是在自己反驳自己。

---

[1] 吴敬琏、马国川:《重启改革议程——中国经济改革二十讲》,生活·读书·新知三联书店2012年版,第2页。

因为,是他将自己的观点强加给"中国模式论",然后再对被强加进"中国模式论"的观点进行反驳。只是不能容忍的是,为了达到他否定"中国模式"和推销"欧美模式"的目的,竟然抹黑新中国的前30年。

二、中国模式的体制特征与内涵

"中国模式论"并非如吴敬琏所说的那样,主张"强势政府和国有经济的强力管控"。要弄清这点,必须要区分中国模式的层次,即把中国模式先分成中国发展模式与中国体制模式,比如中国经济发展模式和中国经济体制模式,中国政治发展模式和中国政治体制模式;然后中国经济发展模式再分层次,如工业、农业、外贸、城镇化等领域的发展模式,如中国经济体制模式还可以细分为经济体制改革(过程)模式与经济体制改革目标模式。中国政治、文化、社会、外交、国防等领域都可以细分层次。全面把握党的十六大以来党中央所孜孜追求的特色事业"四位一体"总体布局,按此布局全面推进社会主义的市场经济、民主政治、先进文化和和谐社会建设,是坚持中国特色社会主义道路的内在要求,也是我们正确理解中国模式的基本立足点和出发点。

具体来说,中国模式的主要内容可概括为四个方面:

第一,中国模式在经济建设上形成了"四主型经济制度"特征。这就是,公有主体型的多种类产权制度。所谓公有主体型的多种类产权制度,是指在公有制为主体的前提下(包含资产在质上和量上的优势),发展中外私有制经济。中国在多种所有制的动态发展中注重保持公有制与私有制之间作为"主体—辅体"的所有制结构,当然,这种所有制结构的保持并非简单地控制私有制经济的上升,而是在私有制经济适度发展的同时,巩固、发展和壮大公有制经济,始终保持公有经济的基础和主体地位与国有经济的主导和控制地位。公有制经济的基础和主体地位不仅体现在社会总资产中"既有量的优势,也要有质的优势",而更重要的是体现在经营性资产中"既有量的优势,也要有质的优势"。美国等以私有为产权主体的国家的山川矿物资源、军队、政府办公大楼、公立教育医疗机构、财政收入等资产都是国有的,其在社会总资产中的比例是占多数的,但是美国国有经营性资产却占全部经营性资产的极少数,而中国的国有资本和集体资本等公有资本却占中国经营性资产的多数。国有经济的基础产业服务功能、支柱产业构筑功能、流通产业调节功能、科学技术示范功能、社会整体创利功能和产权变迁导向功能通过国民经济中的就业人数比例、资本比例、国内生产总值比例和税收比例等体现出来。中国这种公有主体型的产权结构,为按劳分配为主体的分配结构、国家主导的经济调节结构和自力更生为立足点的开放类型等提供了前提和基础。其次,劳动主体型的多要素分配制度。所谓劳动主体型的多要素分配制度,是指按劳分配为主体,多要素所有者可凭产权参与分配,经济公平与经济效率呈现交互同向和并重关系。公有为主体的产权制度为按劳分配为主体的分配制度提供了可行性的前提条件,而按劳分配为主体保证了生产和消费的良性循环和经济的可持续发展。美国等以私有为产权主体的国家是以按资分配为主体,这些国家的收入差距主要不是取决于工薪收入的差距,而是取决于财产占有多少导致的财产收入的差距。正如萨缪尔森和诺德豪斯所说,"收入的差别最主要是由拥有财富的多寡造成的……和财产差别相比,工资和个人能力的差别是微不足道的……这种阶级差别也还没有消失! 今天,较低层的或工人阶层的父母常常无法负担把他们的子女送进商学院或医学院所需要的费用——这些子女被排除在整个高薪职业之外。"[①]高效率无法脱离以合理的公有制经济体制为基础的公平分配的。资本主义的不公平,主要表现在私有财产制和按资分配及其派生现象上。与此相异,传统社会主义的不公平,主要表现在体制僵化和平均主义分配及其派生现象上。由此,中国改革走向了市场型按劳分配,市场竞争所形成的按劳取酬的合理收入差距,已经能最大限度地发挥人的潜力,使劳动资源在社会规模上得到优化配置。按劳分配相对于按资分配,客观上是较公平的,效率也是较高的。中国实行以按劳分配为主体的"先富—共富"的社会分配结构,既强调资本、土地、技术、信息等生产要素凭借所有权可以

---

① 萨缪尔森、诺德豪斯:《经济学》,中国发展出版社1992年版,第1252~1253页。

参与分配，又强调市场性按劳分配的机制和原则，呈现出适合现阶段生产力和市场经济发展的基本分配形态。这种劳动主体型的多要素分配制度的特点是强调第一次分配的公平与效率的基础作用，国家财税等再分配调节的公平与效率起辅助作用。在多要素参与分配的条件下，中国应注重提高劳动报酬在初次分配中的比重，着力提高中低收入者收入，逐步提高最低工资标准，不断完善企业职工工资正常增长机制和支付保障机制，不断提升城乡居民的社会保障和其他福利水准。[①] 再次，国家主导型的多结构市场制度。所谓国家主导型的多结构市场制度，是指多结构地发展市场体系，发挥市场的基础性配置资源的作用，同时在廉洁、廉价、民主和高效的基础上，发挥国家调节的主导型作用。中国确立和完善以各种商品和生产要素为交换对象的市场客体结构，以各种市场客体占有者或交换活动当事人为内涵的市场主体结构，以各种市场主体和客体活动地方和范围为基础的市场空间结构，以交换起终点的持续性和顺序性为特征的市场时间结构，形成结构完整、层次合理、机制灵活和偏向买方的市场体系。中国经济在保持发挥市场调节资源配置的基础作用的同时，注重发挥国家的计划手段和财政、货币政策的调节作用，维护宏观经济的稳定性、平衡性和持续性，以期全局利益的统一性和最大化。在廉洁、廉价、民主和高效的前提下，确立"小而强的政府"的主导地位或主脑地位。在既用市场调节的优良功能去抑制"国家调节失灵"，又要用国家调节的优良功能来纠正"市场调节失灵"，实现一种"基础—主导"的双重调节机制，形成强市场和强政府的"双强"格局，表现出国家的经济调节职能和作用强于和大于资本主义国家。最后，自力主导型的多方位开放制度。所谓自力主导型的多方位开放制度，是指要处理好引进国外技术和资本同自力更生地发展自主知识产权、高效利用本国资本关系，实行内需为主并与外需相结合的国内外经济交往关系，促进从追求引进数量的粗放型开放模式向追求引进效益的质量型开放模式转变。中国在对外开放的过程中，既强调积极利用外国的资本、技术和人才，又强调独立自主和自

[①] 朱妙宽、朱海平：《从完善分配制度入手完善基本经济制度》，载于《海派经济学》2008卷第23辑。

力更生,主张"自力更生为主、争取外援为辅",并使之成为现代化建设和对外开放的基本方针。中国在独立自主和依靠本国力量的基础上,逐渐实现对发展中国家和发达国家的多方位开放(还有内地与港澳台地区的双向开放),在第三产业、第二产业和第一产业的多层次开放,对商品和服务、资本、技术的多方面的开放,以及在东、中、西部地区的多领域的开放。中国注重在结合比较优势与竞争优势的基础上,精心设计和调控引进资本、技术和人才的战略与策略,增强自主创新的程度,大力发展控股、控技(尤其是核心技术)和控牌(尤其是名牌)的"三控型"民族企业集团和民族跨国公司,突出培育和发挥知识产权优势,目的是打造出中国的世界工厂而非世界加工厂,争取商品和服务、资本、技术引进来的同时努力走出去,积极参与国际合作和国际竞争,以期实现从贸易大国向贸易强国、经济大国向经济强国的转型。

第二,中国模式在政治建设上形成了"三者统一、四层制度"的架构。即坚持党的领导、人民当家作主、依法治国有机统一,坚持和完善人民代表大会制度、中国共产党领导的多党合作和政治协商制度、民族区域自治制度以及基层群众自治制度,不断推进社会主义政治制度自我完善和发展。

第三,中国模式在文化建设上形成了"一个体系、两个主体"的格局。社会主义先进文化体现在构建和弘扬社会主义核心价值体系,文化发展始终坚持改革创新和科技进步,大力破除制约发展的体制性障碍,不断解放和发展文化生产力;在此基础上文化建设形成了"公有制为主体、民族文化为主体"的两主体格局。

第四,中国模式在社会建设上形成了"一个格局、三个互动、四个机制"的体制。即构建和谐社会要求"健全党委领导、政府负责、社会协同、公众参与的社会管理格局";社会管理体制方面,积极推动建立政府调控机制同社会协调机制互联、政府行政功能同社会自治功能互补、政府管理力量同社会调节力量互动的社会管理网络,形成科学有效的利益协调、诉求表达、矛盾调处和权益保障等机制。

综上所述,中国模式的体制特征与内涵可概括为:在经济建设上形成了"四主型经济制度"特征;在政治建设上形成了"三者统一、四层制度"的架构;在文化建设上形成了"一个体系、两个主体"的格局;在社会建设上形成了"一个格局、三个互动、四个机制"的体制。

三、改革开放的成果并非源于"欧美模式"

吴敬琏不仅没有搞清楚中国模式的体制特征与内涵,即使对他所崇拜的"欧美模式"的体制特征与内涵似乎也未能弄明白。他只是从新自由主义经济学中把握"欧美模式"的体制特征与内涵,因此,认为欧美模式"在资源有效配置和建立有效的激励机制这两个问题上,市场经济具有比计划经济优越得多的特性。市场经济制度的核心架构,是它的市场定价制度。由市场竞争形成的各种资源的相对价格,承载了各种资源相对于全社会千百万种其他资源而言的稀缺程度的信息。社会个别成员通过商品的相对价格就掌握了竞争的态势,可以据此作出正确的资源配置决策,以较低的信息成本实现社会资源的有效配置。与此同时,市场活动的每一个参加者都既受到竞争约束,又受到产权约束,因而可以大大降低激励成本。这两个方面综合起来,使市场经济成为一种具有资源配置效率和运作效率的经济制度。不建立这样的经济制度,社会资源配置就缺乏可靠的指引,经济资源就不可能得到有效的配置,也不可能激励人们努力工作"[1]这种远离欧美社会现实,而只存在于新自由主义经济学教科书里的"欧美模式",即使对其倍加推崇的吴敬琏也多少感到它与现实的距离,从而不得不给"欧美模式"加上三个得以成立的前提条件,即假设交易主体自由而平等、不存在外部性和不存在"信息不对称"。他说:"在市场经济条件下,如果交易主体自由而平等,且不存在外部性,不存在'信息不对称'现象,通过交易达成的价格,就能够有效地把资源配置到应该到的地方去。"[2]然而,现实中的"欧美模式"实实在在存在不完全竞争、信息不对称、外部效应,以及交易主体的不自由和不平等。如果把这些都假定掉了,那么就只剩下一个远离欧美现实社会的"逻辑市场"。吴敬琏正是用这种美妙的"逻辑市场"来解释中国30余年改革开放所取得的成就的。

---

[1] 吴敬琏、马国川:《重启改革议程——中国经济二十讲》,生活·读书·新知三联书店 2012 年版,第 25~26 页。
[2] 李建国:《中国模式之争》,中国社会科学出版社 2013 年版,第 234 页。

吴敬琏实际上认为，30年改革开放之所以取得巨大成就，就在于中国走了一条以市场自由化、私有化、非调控化为导向的改革道路。市场是配置资源的最佳工具，其配置资源的效率远胜于国家计划和政府干预，政府干预反而降低了资源配置效率。因此，政府干预越少越好，市场作用越大越好。企业家和个人是理性的"经济人"，企业家对利润的追求与个人对私人财产的追求，可以实现社会资源的最优配置。地方分权引起的地方竞争和对外开放引入的制度竞争是中国发展的推动力。30多年改革开放的过程，就是市场自由化过程，也是整个经济的非公有化的过程。非公经济比例不断上升、公有经济比例不断下降，说明外资企业和私营企业等私有经济比国有企业和集体企业等公有经济具有更高的经济效率。他还认为，中国目前的改革开放仍然存在一些问题，原因主要是市场化程度不够，政府干预过多，私有化还不彻底，并提出要进一步推动市场自由化改革，减少政府干预。

吴敬琏仅仅看到，中国在从传统高度集中的社会主义计划经济体制向社会主义市场经济体制转变的过程中，借鉴了西方资产阶级经济学关于市场经济一般规律的理论论述，并在实践中从过去过分强调集体利益转向适当强调个体利益，从几乎单纯的公有制经济到适度降低公有制经济中的比重和开创公有制的多种实现形式，鼓励、支持和引导个体、私营和外资等私有经济发展。于是就误以为中国改革开放是遵循了西方资产阶级主流经济学及其政策主张的逻辑。事实上，如果遵循西方资产阶级主流经济学及其政策主张的逻辑，中国就不可能坚持和完善以公有制为主体和按劳分配为主体的基本经济制度；如果遵循了新自由主义经济学的逻辑，实行市场原教旨主义的市场经济，同样就不可能坚持和完善社会主义宏观调控和提高宏观调控水平，还不可能倡导独立自主的以自力更生为立足点的对外开放。显然，中国经济发展的"新自由主义模式"论没有抓住中国经济发展的主要特征。中国经济发展的新自由主义模式论提出中国经济改革和发展是以西方理论为指导的说法是不符合实际的，同时，也会误导中国经济改革和发展的方向。

> **中国需要什么样的市场经济**

同时应当看到,中国 30 年改革开放取得的巨大成就,不仅不是遵循西方资产阶级主流经济学及其衍生经济政策的结果,而且现阶段出现的收入和财富占有的差距、资源的破坏性开采和浪费性使用、环境污染、公有资产流失等问题,恰恰是受到以新自由主义经济学为代表的西方资产阶级主流经济学宣传和影响的结果。西方资产阶级主流经济学倡导企业片面追求利润最大化,导致企业不注重资源节约,恣意排放生产污染物,最大限度地压低工资和降低工作条件,甚至生产和兜售假冒伪劣商品,严重损害人民生命健康。个人唯一寻求财产最大化,引发个人损公肥私、行贿受贿、道德沦丧,甚至严重暴力犯罪。

公有制企业,尤其是国有企业的布局、结构和行业的调整,甚至一些国有企业破产倒闭,是为了更好地发展壮大公有制经济,不能就此笼统地说公有制经济效率低。正如一些私有制企业破产倒闭,不能证明私有制企业效率低一样。中国改革开放 30 多年取得的巨大成就是以公有制为主体的多种经济成分共同发展的结果,充分体现了公有制经济的宏观和微观高效益,而中国改革开放 30 多年经济的健康快速发展和未来的持续发展,更是归功于公有制经济的主体地位和国有经济的主导作用。因为只有保证公有制经济的主体地位才能保证按劳分配的主体地位和生产与消费的良性循环,从而保证经济的长期持续发展。反观之,以资本主义私有制为基础的市场经济,是按资分配为主体和收入分配的两极分化,必然出现有效消费不足和生产相对过剩,进而导致经济不断地被经济危机所打断,不可能长期持续高速发展。中国经济发展假若是遵循"欧美模式",同样逃脱不了拉美模式失败的命运。相反,中国经济长期持续快速发展,恰恰说明中国并没有遵循经济发展的新自由主义模式。

四、中国模式的影响与面临的挑战

吴敬琏说,"中国模式祸福未定","我们不要忘乎所以"。[①] 应该说,自新中国成立以来,妄自菲薄的时代就已一去不复返了,中国人民既能自信地面

---

① 李建国:《中国模式之争》,中国社会科学出版社 2013 年版,第 225 页。

对世界,又能清醒地认清国情。

中国的成就赢得了世人高度关注。有学者分析,30年来国外学者对中国模式从忽视到重视,中国道路正成为国外学界探讨的热点;国外政要对中国模式从否认到承认,中国因素正成为国际政要认识、把握世界格局的重要因子;外国政府对中国模式从戒备到借鉴,中国经验正成为国外政府治国理政的重要参考。国外学者主要有"可效仿的榜样说"、"西方的威胁说"、"历史重燃希望说"等众多评论。

在我们看来,首先,多年以来尤其是2008年的世界金融危机以来,"人们将许多不平等现象归咎于美国式的资本主义,全世界对这些不平等现象的不满,可能会将人们的注意力更多地转向像中国这样的社会主义模式"。但若据此认为中国模式会对世界产生什么"威胁",那无疑是错误的。中国模式本身既维护世界多样性和发展模式多样化,也坚决反对强加于人的做派行径。因此,对那些"中国模式威胁论"者们来说,只需说一句:"世上本无事,庸人自扰之。"

其次,中国模式既证明了社会主义模式的多样性原理,也证明了社会主义的生命力的事实,无疑会使真正关心世界社会主义前途命运的世界进步人士重新燃起希望之火。金融危机后,西方资本主义发达国家"反资本主义行情"看涨,社会主义在某些基本层面成为"金字招牌"、西方学界重现"马克思主义的复兴"现象,以及西方左翼终于开始"获得巨大的发展契机"等事实,无疑会使更多的人相信,新自由主义的、全球化的资本主义并非历史的终结,进步人类有必要"更加认真地思考社会主义的历史主题","对所谓资本主义的胜利从新的视角进行思索"。

再次,虽然中国模式具有较强的民族色彩,或说"中国特色",但这丝毫不意味着中国模式不可以供外国学习和借鉴,也丝毫不意味着可以否认中国模式给世界提供了普遍适用的经验。正如邓小平早就对外国元首所说的,"如果说中国有什么适用的经验,恐怕就是按照自己国家的实际情况制定自己的政策和计划,在前进过程中及时总结经验。"党的十七大报告总结的"十个结合"的经验,客观上会产生国际影响。

当然,也应该清醒地看到,任何一个发展模式都并非完美无缺,都会面临这样那样的挑战。中国模式当前面临着以下主要挑战:如指导思想上,一些人妖魔化马克思主义,神圣化西方学术理论、体制和政策;人口资源环境压力过大,高耗能、高污染、高成本严重制约着国民经济的可持续发展;对外经济依存度过高造成经济发展的自主性不足;学术文化赤字较高,学术文化"走出去"的步伐缓慢,文化软实力有待加强;社会不良事件不断增加,社会管理难度增大,等等。

应对这些风险与挑战,首先要有充分的思想准备,认识到改革开放本身是充满风险的事业,以增强忧患意识和攻克难题的决心。其次要有科学的理念,掌握辩证唯物主义的认识论,努力解决有限和无限、已知和未知的矛盾,加强对世情、国情、党情和民情的科学认知,在马克思主义及其中国化理论的指导下,实事求是,解放思想,与时俱进,求真务实,将科学理念转化为实际行动。再次要有解决实际问题的政策措施和体制机制,最大限度地消除风险,变挑战为动力。

结 论

中国历届领导人提出或者使用中国模式概念,是瞩目于坚决维护世界多样性和发展模式多样化,坚定支持各国选择自己发展模式的正当权利,也是着眼于强调现代化建设不能照搬别国模式,必须独立自主地走自己的路。而且,他们并没有因中国尚未在各方面形成一整套完全定型的制度而否认中国模式。由于基本制度、经济政治文化传统及社会历史背景的不同,各种发展模式都具有自己鲜明的特色,即便同属资本主义或社会主义的发展模式,因受各自国家发展战略和政策等影响,其具体内涵也有差异。况且任何模式绝非完美无缺或一成不变,需随时代和环境变化而有所调整。因此,那种认为提中国模式有"忘乎所以"之嫌,完全定型之虑,就显得微不足道了。

从总体上看,国内外的观点是有助于我们从整体上认识中国模式内涵的。吴敬琏不讲社会主义,不讲四项基本原则,不分清一些基本的界限如"四个重大界限",就无法深入地把握中国模式的实质。其一些观点就因这方面有意无意地"忘却",从而使自己对中国模式的解读沦落为对中国现状既片面且表象的描画,自然也就既无法把握中国模式的"中国特色",也无法正确回答中国模式"从何处来,到何处去"这一深刻理解中国模式无法规避的重大问题。

中国模式作为一种社会发展模式,是一种社会主义的发展模式,是一种当代中国的社会主义发展模式。首先,尽管中国模式充分学习和借鉴了包括西方资本主义在内的一切人类文明优秀成果,但是中国模式与西方模式显然存在本质差异。因而中国模式的成功在于,正确处理社会主义与资本主义的关系,充分利用资本主义来发展社会主义。其次,尽管中国模式没有彻底否定"苏联模式",中国模式与"苏联模式"等社会主义的发展模式之间存在某些共同之处,但中国模式与其他社会主义发展模式也存在着明显的重大的差异。因而中国模式的成功还在于,高举中国特色社会主义伟大旗帜,开辟了中国特色社会主义道路,形成了中国特色社会主义理论体系。另外,把马克思主义基本原理同中国具体实际相结合,走自己的道路,建设中国特色社会主义,无疑是对中国模式的精神实质所做的精练概括。因为这一概括既讲了社会主义,也深刻把握了中国模式的民族性时代性,还维护了世界多样性和发展模式多样化;同时还回答了中国模式"从何处来,到何处去"这一重大问题。诚然,做好中国模式或中国特色社会主义道路的解读,需讲究传播艺术,这样有助于消除世界对中国的偏见,使中国发展模式得以在世界范围内赢得更多理解与发展空间。

总之,中国模式的实质是社会主义本质在中国的当代实现形式而已。中国模式的成功是中国特色社会主义的成功。其实际经验就在于党的十七大报告所总结的"十个结合"。中国模式主张利用外国的和本国的资本主义,但又从未把资本主义当成目标,并一再强调利用的前提即"主体是社会主义",强调坚持四项基本原则和共同富裕,强调发展成果为人民共享。中国模式彰显了社会主义本质实现的中国个性,具有较强的民族色彩。同时体现了改革开放以来的时代精神和进步内容,具有鲜明的当代性。中国模式将会与时俱进地汲取时代的新精神和进步内容。

> **中国需要什么样的市场经济**

值得指出的是,有些西方学者之所以喜欢使用中国模式而少用中国道路,旨在把中国特色社会主义从中国模式中清除掉,使这一概念变得更加中性化或去意识形态化。而我们在研究中国模式和使用中国模式这一概念时,一定要把它与社会主义密切联系起来,把它与共产主义远大的奋斗目标联系起来。因此,中国模式的全称只能是"当代中国特色社会主义模式"。

关于当前马克思主义理论的一些问题

——评吴敬琏"社会主义模式论"

刘国光

（中国社会科学院原副院长，特邀顾问、学部委员）

一、关于经济领域的阶级斗争

《红旗文稿》2014年第18期发表的《坚持人民民主专政，并不输理》一文引起巨大关注，并遭到右翼"公知"的围攻。该文所讲的内容，都是在宪法和党的文件中明确阐明的，讲一讲"阶级斗争"，谈一谈"人民民主专政"，这本是很正常的，却遭到如此多的人恶毒攻击，这恰恰说明"阶级斗争"是存在的。一些右翼"公知"闻见"阶级斗争"和"人民民主专政"就暴跳如雷，恰恰因为这触动了他们的阶级敏感神经。我在2009年写的《经济建设与阶级斗争》一文中，就对新时期的阶级矛盾和阶级斗争进行了分析。经过改革开放30多年的演变，中国的阶级结构是否起了变化？剥削阶级作为阶级是否又已重现？这个问题应该实事求是地判断。即使认为阶级斗争现在不再是国内主要矛盾，但在我国"文化大革命"后，阶级斗争事实上此起彼伏，长期存在，包括政治和意识形态领域的阶级斗争，有时还非常激烈突出，如20世纪80年代几次学潮动荡、"六·四"风波、21世纪初的西山会议、"〇八宪章"等事件；西方宪政民主、新自由主义、历史虚无主义等思潮，在思想文化领域的渗透和蔓延，无一不是各派政治力量的较量，或者是意识形态领域阶级斗争的反映。所以说，阶级斗争熄灭论同阶级斗争扩大化一样，都不可取，这在十一届六中全会关于历史问题的决议中讲得非常明白。

在社会主义初级阶段，阶级斗争存在于哪些领域？毛泽东早已指出，在

中国需要什么样的市场经济

所有制的社会主义改造基本完成后,各派政治力量之间的阶级斗争,无产阶级和资产阶级在意识形态方面的阶级斗争,还是长期的、曲折的,有时甚至是很激烈的。政治和意识形态等上层建筑领域存在阶级斗争,已经为前述改革开放以来各项事实所证明。

阶级斗争不仅在上层建筑领域存在,而且在经济基础领域也有表现。目前,不仅在私有企业存在着劳动和资本之间的矛盾,劳资纠纷此起彼伏;而且在某些异化了的国有企业中,也可以看到,随着工人阶级重新被雇佣化,高管阶层与普通员工之间也存在矛盾。经济领域存在的马克思主义与新自由主义的激烈斗争,主要表现在对"社会主义市场经济"认知上的对立。我国经济改革采取市场取向政策的目的,是社会主义经济制度的自我完善,而不是演化、转变为资本主义。因此,社会主义市场经济必须坚持三个基本特征:第一,在所有制结构上,社会主义市场经济是以公有制经济为主体、多种所有制经济共同发展的社会主义基本经济制度为其制度基础的;第二,在经济运行机制上,社会主义市场经济是有计划的,即在国家宏观计划调控下,发挥市场在资源配置中的决定性作用;第三,在追求目标上,社会主义市场经济力求效率与公平并重,更加重视社会公平,最终实现共同富裕。

十分明显,多年来在这三个方面的纷争是很激烈的。同"社会主义市场经济"的上述内涵正好相反,从反对方向来的意见是:第一,反对以公有制经济为主体,主张私有化;第二,反对国家宏观计划调控和政府对经济的监督管理,主张完全的自由化和市场化;第三,一味地片面主张效率优先,轻视社会公平,变相宣扬他们抵制共同富裕和推行两极分化的主张和政策。

针锋相对的纷争,当然有理论是非问题,需要辨别清楚。但是,在更大程度上这是当今中国社会不同利益集团或势力的对决。反对市场经济的社会主义性质,主张私有化、自由化和两极分化的声音,虽然有雄厚的财富和权力的实力背景,但毕竟只代表少数人的利益。而主张以公有制为主体,以国家宏观调控为指导和以共同富裕为目标的声音,则代表了工农大众和知识分子群体的期望。所以,这场争论明显具有阶级分歧的性质。中国经济改革的前景,不取决于争论双方一时的胜负,最终将取决于广大人民群众的意志。

二、正确认识市场与政府的关系

党的十八届三中全会通过的《中共中央关于全面深化改革若干重大问题的决定》（以下简称《决定》）提出，"使市场在资源配置中起决定性作用"。这一提法代替了以前"市场在资源配置中起基础性作用"的提法，新的提法和原来的提法只有"两字"之差，却被一些人有意解读为中央要全面推进市场化、私有化改革。实际上，《决定》在"使市场在资源配置中起决定性作用"的后面，紧接着是"更好发挥政府作用"，保留了"健全以国家发展战略和规划为导向、以财政政策和货币政策为主要手段的宏观调控体系"，其实就是表达了"计划导向"的意思。值得注意的是，习近平总书记在《关于〈中共中央关于全面深化改革若干重大问题的决定〉的说明》中指出："市场在资源配置中起决定性作用，并不是全部作用。"可见，市场的"决定性作用"是有限制的。根据这个精神，《决定》在提出市场配置资源的"决定性作用"的同时，也强调了政府和国家的计划作用，就是说政府和国家计划要在资源配置中起"导向性作用"。这样，市场与政府、市场与计划在资源配置中的"双重调节作用"的思想就凸现出来了。

那么，在资源配置中，市场和政府应如何分工？依我看，按照资源配置的微观层次和宏观层次，划分市场与政府或计划的功能，大体上是可以的。市场在资源配置中起决定性作用，应该限制在微观层次，即多种资源在各个市场主体之间的配置，应由供求、竞争、价值规律来决定。而政府职能如行政审批等的缩减，也主要在微观领域。至于宏观层次上的资源配置，以及微观经济活动中对宏观方面产生重大影响的资源配置问题，如供需总量平衡、部门地区比例、自然资源生态保护、社会资源的公平分配以及教育、医疗、住房等问题，政府都要加强计划调控和管理，不能让市场这只"看不见的手"盲目操纵，自发"决定"。当然，对市场提供服务、实施监管、做"守夜人"的责任，政府还是责无旁贷的。

习近平总书记说的好："在市场作用和政府作用的问题上要讲辩证法、两点论，'看得见的手'和'看不见的手'都要用好。""看得见的手"和"看不见的手"都要在资源配置中发挥重要作用。这样理解社会主义市场经济中"政府"与"市场"或"计划"与"市场"的关系,符合马克思主义经济学原理,更加有利于坚持既是"市场经济"的又是"社会主义"的改革方向。在全面深化改革中处理好政府和市场的关系,不是照搬现代发达资本主义国家的政府职能,而是结合生产资料所有制关系来分析政府和市场之间的关系,通过转换政府的经济职能,实现服务人民利益和适应市场社会分工制度的统一。只有在社会主义公有制经济基础上研究和实践政府职能的转变,才能更好地体现出习近平同志所说的两点论。

  党的十八届三中全会《决定》指出,"市场决定资源配置是市场经济的一般规律",也就是经济学所讲的市场价值规律。市场价值规律通过价格机制、供求机制、竞争机制来发挥作用。每一种机制的失灵都会导致资源配置的无效,所以绝不能迷信市场。以公有制为基础的社会主义经济,决定资源配置的就不是市场价值规律,而是有计划按比例发展规律,这就是马克思所讲的,劳动时间在不同生产部门之间有计划的分配和劳动时间的节约,是共同生产(即社会主义经济)基础上的首要经济规律。有计划按比例发展就是人们自觉安排的持续、稳定、协调发展,它不等同于传统的行政指令性的计划经济,更不是某些人贬称的"命令经济"。"有计划"主要是指导性、战略性、预测性的计划,用以从宏观上引导国家资源的配置和国民经济的发展,当然,也包括某些必要的指令性指标,也并不排除国家计划的问责功能。近年来,我们革除传统计划经济的弊病,适应初级阶段的国情,容纳了市场经济的运行,建立了社会主义市场经济体制,尊重市场价值规律,但是不能丢掉公有制下有计划按比例发展的经济规律。

三、正确理解中央关于发展混合所有制经济的精神

  党的十八届三中全会通过的《决定》明确指出:"积极发展混合所有制经济。国有资本、集体资本、非公有资本等交叉持股、相互融合的混合所有制经济,是基本经济制度的重要实现形式,有利于国有资本放大功能、保值增值、提高竞争力,有利于各种所有制资本取长补短、相互促进、共同发展。"十

"中国模式"的实质是什么？

八届三中全会突出用混合所有制的办法进行国企改革，但混合所有制不是新事物，新中国成立初期我们就有"公私合营"，这其实就是混合所有制的一种方式。那是以公有经济参与私有经济，将私营经济改造成国营经济，是过渡的所有制形式，时间很短，很快便完成改造。这次的"混合所有制"形式上类似于"公私合营"，实质上完全不同。它是倒过来，以私有经济参与国有经济的改革，但这是不是意味着也倒过来，把国有经济逐步改造成为私有经济，成为向资本主义过渡的一种暂时的所有制形式呢？我觉得不应当是这样的。党的方针意不在此，混合所有制经济是社会主义初级阶段基本经济制度的重要实现形式之一，我们要长期搞。社会主义初级阶段要向高级阶段过渡，而向高级阶段过渡当然不能是向私有经济过渡，而且这个过渡时间很长，所以混合所有制经济不应当是一种短暂的向资本主义私有制经济过渡的形式。社会主义初级阶段的基本经济制度是公有制为主体、多种所有制经济共同发展，公有经济和私有经济都是社会主义市场经济的重要组成部分，现阶段必须坚持"两个毫不动摇"，无论在宏观国民经济层面，还是微观混合经济实体方面，我们都要坚持"公进私也进，国进民也进"，不能是单纯的"国进民退或者民进国退"，但无论如何都要守住公有制为主的底线和国有资本控股的底线。"国进民退或民进国退"争论的实质，是坚持和完善中国特色社会主义基本经济制度，还是反对和削弱这个基本经济制度，是坚持和发展社会主义公有制还是动摇和削弱公有制。在这个问题上，党的十八大重申要加快完善公有制为主体、多种所有制经济共同发展的基本经济制度，强调要坚持"两个毫不动摇"的政策主张，应当说已经对所谓"国进民退"炒作作出了明确的回应。

发展混合所有制经济的目的是什么？习近平总书记最近说，国企在深化改革中不仅不能削弱，而且要加强，十八届三中全会的文件也说，"混合所有制经济要有利于放大国有资本的功能，实现国有资本的保值增值"。不能随着混合所有制经济的发展，使国有经济越来越萎缩，非公有经济越来越扩张；也不能随着混合所有制经济的发展，国有资本越来越小，国有资产最后都"混"没有了。持这种"把混合所有制看成国退民进，公退私进，国有企业

> 中国需要什么样的市场经济

私有化形式"主张的人，的确大有人在。如发改委某副主任在达沃斯世界经济论坛上讲，政府大力提倡混合所有制经济，意味着地方政府可以将国有企业私有化，可以用卖掉国有企业的资金还债，这与三中全会的精神风马牛不相及。

国企改革和发展混合所有制经济，一定要坚持社会主义的方向，坚持社会主义基本经济制度的根本原则，防止财富和收入分配通过所有制结构的变化向少数人手中集中，强化两极分化的倾向。在目前国有经济在国民经济占比已经大大缩减的情况下（已经缩减到20%），如果继续对所剩不多的大中型国有企业进行国有股减持，那么我国公有制为主体的基本经济制度将更加难以维持，"社会主义市场经济"将摇摇欲坠，就会变成"资本主义市场经济"。因此，搞混合所有制经济不是简单地进行国有股减持，而是要放大国有资本的功能；不是把国有企业一卖了之，而是要确保国有资产的保值增值；不是只允许私有资本参股甚至控股国有企业，而是同样允许国有资本参股甚至控股私人企业；不是削弱公有制经济的主体地位，而是要加强社会主义的经济基础。

四、防止"经右政左"导致社会分裂

现在，海内外对中国政治经济形势有一种流行的说法，叫"经右政左"，即在经济上更加趋于自由化、市场化，放开更多管制领域；同时，在政治上更加趋于权威化，高举马克思列宁主义、毛泽东思想的旗帜，收紧对意识形态的控制。似乎我国在经济领域偏右，而在政治和意识形态领域偏"左"。姑且不论"经右政左"说法是否准确，从理论上讲，这是一对矛盾的概念。按照历史唯物主义的基本原理，政治、意识形态等上层建筑是由经济基础决定的。如果上层建筑与经济基础方向一致，就可以巩固经济基础；如果经济基础与上层建筑偏离，那么就会使经济基础发生变异，原来的上层建筑也会有坍塌之虞。

有人分析，"经右政左"的局面难以长久持续，可能会导致社会分裂。社会主义经济如果长期受到西方新自由主义经济思想的侵蚀，使自由化、私有

化倾向不断上升,计划化、公有经济为主体的倾向不断弱化,社会主义经济基础最终就要变质,变成与社会主义意识形态等上层建筑不相容的东西。而随着私有经济的发展,资产阶级力量壮大,其思想如西方宪政民主的影响也在扩大,迟早他们会提出分权甚至掌权的要求,那时即使在政治思想上坚持科学社会主义做多大的努力,恐怕终究难以为继。这是由经济基础决定上层建筑所决定的,不以人的意志为转移。对此,我们一定要有清醒的认识。必须防微杜渐,不仅在经济基础领域,而且在上层建筑领域都要反对和平演变的侵蚀。

当前,意识形态领域的斗争形势严峻,各种反马克思主义思潮甚嚣尘上,比如新自由主义、民主社会主义、历史虚无主义、"普世价值"、西方宪政民主等思潮很有市场。意识形态领域的混乱状况,必须引起我们的高度重视。毛泽东曾指出:凡是要推翻一个政权,总要先造舆论,先做意识形态方面的努力,革命的阶级是这样,反革命的阶级也会是这样。龚自珍说过"灭人之国,必先去其史"。苏联的解体就是鲜活的事例,对此我们应当提高警惕,深刻认识到意识形态工作的阶级性、长期性、复杂性、艰巨性,巩固马克思主义在意识形态领域的指导地位。

上层建筑领域和经济基础领域的上述种种问题,都与阶级、阶级矛盾、阶级斗争的存在有关。我们不能视而不见,淡化置之,走向阶级斗争熄灭论。美国原驻苏大使马特洛克在《苏联解体亲历记》一书中说到苏联领导人抛弃阶级斗争学说时指出:阶级斗争理论是列宁主义者的国家结构演进观及同西方发生冷战所依据的中心概念,没有它,冷战的理由就不复存在,一党专政的理论基础就随之消失。如果苏联领导人真的抛弃了这个观点,那么,他们是否继续称他们的思想为"马克思主义"也就无关紧要了,这已是别样"马克思主义",这个别样的社会则是我们大家都可以接受的。看看以美国为首的西方发达国家是怎样希望社会主义国家放弃阶级斗争、放弃共产党的领导的。如果我们淡化阶级观念,走向阶级斗争熄灭论,使"马克思主义"和"社会主义"蜕变为资产阶级"可以接受的"东西,就必然重蹈苏联亡党灭国的覆辙。

▶▶ 中国需要什么样的市场经济

改革开放前的30年,我们并不是只搞阶级斗争,而不搞经济建设,经济领域是取得巨大成就的;改革开放后的30年,我们也不是只搞经济建设,而闭眼不见阶级斗争,阶级斗争在很多领域还是客观存在的。但我们现在不是要搞"以阶级斗争为纲",而是要反对国内外敌对势力对我国进行私有化、自由化、西方化、资本主义化的图谋。要粉碎国内外敌对势力的这种图谋,我们必须在坚持一个中心的同时,坚持两个基本点,坚持人民民主专政,这是我们的底线,也是我们斗争的法宝。

(原载《马克思主义研究》2015年第4期)

"普世价值"的"欧美模式"不能救中国

——评吴敬琏"社会主义模式论"

夏小林

(国家发改委经济体制与管理研究所研究员)

2010年1月,吴敬琏研究员出版了《当代中国经济改革教程》(以下简称《教程》)一书。如果把这本书里关于马克思主义、社会主义、改革、普世价值、欧美模式、国退民进、自由市场、宪政民主等言论与吴敬琏的其他作品相印证,就可以看出这些资料共同形成了一条证据链,说明《教程》中吴敬琏先杜撰、再否定的一系列子虚乌有的"社会主义模式",是要诱导我国"改革"走上资本主义道路,实现"普世价值"的"欧美模式"。①

吴敬琏对"欧美模式"的迷信和追捧,也真真切切地告诉人们,他所要实现的中国"改革"是为"1%"的人服务,而不是为"99%"的人服务。这是吴敬琏全部思想的要害之所在。因为,针对资本主义"欧美模式"为少数富人服务的痼疾,美国的著名经济学教授、诺贝尔经济学奖获得者保罗·萨缪尔森等人就坦承:欧美国家的"市场经济加剧不公平";"收入和财富的不平等代代相传;富人越来越富,穷人越来越穷"②。自2008年的金融危机爆发以来,"欧美模式"里的"1% 和 99%"处于对立状态这类话,则像被插上了翅膀一样飞向全世界。这既使"欧美模式"、"为什么人服务"的要害问题透过危机极不公平、缺乏效率的治理,再次尖锐地暴露在光天化日之下,也使吴敬琏采用"欧美模式"来"改革"中国的政策主张昭然若揭。

---

① 吴敬琏:《当代中国经济改革教程》,上海远东出版社2010年版,第382,407~408页。
② 保罗·萨缪尔森、威廉·诺得豪斯,萧琛、樊妮等译:《经济学》(第17版),人民邮电出版社2004年版,第607页。

▶ 中国需要什么样的市场经济

从目前我国的产业经济实况来看,我国私人资本主义基本处于国际分工产业链的低端,国内多数工业行业的产业制高点基本为外资企业占领[1],且这种占领还在向第一产业和第三产业渗透。吴敬琏以国有企业与市场经济不相容为由[2],主张我国彻底实行包括关键产业领域在内的"国退民进"[3],走欧美资本主义道路。其私有化和自由市场"伪改革"逻辑的终点和政治恶果,就是美欧跨国公司彻底控制我国经济的全部战略高地,并使政治、外交、军事、文化等也附庸化,从而为"美利坚第一"服务,为其"1%"的富人、权贵等服务。在这种大格局下,占我国人口"99%"的广大人民群众的"小康梦"将完全破灭。中华民族也将被美国的"民营企业"孟山都彻底"转基因"。

要否定这些评论也可以,只是需要吴敬琏能够在西方经济学的框架内,变戏法似的给出一个能够让"99%"的人满意的、实现"共同富裕"的"欧美模式"资本主义来,推翻保罗·萨缪尔森教授关于美欧市场经济"马太效应"的判断,并且解构美欧跨国公司操控、入主、掠夺中国经济和分裂中国的"最大化"内生性冲动——这方面的国际案例很多,20 年前苏联解体和东欧剧变就殷鉴不远。例如,波兰经济学家卡齐米耶日·Z·波兹南斯基在《全球化的负面影响——东欧国家的民族资本被剥夺》[4]中用大量的数据显示,那里(包括他的祖国)"是贴着新自由派标签的人,强行实施致命的建设市场资本主义的计划",形成的是一种"病态"、"变异"的资本主义。政府贱卖,外资贱买了国有资产,并控制了民族国家的经济,"一个国家接一个国家陷入经

---

[1] 吴敬琏:《要约束政府配置资源的权力》,载于《凤凰周刊》2011 年第 3 期。
[2] 例如,吴敬琏说:"目前建立的市场经济体制还是很不完善的,其主要表现是:国家部门仍然在资源配置中起着主导的作用。具体说来,表现在以下方面:(1)虽然国有经济在国民生产总值中并不占有优势,但是,它仍然控制着如列宁所说的"制高点",即"国民经济命脉"。国有企业在石油、电信、铁道、金融等重要行业中继续处于垄断地位。(2)各级政府握有支配土地、资金等重要经济资源流向的巨大权力。(3)现代市场经济不可或缺的法治基础尚未建立,各级政府官员有着很大的自由裁量权,他们通过直接审批投资项目、设置市场准入的行政许可、管制价格等手段对企业的微观经济活动实施频繁干预。"(《吴敬琏:寻租膨胀无以复加 改革需要顶层设计》),http://finance.ifeng.com/opinion/zjgc/20111201/5179916。
[3] 吴敬琏在《当代中国经济改革教程》第 5 章《民营经济的发展》中写道,民营企业包括私营企业和外国投资企业。
[4] 卡齐米耶日·Z·波兹南斯基:《全球化的负面影响——东欧国家的民族资本被剥夺》,经济管理出版社 2004 年版。

济衰退"。而在2011年,美国高调从政治、经济和军事方面"重返亚洲"、"领导亚洲",同时通过各种渠道要求中国消灭国有企业、全面放开市场的吊诡,也不过是故伎重演,并与吴敬琏主张的"改革"遥相呼应。

吴敬琏在要求私有化的同时,也要求实行"普世价值"的"宪政民主",以消除他说的中国今天仍在实行的"苏联式的专政政权……这种政治体制与市场经济体制之间存在巨大的冲突"①。至此,吴敬琏所谓以"宪政民主"为核心的"政改",实际上是以无产阶级专政即人民民主专政为对象的,这本身就是违反我国《宪法》的。吴敬琏此"政改"非党中央彼"政改",其为谁服务,可谓一览无余了。

本文重点分析的具体问题如下:一是吴敬琏曲解、否定我国社会主义革命、建设和改革方向,违背了中共中央的有关决定精神和《宪法》有关条文。二是吴敬琏的中国"改革顶层设计"是舶来品,属于美国"华盛顿共识"的范畴。第一条是全面实现私人"自由企业制度"②,要国有企业从竞争行业、垄断行业(含"关键性领域")退出③;第二条是建立"不受控的市场"④;第三条是实行"西化"的"宪政民主"⑤。他还不时以吴氏定义的"国退民进"、"自由市场"和"政治体制改革"冒充党中央的重大改革决策,偷梁换柱、混淆视听、误导公众。这种异动值得警惕。三是从西方经济学层面看,吴敬琏主张在中国实行"欧美模式"的资本主义,如搞全面私有化、"宪政民主"⑥、"不受控的市场"等⑦,在理论上显得漏洞百出、不切实际,只能危害国家和人民,且最契合美国的私利。从学术方法角度评论,吴敬琏主张"欧美模式"的种种说法,也是对西方经济学和欧美现实情况的一种片面性表述,属于"伪说"和迷惑性言论。

---

① 吴敬琏:《当代中国经济改革教程》,上海远东出版社2010年版,第372页。
② 同上,第28页。
③ 吴敬琏:《要约束政府配置资源的权力》,载于《凤凰周刊》2011年第3期。
④ 吴敬琏:《当代中国经济改革教程》,上海远东出版社2010年版,第371、372页。
⑤ 同上,第397页。
⑥ 同上,第397、367—375页。
⑦ 中国经济体制改革研究会:《"社会主义市场经济条件下的政府与市场定位"座谈会发言汇编》。

> **中国需要什么样的市场经济**

一、资本主义不能救中国

在近百年的中国历史中,中国共产党人搞革命、建设和改革,艰苦奋斗,历经曲折,总结历史经验,使马克思主义与我国的具体实践相结合,提出了"只有社会主义能够救中国"[①]、"只有社会主义才能救中国"的主张[②]。但是,吴敬琏在《教程》里结束歪曲、否定欧洲社会主义理论和实践之后,特别是在结束批判斯大林和苏联体制(包括东欧各国)以后,就从虚构的理论和历史逻辑支点出发[③],开始直言国内问题,即否定我国的社会主义道路,鼓吹"普世价值",拿出了他主张我国走"欧美模式"资本主义道路的"改革顶层设计"。

这清楚地表明了他在《教程》里对社会主义理论和历史的诋毁性评论是"项庄舞剑,意在沛公",制度目标是在我国全面实行自由资本主义制度,要害是为"1%"的美欧资本主义服务,兼顾民族资产阶级处于欧美跨国公司的附庸地位捞取"残羹剩饭"。他的这种"改革"价值取向与党中央历来的决定有云泥之别。

在对中国问题的分析上,吴敬琏在《教程》中和其他有关文章中所表达的基本观点如下:

第一,毛泽东时期的我国社会主义没有合理性。因为毛泽东继承了列宁和斯大林时期的社会体制,"建立了在自己领导下的全能政府"[④],且"仿效苏联的榜样……在国有制基础上建立以高度集中的行政协调为特征的计划经济",或称"国家辛迪加"[⑤]。这种"政策"使中国陷入"荒谬"、"灾难"、"危亡"的境地[⑥],当然更是"1871～1917年"的"大灾难和大倒退"[⑦]在1949年以后的延续。吴敬琏的原文如下:"如果把观察的镜头推向更远的历史深

[①] 《毛泽东著作选读》(下册),人民出版社1986年版,第768页。
[②] 胡锦涛:《在庆祝中华人民共和国成立60周年大会上的讲话》,新华网,2009年10月2日。
[③] 夏小林:《评吴敬琏"社会主义模式论"之一、之二、之三,载于《管理学刊》(双月刊)2011年第5期、第6期,2012年第1期。
[④] 吴敬琏:《当代中国经济改革教程》,上海远东出版社2010年版,第33页。
[⑤] 吴敬琏在《经济学与中国经济的崛起》中,重复了这个观点。参阅《中国改革》2011年第8期。
[⑥] 吴敬琏:《经济学与中国经济的崛起》,载于《中国改革》2011年第8期。
[⑦] 吴敬琏:《当代中国经济改革教程》,上海远东出版社2010年版,第409页。

处,我们也可以从人类在 20 世纪进行的将近 100 年改良社会的历史大试验中看得很清楚。如同先贤顾准所说,不管立意多么美好真诚,沿着 1789 年—1871 年(顾准原文为'1870 年'—引者注)—1917 年的道路,能够获得的绝不是人们曾经许诺过的地上天国,而只能是'大灾难'和'大倒退',娜拉出走以后又回到了原处。"这里的"1789 年—1871 年—1917 年的道路",分别是指 1789 年"法国大革命"、1871 年"法国巴黎公社起义"和 1917 年"俄国十月革命"的道路。所以,在吴敬琏的眼里,不仅 1871 年的法国巴黎公社应当被彻底否定,1917 年"十月革命"开创的社会主义道路也是应当被彻底否定的。不过,吴敬琏借包括杜撰内容在内的顾准之话来表达自己观点的时候,并没有注明其来源,也没有说明顾准对社会主义的整体评价。显然,这是吴敬琏的一种策略。经查阅资料和向资深专家咨询,吴敬琏称"先贤顾准所说"的话,是他对顾准《民主与"终极目的"》一文中部分内容的概括。此文载于中国青年出版社 2002 年出版的《顾准文稿》第 392~397 页。但是,顾准在此文中并没有说 1789 年"法国大革命"、1871 年"巴黎公社"、1917 年十月革命道路"只能是大灾难和大倒退",而是说"1789 年—1871 年—1917 年"潮流和英美式的改良型潮流,在相互激荡、借鉴中可能有交叉的趋势。他从来没有对历史上除旧布新的革命运动有过任何彻底否定的评论。

  吴敬琏对开国领袖和"前 30 年"全面否定、充满咒怨的言论,严重违背历史事实,完全否定了《中国共产党中央委员会关于建国以来党的若干历史问题的决议》等中央文件的精神。1981 年 6 月 27 日,《中国共产党中央委员会关于建国以来党的若干历史问题的决议》指出:第一,在中国"基本完成社会主义改造的七年"中,社会主义改造工作是"创造性"的,"党提出的过渡时期总路线是完全正确的","取得的胜利是辉煌的"[①]。在经济建设方面,1959 年 12 月至 1960 年 2 月,在《毛主席读苏联〈政治经济学教科书〉的谈话》中,毛主席也坦承:"解放后,三年恢复时期,对搞建设,我们是懵懵懂懂的。接着搞第一个五年计划,对建设还是懵懵懂懂的,只能基本上照抄苏联

[①] 中共中央文献研究室:《改革开放三十年重要文件选编》,中央文献出版社 2008 年版,第 188~190 页。

的办法,但总觉得不满意,心情不舒畅。1956年,基本完成生产资料所有制的三大社会主义改造。1956年春,同三十几个部长谈话,一个问题一个问题凑,提出了《论十大关系》。"[1]由此可见,吴敬琏污蔑我国在这期间"仿效苏联",建立了子虚乌有的"国家辛迪加"模式,完全是无稽之谈。

首先,在新中国成立初期,由于我们经验不足,当时不学习苏联,难道学习虎视眈眈的美国?其次,正如毛主席所言,当时就感觉"不满意",所以开始探索适合我国国情的经济建设方法,并取得了成就。再次,我国的计划经济也是有中国特色的,不是对苏联的"拷贝"。最后,对苏联和中国各具特色的计划经济的评价应当一分为二。例如,邓小平说,资本主义有计划,社会主义可以有市场经济。

其二,在社会主义改造时期的7年中,党"强调坚持民主集中制和集体领导制度,反对个人崇拜,发扬党内民主和人民民主"[2]。由此可见,吴敬琏说此时毛泽东主席"建立了在自己领导下的全能政府",是污蔑毛主席、中国共产党及人民政府。

其三,在"开始全面建设社会主义的十年"中,"我们虽然遭到过严重挫折,仍然取得了很大的成就","这十年中的一切成就,是在以毛泽东同志为首的党中央集体领导下取得的。这个期间工作中的错误,责任同样也在党中央的集体领导。"[3]由此可见,在建设社会主义新时期的"集体领导"中,吴敬琏关于毛主席"建立了在自己领导下的全能政府"的污蔑也是没有任何根据的。

其四,总结我国社会主义运动的历史(包括"文化大革命"十年),"马克思、恩格斯、列宁、斯大林的科学著作是我们行动的指南,但是不可能给我国社会主义事业中的各种问题提供现成答案"。在毛泽东同志关于中国经济建设的论述中,也"多次强调不要机械地搬用外国的经验,而要从中国是一

---

[1] 毛主席读苏联《政治经济学教科书》的谈话:节选 http://wenku.baiduviewa481e6c48bd63186bcebbc43.html.
[2] 中共中央文献研究室:《改革开放三十年重要文件选编》,中央文献出版社2008年版,第190页。
[3] 同上,第191、194页。

个大农业国这种情况出发"①。邓小平也说过,"中国的社会主义道路与苏联不完全一样,一开始就有区别,中国建国以来就有自己的特点"②。由此可见,在中国社会主义运动的整个历程中,特别是在社会主义改造和建设时期,以毛泽东同志为首的中国共产党人,并没有认为应当教条主义式地对待马克思列宁主义,搬用什么这"模式"那"体制"的。当然,在有的问题上,曾经出现了"把马克思、恩格斯、列宁、斯大林著作中的某些设想和论点加以误解或教条化"的现象以及受苏联一些影响的问题。但是,这些问题并不是吴敬琏凭空捏造的"国家辛迪加模式"这种伪问题。

吴敬琏的逻辑真是古怪。毛泽东等中国共产党人搞社会主义,为人民大众谋利益,属于"大倒退"③。试问,1949年10月1日建立的中华人民共和国还能够改回到哪里去?执政的共产党还能够改回到哪里去?改成为谁服务?腾出位置给谁?

由此可见,吴敬琏也首先彻底否定了我国社会主义实践的历史起点,即我国压根儿就不应当搞社会主义,社会主义不能救中国!

第二,中国的社会主义改革开放使"权贵资本主义"泛滥,是没有前途的。新中国成立后,中国共产党和中央人民政府对官僚资本实行了"没收"政策,转归代表人民的"国家所有",使之成为全体人民的财产④。以这一段历史为背景来看,吴敬琏今天说的"官僚资本主义"或"权贵资本主义",应当是指政府干预经济和国有企业等情况。今天的政府有"失灵"、一些公务员有腐败、国有企业有缺点,骂一骂可能也无伤经济学人的大雅。但是,必须搞清楚大是大非问题。在吴敬琏的笔下,今天中国的"官僚资本主义"或"权贵资本主义"是不是有如历史上那样,是"腐朽的、寄生的、反动的、严重阻碍中国社会经济发展的势力"?如果不是,吴敬琏何必这样无情地指责政府和国有企业,采用"团结—批评—团结"的方式不是更好吗?如果是,这样指责

---

① 中共中央文献研究室:《改革开放三十年重要文件选编》,中央文献出版社2008年版,第199、206页。
② 同上,第97页。
③ 吴敬琏:《当代中国经济改革教程》,上海远东出版社2010年版,第409页。
④ 根据中国人民大学政治经济学系编写《中国近代经济史》第1章、第9章有关内容整理。

中国需要什么样的市场经济

又能够解决什么问题呢?

2010年年底,吴敬琏再次在媒体上提出:"权贵资本主义就是官僚资本主义。这种情况越来越严重了。"①2011年8月,他又说:"国家资本主义趋向就变得十分明显。"②

2011年12月,他提前向下一届"党政领导"建议:"关键是需要'顶顶层'的设计,是要一个能够实现社会公正和共同富裕的法治的市场经济,还是要一个由强势政府控制国民经济和整个社会的国家资本主义,乃至权贵资本主义?这是我们面临的关键性问题。"③

吴敬琏这些话是什么意思呢?无非是指"国进民退""开倒车"、政府干预微观经济多了④。而他要求的改革"在经济上,主要就是要减少政府、国企控制的资源,要实现民进国退"⑤,其内涵就是他在2011年第12期《中国改革》中提出的观点,国有企业要退出"列宁所说的'制高点',即'国民经济命脉'"。例如,目前"国有企业在石油、电信、铁道、金融等重要行业中继续处于垄断地位",这是"市场经济体制还是很不完善的……主要表现"⑥,等等。再早一些时候,吴敬琏曾直截了当地说:"最与市场经济不相称的便是国营部门……"总之,吴敬琏就是要否定中国共产党十五大以来关于国有企业改革和国有经济布局调整的重大决策,主张全面私有化。吴敬琏曾在《教程》中写道,中共十五大报告决定,国家"需要控制'关系国民经济命脉的重要行业和关键领域'"⑦,并认为应当贯彻执行。但是,这里他却自相矛盾,认为这是权贵资本主义的表现,且与市场经济"不相称"。按照吴敬琏这后一种标准,全面私有化才是他理想中的市场经济。既如此,他为什么偏偏经常说要

---

① 阳淼:《权贵资本主义越来越严重》,《新京报》,2011年11月12日。
② 吴敬琏:《经济学与中国经济的崛起》,载于《中国改革》2011年第8期。
③ 吴敬琏:《寻租膨胀无以复加 改革需要顶顶层设计》,http://fi-nance ifeng. com/opinion/zjgc/20111201/5179921html.
④ 2011年3月3日,《中国改革》发表吴敬琏《政府主导重要资源配置使腐败孳生民怨沸腾》文章,文中写道:"1997年中共十五大对国有经济布局做出了国退民进的战略部署……最近这些年有所停顿,在有的部门和有的地区,甚至出现了'开倒车'的现象。""根本的问题还在于政府支配资源的权力太大。"《吴敬琏谈中国改革开放30年:停顿和倒退没有出路》,http://fi-nance. people. com. cn/BIG5/70392/7087788. html.
⑤ 阳淼、吴敬琏:《权贵资本主义越来越严重》,http://news163. com/6LAT18G600012QqL html.
⑥ 参阅吴敬琏的《当前中国改革最紧要的问题》,http://magazine. caixincn/30/100332903. html。
⑦ 《教程》第72页

贯彻党中央关于国有企业改革的决策呢?① 否则,就是他指责的"斯大林体制"的"国家迷信"依然存在,改革开放还是换汤不换药,毛泽东时期遗留的"大灾难"和"大倒退"机制在政治、经济的重要方面依然故我,是"权贵资本主义"。

在吴敬琏这样说的时候,中东地区发生了异常情况。在"国际社会"的搅和下,中东一些国家正在举行大规模游行示威,正在内战的枪炮声中"震荡",正在欧美国家传播"普世价值"的航空母舰、巡航导弹、轰炸机、地面作战指导和"我出枪炮,你出人"的淫威之中"震荡"。就连卷旗缴枪的萨达姆、卡扎菲家破人亡之后,当地的"99%"也没指望攀上"共同富裕"的高峰,"100%"的人也走不出恐怖生活和"囚徒困境"的阴影。

2011年8月16日,媒体报道了世界银行行长、美国人佐利克对欧美国家发出的严重警告:"对于美国和欧洲等主要经济体经济领导力信心的下降加上经济复苏形势疲弱,将市场推到一个新危险区域。"②与这种经济形势相对应,欧美国家有的"燃烧"、有的"枪杀",更多的是"中产阶级"和"无产阶级"举行大规模游行示威、罢工不断,社会"震荡"力量在不断释放和加快积累。美国民众对总统的支持率也下滑到30%多,但他却如希拉里所说的,"要坚持尽可能长久",争取连任,办得到还是"办不到"?或者是在办"一个傻瓜的差事"(a fools errand)? 因为,2011年9月美国CNN已经报道,当前"逾八成美国人认为衰退卷土重来"③。这之后不久,美国"占领华尔街运动"不断兴起,且传染了欧洲和亚洲。

世界银行行长佐利克说,以私人经济、自由市场为主体的"全球经济进入新危局"。④ 欧洲的债务危机更是成了欧美及全球经济头上的达摩克利斯剑。2011年圣诞节前夕,国际货币基金组织(IMF)总裁克里斯蒂娜·拉加

---

① 2011年11月14日《第一财经日报》记者谢雪琳报道,吴敬琏说,"希望明年的代表大会明确这个顶层设计,重新确定十一届三中全会以来改革的目标",http://finance.com/news/special/xzzsdcz/20111114/5055057.shtml。

② 佐利克:《欧美应解决债务问题 G20介入为时尚早》,世华财讯,2011年8月16日。

③ 美国CNN报道:《调查显示10个人中有8个认为我们陷入了衰退》,新华社《参考消息》2011年9月5日第4版。

④ 吴敬琏、樊纲、刘鹤:《中国经济50人看30年:回顾与分析》,中国经济出版社2008年版。

> **中国需要什么样的市场经济**

德也再次发出警告,世界经济"处境危险",欧洲主权债务危机正在增加美国和新兴经济体面临的风险。为了防止经济"斩首",主要资本主义国家纷纷实行紧缩政策,最大多数人的生活福利水平进一步下降。由此,全球各式各样的社会"震荡"此起彼伏、连绵不断,大有长期化的趋势。

第三,中国应当走资本主义道路——这就是吴敬琏的意图所在。针对以上那些按意识形态下诊断的各种各样的"中国问题",吴敬琏提出的对策方案是,中国应当"向往"、走向"欧美模式"的资本主义市场经济[①]。

在吴敬琏的中国"改革顶层设计"下面,是一张三条腿的桌子。第一条腿是他伪造党的十五大决策"国退民进"[②],即要国有企业从竞争性领域和垄断行业(包括"关键性领域")通通退出[③];第二条腿是他歪曲党的十四大决策,要建立"不受控的市场"经济[④];第三条腿是他要帮共产党搞"政治体制改革",实现"西化"的"宪政民主"[⑤]。一言以蔽之,就是吴敬琏要求在我国全面推行以私人企业为主体的自由市场经济和相应的政治制度,或称"欧美模式"的资本主义[⑥]——这就是三条桌腿上顶着的桌面。

这种性质的"改革顶层设计",可以归入主张美式私有化、自由化、民主化的"华盛顿共识",其核心是为"1%"的人服务,思想内容全是舶来品,或说得准确一些,是其"中国版";而在学术上,它属于美国新自由主义的畅想曲,甚至很不切合欧美国家的实际情况。例如,按照吴敬琏权力不干预市场的主张,在金融危机中欧美政府就不应当救市。

下面,我们就来看看吴敬琏"改革顶层设计"中制定的"资改"路线图。

二、资本主义怎么救中国

对于非经济学专业的读者来说,在《教程》里吴敬琏给出的标准答案有

---

① 吴敬琏:《当代中国经济改革教程》,上海远东出版社 2010 年版,第 407~408 页。
② 吴敬琏:《政府主导重要资源配置使腐败孳生民怨沸腾》,中国改革论坛网,2011 年 3 月 3 日。
③ 同上。
④ 吴敬琏:《当代中国经济改革教程》,上海远东出版社 2010 年版,第 371~372 页。
⑤ 同上,第 397 页。
⑥ 当然,吴敬琏主张"不受控的市场"是荒谬的,在欧美国家市场也是"受控的市场"。有关分析将在本文后面展开。

点隐晦。他说:"苏联和东欧国家在改革上所走过的历程,可以为我们提供一些重要的经验教训……任何真正的改革都是市场取向的改革,建立自由的企业制度和竞争性的市场体系是改革成功的关键。"①

如何诠释这些被西方经济学术语包装得温文尔雅的"真正的改革"的关键词?什么才是"改革成功"?最权威的答案只有吴敬琏本人知道。

1. 什么是"自由的企业制度"

吴敬琏答:"欧美模式则为具有现代经济学知识的学者所向往。"②由此切入,"百度百科"的解释非常契合吴敬琏这位"具有现代经济学知识的学者"的本意:"美国是实行自由企业制度的典型国家……诺贝尔经济学奖获得者、美国经济学家米尔顿·弗里德曼在其非常著名的《资本主义与自由》一书中指出:用自由来形容企业有什么意义呢?在美国,自由被理解为每一个人都有自由来建立企业的意思。这可能是对自由企业制度最好的诠释。"

一句话,"自由的企业制度"就是"美国"(和欧洲等)资本主义市场经济中的私人企业制度。在吴敬琏眼里,在中国全面建立这种私人企业制度,"是改革成功的关键"。一个较早期的例子是,1986 年 2 月,美国国际开发总署就主持过关于在发展中国家开展私有化的研讨会,其中许多论文被编入《私有化与发展》一书。该书的中译本由中国社会科学出版社 1989 年出版。它同其他有关资料一起说明,美国政府是在发展中国家积极推行私有化进程的主导力量。由此看来,吴敬琏等人主张私有化也是在以美国为代表的"国际惯例"推动下的重复性活动,是鹦鹉学舌。因为,这样才符合"欧美模式",并且这是经济学的公理!吴敬琏指出:"至于国有企业的效率是否高于民营企业,则已经有中外研究机构所做的实证分析,对它做出了有翔实数据支持的否定性结论。"③但这种说法是非常片面的。因为事实上还有著名经济学家和"中外研究机构所做的实证分析"表明,在西方经济学的框架中,私有并不是畅通无阻的公理。即使国有企业等于"权贵资本主义(官僚

---

① 吴敬琏:《当代中国经济改革教程》,上海远东出版社 2010 年版,第 28 页。
② 吴敬琏:《当代中国经济改革教程》,上海远东出版社 2010 年版,第 407~408 页。
③ 吴敬琏:《不改革国有经济就无法实现共同富裕》。

资本主义)",它们也并非妖魔鬼怪,不会把一个国家推进地狱,相反,是有好处的。例如,诺贝尔经济学奖得主约瑟夫·斯蒂格利茨和赫伯特·西蒙等就批评过吴敬琏伪造的这种经济学公理。斯蒂格利茨指出,有了竞争,加强监管,经理资本主义的企业和国有企业都可以发展。天下没有"国有企业搞不好"的公理,只有这样不切实际的市场原教旨主义观点。斯蒂格利茨写道:"傻瓜式的经济学理论暗示,私有制比国有企业更有效率。私有制毕竟俱足激励,而公有制却做不到。"①"无论在公共部门还是在私营部门中,高效企业和低效企业并存。韩国和中国台湾的大型国营钢铁企业的效率要高于美国的私有企业。美国最成功的行业之一仍然是高等教育产业,而且正如我所指出的,美国所有一流的大学都是国有的而且不以营利为目的。"

"赫伯特·西蒙因其在'现代企业的实际功能'方面的开创性研究而获得 1978 年的诺贝尔经济学奖。他曾经指出,人们过分夸大了现代资本主义与官办企业之间的差异。在这两种体制下,每个人都是在为别人打工。用来刺激经理人与工人的激励机制是完全相同的……'没有任何先验的理由可以解释为什么在追求利润最大化的组织中产生的正面激励,要比在目标多元化的组织中产生的这种正面激励要容易(或困难)得多。由利益驱动的组织要比其他组织更有效,这种结论并不是新古典经济学关于组织经济假设的必然结果。如果这一点从经验上看是正确的,那么我们还需要寻找支撑这一结论的其他公理假设。'"②

不仅如此。这些年来,欧美的一些知名经济学家已经和斯蒂格利茨联手研究,再次据实在《私有化:成功与失败》的报告集中说明,国有企业通过改革可与市场经济共舞、融合,且"做得好"。他们的这项内容广泛的研究成果,分别显示在全球的资本主义市场经济国家中:"私有企业'不胜其任'的例子很多,而国有企业做得好的例子却屡见不鲜。"③如果在垄断行业实现私有化,那么,"私有部门比政府更擅长玩弄垄断权术,结果是总体经济效益并

---

① 热拉尔·罗兰著,张宏胜译:《私有化:成功与失败》,中国人民大学出版社 2011 年版,第 3 页。
② 约瑟夫·E.斯蒂格利茨著,李俊青译:《自由市场的坠落》,机械工业出版社 2011 年版,第 175 页。
③ 热拉尔·罗兰著,张宏胜译:《私有化:成功与失败》,中国人民大学出版社 2011 年版,第 5 页。

未提升。"①"萨平顿和斯蒂格利茨两人的研究表明,确保私有化卓有成效地实现社会目标的条件与市场趋于帕累托最优的条件完全相同:不存在市场失灵问题,包括格林沃尔德和斯蒂格利茨所讨论的信息不对称或其他形式的市场不完备等问题。简言之,满足私有化的假想状态是极其脆弱的,或者说根本就不存在。"②"私有化问题远比10多年前所形成的意识形态思维要复杂得多,也比华盛顿共识支持者们的预想更为纷繁。说得好听一点儿,其理论假设远比当初的思维更脆弱;而私有化进程中的理论问题和实际问题,却比他们的想象更为严重。"③

对中国国有企业改革产生过影响的欧洲国家的私有化,其实也是有限的政策行动。"欧洲国家似乎并没有完成对战略部门实施全面私有化这一宏伟蓝图。仅仅有几个国家,如英国和西班牙完成了对能源、电信、交通等战略部门的全面私有化。而其他国家,除了近期的一些案例外,战略部门(尤其是能源部门)的大部分资产仍然由国家控制。"④

"私有化的宏观经济效果在西欧国家体现得并不明显。唯一可信的是,私有化对公债具有负面影响……迄今为止,那些能正确反映私有化与企业绩效因果关系的研究成果,还十分少见……一个令人感兴趣的发现是,有相当一部分项目(至少有30%)只是将国有企业的少部分资产实现了私有化。政府对私有企业仍然持有较大的份额,看来极不情愿失去对国有资产的控制。这是新发现,毫无疑问,还有待进一步调研。"⑤

"20世纪90年代欧洲出现的私有化浪潮代表了企业产权史的一次巨大转变。然而,仍有一种观点挥之不去,即认为私有化没有明显改变国有企业的管理方式,政府仍在通过直接或间接手段掌控企业……主要股权的出售并不是避免政府对于私有化企业干预的充分条件。政府能够通过黄金股来赋予自身广泛的自由决定权,控制已经进行了部分甚至全面私有化的企

---

① 同上,第2页。
② 热拉尔·罗兰著,张宏胜译:《私有化:成功与失败》,中国人民大学出版社2011年版,第4页。
③ 同上,第8页。
④ 同上,第39页。
⑤ 同上,第8页。

业……黄金股在西欧国家非常普遍……事实上,政府利用黄金股来确保广义上的国家安全,防止国防领域的私有化企业被敌方(外国)接管,保证公用事业部门提供天然气、电力、水、通信和交通等公共服务。这些服务的提供和重点设施的保卫确有战略意义,尤其当私有化不能确保在充分自由和有效管制两方面齐头并进时,更是如此。"①"私有化的微观效应并不明显,无论在私有化企业绩效还是在企业治理结构方面,都是如此。"②

由此可见,就是在美国或西方经济学的领域中,吴敬琏主张全面私有化的观点也不过是苍白无力的片面之言,特别是美国政府在19世纪80年代开始拼命推销的一种破绽百出、受到广泛批评的意识形态。而在我国国内,与吴敬琏相反的观点和分析更是大量存在,且言之有理③。

另外,在金融海啸中,美国政府和欧盟各国政府都采取了救市措施,计划经济、国有化一起上。当然,政府偏爱金融界大公司、银行家贪婪的做法是应当受到批判的,但"权力搅买卖"、"权贵资本主义"、"官僚资本主义"、"国家资本主义"也真的派上了用场,应当完善运用它的方法。而在亚洲的"四小龙"中,国有经济起作用也不小。其中,新加坡更是充分发挥了国家调控市场和国有经济的主导作用。

恰如英国《经济学家》的一篇报告所说,"国有企业的成功身影几乎存在于任何产业"④。所以,放眼世界,"国家迷信"、"权贵资本主义"也功不可没,且颇有"普世价值"的味道,对其也要一分为二。关键是看它为什么目标服务。再者,无论是在资本主义国家还是在社会主义国家,一刀切的"国有企业无效率公理"等于经济学谎言。

2. 怎么"建立自由的企业制度"

吴敬琏答:"国退民进"⑤,或"主要就是要减少政府、国有企业控制的资

---

① 热拉尔·罗兰著,张宏胜译:《私有化:成功与失败》,中国人民大学出版社2011年版,第59,63~65页。
② 热拉尔·罗兰著,张宏胜译:《私有化:成功与失败》,中国人民大学出版社2011年版,第67页。
③ 余斌、江三良、杨文锦等:《质问天则——评天则经济研究所"反国企"报告》,载于《国企》2011年第9期;杨德钦发表的《从效率比较看公有经济发展要义》,载于《国企》2011年第10期;张晨发表的《国有企业是低效率的吗?》,载于《国企》2012年第1期。
④ 《墨西哥专家指出国家资本主义在崛起》,新华国际,2012年1月30日。
⑤ 吴敬琏:《政府主导重要资源配置使腐败孳生民怨沸腾》,中国改革论坛网,2011年3月3日。

源,要实现民进国退"①。这种"国退"的含义,应当是全面覆盖竞争性行业和垄断性行业,包括覆盖国民经济的"关键性领域"。2011年7月4日,吴敬琏在清华大学出席国际经济学会第十六届全球大会时说,中国"最与市场经济不相称的便是国营部门仍然是资源分配的主导者"。吴敬琏认为,"这主要反映在三个方面。第一,尽管国有经济并非国民经济的主体,但是仍旧控制着经济的'关键性领域',国有企业依旧在石油、电信、铁路和金融等领域具有垄断地位……"②再有就是,通过"政治体制改革"实行西式"宪政民主"③,以促进私有化的经济改革。

可能是吴敬琏觉得"民进国退"的政策建议广受非议、在共产党和人民政府内部缺乏说服力,为了增强其影响力,他硬将"国退民进"伪装成中共十五大关于国有经济布局的"战略部署"④。

2011年3月,《中国改革》杂志发表了吴敬琏《政府主导重要资源配置使腐败孳生民怨沸腾》的文章。文章中写道:"1997年中共十五大对国有经济布局做出了国退民进的战略部署……最近这些年有所停顿,在有的部门和有的地区,甚至出现了'开倒车'的现象。"其实,任何人看看中共十五大报告都会发现,其中并没有这个吴敬琏伪造的"国退民进的战略部署"。相反,为了落实十五大国有企业改革决策,在十五届四中全会关于国有企业改革和发展的《决定》中,还明确地指出:"必须不断促进国有经济的发展壮大。包括国有经济在内的公有制经济,是我国社会主义制度的经济基础,是国家引导、推动、调控经济和社会发展的基本力量,是实现广大人民群众根本利益和共同富裕的重要保证。"⑤

当然,吴敬琏还对党的十五大报告进行了别的严重歪曲,如说它没有再去区分公有和非公有。其实,如果当年真是这样的话,现在还需要吴敬琏再

---

① 阳淼:《权贵资本主义越来越严重》,新京报,2011年11月12日。
② 吴敬琏:《国营部门主导资源分配与中国市场经济最不相称》,凤凰网财经,2011年7月4日。
③ 吴敬琏:《当代中国经济改革教程》,上海远东出版社2010年版,第11章。
④ 夏小林:《中共中央关于国企改革的重要决策不容篡改——兼谈"十二五"时期竞争行业国企发展》,载于《管理学刊》(双月刊)2011年2期。
⑤ 中共中央文献研究室:《改革开放三十年重要文献选编:下》,中央文献出版社2008年版,第1036页。

说什么"国退民进"或"国进民退"吗？

那么，什么是吴敬琏笔下的"民"或"民营企业"呢？在吴敬琏眼里，是早就应当退出但现在还在"开倒车"的全民所有制的国有企业，不可能是"民营企业"或"民营经济"，不可能简称为"民"。

在《教程》第 5 章《民营经济的发展》中，吴敬琏认为，"广义的民营企业"是指国有企业之外的其他企业；"狭义的民营企业，则是指私营企业"。从这一章的主要内容看，他笔下的民营经济主要指"私营部门"和"外国投资企业"，民营企业主要指私营企业和外企①。"民"主要就是指现在的中、外资本家。

由此可见，在吴敬琏的笔下，国有企业与"民"是对立的，所以国有企业必须"退"，私营企业或资本家必须"进"，进而全面取代国有企业。进一步看，"十一五"期间的"国退民进"结果显示，在私营企业和外资企业都争取"进"的竞争中，还是外资企业，特别是颇具实力的欧美跨国公司能够顺利地占据我国各产业的制高点或垄断地位②。这种威胁到产业安全的市场结构，是吴敬琏主张的"国退民进"的必然结果，也是他的政策建议"服务"的必然结果。

在吴敬琏的"竞争性的市场体系"中，万一国有企业在竞争中赢了，即发展壮大了，可以吗？吴敬琏答：不可以。不仅如此，在这个有关国有企业发展的大问题上，吴敬琏再一次伪造中共中央的国有企业改革决策③，并以此为据，对国有企业在改革和竞争中发展壮大给予了根本性的否定。他对香港《凤凰周刊》的记者说："党的十五大以后，在所有制结构上提出一个说法叫'有进有退'，也就是政府要退出一般竞争性领域，这是中央明确了的方针……到了 2004 年以后，不但没有推动，还来了个'国进民退'。"④

---

① 吴敬琏：《当代中国经济改革教程》，上海远东出版社 2010 年版，第 5 章。
② 夏小林：《加快转变对外经济发展方式：更需国企"进而有为"》，载于《管理学刊》2010 年第 4 期。
③ 夏小林：《党中央国企改革决策不容篡改——兼谈"十二五"时期竞争行业国企发展》，乌有之乡网刊，2011 年 5 月 13 日。
④ 吴敬琏：《要约束政府配置资源的权力》，载于《凤凰周刊》2011 年第 3 期。

在《教程》中，吴敬琏也在多处杜撰了中共十五大的国有企业改革决策。他写道：党的十五大关于调整和完善所有制结构的主要内容包括"国有资本要从非关国民经济命脉的领域退出"，这显然是曲解①。

2010年以来，吴敬琏接二连三杜撰十五大、十五届四中全会国有企业改革重大决策的行为不断受到批评。2011年中期以来，他在写文章或讲话中不再提贯彻十五大、十五届四中全会的国有企业改革决策了。但是在《中国改革》2011年第8期，他又撰文称："在1993年11月的中共中央十三届四中全会上，通过了题为《中共中央关于建立社会主义市场经济若干问题的决定》的市场化改革总体规划……中国开始按照这个规划蓝图进行各方面的改革，它们主要是……通过'国退民进'，对国有经济布局进行战略性调整……"但是，在中央这个决定中，并没有"国退民进"的话或意思，相反，文件中明明白白地写着这样一段话："积极促进国有经济和集体经济发展……公有制经济特别是国有经济，要积极参与市场竞争，在市场竞争中壮大和发展。"②

从多年来吴敬琏关于国有企业改革的种种言论中可以看出，吴敬琏在这个公开场合已经明确地表达了他内心的真实观点：国有企业不适合市场经济，所以，中国应当全面实行私有化。显然，吴敬琏说这样的话又与2010年他在《教程》里说要坚持党的十五大、十五届四中全会国有企业改革决策相矛盾了③。

吴敬琏为了尽快"建立自由的企业制度"，还呼吁加快进行"政治体制改革"。因为目前"政治改革严重滞后"④。

吴敬琏明确主张我国的政治改革应当实行"西化"的"宪政民主"。他唯恐读者看不懂他的本意，又特别地在《教程》第11章中举起了"普世价值"的时尚旗帜，明确地写道：政治体制改革"它的核心……追求社会公正是一种

---

① 吴敬琏：《当代中国经济改革教程》，上海远东出版社2010年版，第71～72页。
② 中共中央文献研究室：《改革开放三十年重要文献选编：下》，中央文献出版社2008年版，第736页。
③ 在《当代中国经济改革教程》第161～162页中，吴敬琏写道："……国有经济……向国有经济需要发挥控制力的战略部门集中。根据1999年中共十五届四中全会的决定，所谓'战略部门'，主要包括'涉及国家安全的行业，自然垄断的行业，提供重要公共产品和服务的行业，以及支柱产业和高新技术产业中的重要骨干企业'。"
④ 吴敬琏：《当代中国经济改革教程》，上海远东出版社2010年版，第386页。"妨碍了经济体制改革继续向前推进"，同上，第371页。

普世价值观"①。"这里需要注意的是,现代社会所要的民主,是宪政民主……(如)1688年英国光荣革命后逐步完善起来的宪政民主制"②。

至此,在政治体制改革的取向上,吴敬琏要中国的政治体制步英国"光荣革命"后尘,以及彻底"西化"的主张,已跃然纸上。

吴敬琏搞政治体制改革的主要办法是:第一,以私有化促进宪政化,即在经济上权力退出市场③,"要减少政府、国有企业控制的资源,要实现民进国退"④。第二,以宪政化促进私有化,即消除在政治上"妨碍了经济体制改革继续向前推进"的种种难以说出口的因素⑤。不过,在《教程》里面,吴敬琏毕竟还是写下了一些露骨的话,如在政治上要坚定地反对1949年10月1日以后中国出现的"保守的反动的专制主义",即无产阶级专政(人民民主专政),建立"欧美模式"的"宪政民主"⑥。为什么?因为《中华人民共和国宪法》确定的"人民民主专政,实质上即无产阶级专政"制度,不符合"民主和法制"⑦!

至此,吴敬琏否定我国的基本经济制度和政治制度的立场,主张"经济改革"、"政治改革"的言论,应该是"司马昭之心,路人皆知"的了。

3. 什么是"竞争性的市场体系"

吴敬琏再答:"自由市场经济模式('欧美模式')。"⑧他将这种模式的要点表述如下:"经济学家往往认为,政府的基本职能是提供公共物品,而不是在市场上提供商品和服务,过多的政府干预会妨碍市场的有效运作并且产生腐败。因此,他们更倾向于欧美类型的市场经济,即自由市场经济体制。随着掌握现代经济学的学者越来越多,这种思想的影响力也越来越大。"⑨在这段话中,吴敬琏把"改革"的"市场取向"表达得淋漓尽致,一览无余,明白无误,但"关键"是中国应当走"欧美"资本主义"自由市场经济体制"道路。

---

① 同上,第382页。
② 吴敬琏:《当代中国经济改革教程》,上海远东出版社2010年版,第397页。
③ 吴敬琏:《当代中国经济改革教程》,上海远东出版社2010年版,第386页。
④ 同上,第2章、第11章。
⑤ 同上,第371页。
⑥ 同上,第397页。
⑦ 同上,第371~379页。
⑧ 吴敬琏、樊纲、刘鹤等:《中国经济50人看30年:回顾与分析》,中国经济出版社2008年版,第10页。
⑨ 同上,第10~11页。

只有走这条道路,才能够保证"真正的改革"成功。如何定义这种欧美类型的自由市场经济?如前所述,以私人企业为主体自然不在话下。稀奇古怪的是,在吴敬琏的《教程》里,这种"自由市场"中没有"权力搅买卖"①。他引用麦克米兰的话说:"在存在权力关系的任何情况下,比如一方管辖着另一方,或者双方都受另一个更高权力机构管辖时,所发生的交易都将是其他形式的交易,而绝不是'市场交易'。"②而且,无产阶级专政制度不符合市场经济要求建立的民主和法制③。

2011年8月4日,他自己更透彻的说法是:"市场交换是独立主体之间自主的交换。受控的市场还叫市场吗?这是一个根本性的问题,很值得深思。我们要搞社会主义市场经济,什么叫市场经济?党的十四大说得很清楚,市场经济就是一种市场在资源配置中起基础性作用的经济。所谓市场起作用就是自由价格起作用。"④

这里,需要对吴敬琏主张的"自由市场理论"提出几点质疑。

其一,就政府与企业、市场的一般关系而言,从重商主义时期至今,在资本主义市场经济中,难道企业和市场不都是"在存在权力关系的……情况下"发生交易?难道它们不是多少都会受到政府权力的"管辖"?历史上先后出现的政府征税、劳动法和最低工资制度,是不是"管辖"?

大量的经济史和经济学文献证明,从西方到东方,历史上从来没有一个不在国家"权力关系"和"管辖"下进行交易和发展的自由市场经济。现代资本主义市场经济也不例外。吴敬琏"向往"的当代"欧美模式"市场经济也是如此。正如欧美著名的经济学家指出的,资本主义市场经济的历史表明:"自发调节的市场从来没有真正存在过;它们的缺陷——不仅仅就它们的内在运转而言,也包括它们的后果(如对穷人造成的后果)——是如此巨大

---

① 吴敬琏:《当代中国经济改革教程》,上海远东出版社2010年版,第384页。
② 同上,第371~372页。
③ 同上,第371页。
④ 吴敬琏:《目前一个大问题是行政主导发展》,http://www.chinareform.net/special_detail.php?id=108。

以至于政府干预成为必须……"①"一个所谓的自发调节市场经济可能会演化为黑手党资本主义——以及黑手党政治体系——很不幸,在这个世界的一些地方,这种担心是真实而迫切的。"②

吴敬琏主张"法制市场经济",但是相对于各种市场主体而言,难道欧美国家的"法制"就不是一种高高在上的国家权力或"管辖",就不是一种通过"一人一票"、多党竞争、议会制的"宪政民主"确立起来的可以干预市场的权力?

其二,就欧美的市场经济内部关系而言,由于垄断和信息不对称因素的存在以及存在复杂的政企关系等因素,"在存在权力关系的任何情况下,比如一方管辖着另一方……所发生的交易",实际上随时随地都可能出现。

例一,在市场横向垄断的关系中,存在少数大企业利用垄断地位进行不平等交易的事实。

例二,在大中小企业协作关系中,存在大企业利用"纵向垄断地位"与中小企业进行不公平交易的事实。

例三,少数垄断大企业利用"金钱政治"操控政府、议员、媒体乃至他国政治、经济等,以形成有利于自己的市场交易。

例四,在一般消费品市场上,存在"买的没有卖的精"的事实。

例五,在劳动力市场上,"存在公司给你什么便是什么"的垄断因素③。

例六,欧美国家那些私有化以后的部分国有企业(包括已经100%私有化的企业),迄今为止,政府仍然在微观层面控制它们,并且欧洲主要市场经济国家仍然保留着大量的国有股权。这些企业与那些原汁原味的私人企业主在经营、交易上是大有区别的,市场地位也是不平等的。④

例七,欧美国家长期以来都实行产业保护政策,干预企业重组,直接用政治、金钱手段引导、支持企业发展高科技。这些企业在发展和国内外市场

---

① 中国经济体制改革研究会:《"社会主义市场经济条件下的政府与市场定位"座谈会发言汇编》。
② 中国经济体制改革研究会:《"社会主义市场经济条件下的政府与市场定位"座谈会发言汇编》,第8页。
③ 保罗·萨缪尔森:《经济学》(中),(第10版),商务印书馆1981年版,第25章、第29章。
④ 热拉尔·罗兰:《私有化:成功与失败》,中国人民大学出版社2011年版,第3页。

上可谓是得天独厚,享有特权。①

例八,2012年年初的美国总统竞选中,又有大政客举起了"机会均等"的大旗惑众,拉选票。对此保罗·克鲁格曼在《纽约时报》网站发文,再次毫不客气地质问道,我要重提号称信奉机会均等的罗姆尼之流,这种说法的证据在哪里?美国是不公平的竞技场(America's Unlevel Field)。

这8种场合中的不平等交易,实际上都体现了某种形式的"一方管辖着另一方"的权力。美国经济学家早已指出,实际的市场体制中存在不对称的权力结构。普通人在交易中要受到这种权力结构施予的约束。②如果这种体现着不对称权力结构的交易因此而"绝不是'市场交易'",那么,世界上还能剩下多少"市场交易"呢?

另外,众所周知,外部性也是政府权力干预企业交易活动的重要理由之一。

其三,在资本主义制度下,受控的市场就是市场。市场主体之间的自主交换只是一种相对独立的关系,而不是绝对化的独立关系。西方经济学认为,"市场失灵"需要政府、社会去控制和弥补。换个角度看,市场交易的外部性无处不在。为了控制和治理这种外部性的危害(如环境污染、资源浪费等),也不能允许交易主体拥有"绝对"的独立性。为此,欧美国家有各式各样的政府干预、法律干预、工会等NGO干预、舆论干预等,乃至G7国家还不断在国际贸易和国际政治中显示自己暴力机器的强大,干预全球贸易。哪里有一个不是"受控的市场"?哪里有一个不是"权力搅买卖"的欧美国家?这些国家的货币发行、利率、汇率决定和关税,都是政府行为或有政府干预。这些高高在上的权力因素个个都在大规模地"搅"动国内外的买卖。

由此可见,"受控的市场"、"权力搅买卖"的市场才是真"市场"。与此相反,那种"自由市场"——美国人说的那种"黑板经济学",则是欧美的帝国政府在国际贸易中用"双重标准"制服对手时所用的手段。

---

① 理查德·雷恩:《政府与企业——比较视角下的美国政治经济体制》,复旦大学出版社2007年版,沃尔特·亚当斯等主编《美国产业结构》(第10版),中国人民大学出版社2003年版。
② 姚阳:《土地、制度和农业发展》,北京大学出版社2004年版,第16章《租佃合约中的权力》。

中国需要什么样的市场经济

至于西方经济学界和社会上有关该问题的激烈争论，着重点不是控不控、搅不搅，而是如何平衡社会行动、政府和市场之间的关系。"无控市场"和不是"权力搅买卖"的伪问题太虚无缥缈了。

在西方经济思想史上，古典经济学和新老凯恩斯主义者都强调有必要控制市场，即使是美国当年"最伟大"的新自由主义者、诺贝尔经济学奖获得者米尔顿·弗里德曼教授，在主张今天已经过时的"小政府"时，也为政府保留了实施产权法、契约法和提供国防的政府干预权力。在《资本主义与自由》一书中，米尔顿·弗里德曼的政策建议是：废除(1)公司税。(2)累进所得税。(3)免费的公共教育。(4)社会保障。(5)政府对食物药品的安全管制。(6)医生的资格认证。(7)邮政行业的寡头垄断。(8)政府对自然灾害的救助。(9)最低工资法。(10)高利贷发放者收取利息的上限。(11)禁止贩卖海洛因的法律以及除了实施产权法、契约法和提供国防之外的所有其他形式的政府干预。这些政策建议和背后的极端自由市场理论，就是在新古典经济学体系内部，也没有得到广泛的认同，只是自成一派。如保罗·萨缪尔森在《经济学》中就一直主张混合经济和福利制度，并批评原教旨主义的市场调节理论。而今天的多数欧美经济学家都认为，这次金融危机与新自由主义的理论和经济政策有很大关系。而他设计的货币主义政策，本身也是以承认政府有宏观调控权力为前提的。

吴敬琏在《教程》或有关文章中关于需要政府搞宏观调控、税收、社会福利、公司法、反垄断法、市场监管等言论，是不是认为这些都不是市场"受控"、"权力搅买卖"、"干预微观经济"？如果是的话，他的言论是不是又自相矛盾了呢？一种可能的辩解说法是，这些是政府提供的"公共服务"，不是"干预"和"管辖"。这纯粹是在搞文字游戏。如果一个进口商不交纳关税，海关对他进行执法性质的"公共服务"时，这个进口商立马就能够体会到"公共服务"和"权力管辖"是"色空无异"的"不二法门"了。

其四，社会主义的市场经济体制更是"受控的市场"。吴敬琏说，关于自由市场问题中共十四大说得很清楚①。但是,恰恰是江泽民同志在十四大报告里所说:"我们要建立的社会主义市场经济体制,就是要使市场在社会主义国家宏观调控下对资源配置起基础性作用……并依据客观规律的要求,运用好经济政策、经济法规、计划指导和必要的行政管理,引导市场健康发展。"②"社会主义市场经济体制是同社会主义基本制度结合在一起的。在所有制结构上,以公有制包括全民所有制和集体所有制为主体……多种经济成分长期共同发展……"③

不仅如此。2008年12月18日,胡锦涛同志《在纪念党的十一届三中全会召开30周年大会上的讲话》中进一步指出:"必须把坚持社会主义基本制度同发展市场经济结合起来,发挥社会主义制度的优越性和市场配置资源的有效性……我们着力建立和完善社会主义市场经济体制,发挥市场在资源配置中的基础性作用……同时又注重加强和完善国家对经济的宏观调控,克服市场自身存在的某些缺陷……我们要始终坚持社会主义市场经济的改革方向,继续完善社会主义市场经济体制,继续加强和改善宏观调控体系……"④"继续完善社会主义市场经济体制,继续加强和改善宏观调控体系","克服"市场缺陷,这里面就包括国家调控市场,即有市场"受控"的意思。这难道不对吗?

当然,自由派的经济学人完全可以自说自话,直接说把中国政府赶出经济领域,使自由价格起作用,而这种说法在国外也早就被批评为华而不实了。如美国经济学教授斯蒂格利茨就说:"新自由主义华盛顿共识的鼓吹者强调,问题的根源正在于政府的干预;转型的关键在于'让价格就位',以及通过私有化和自由化把政府从经济中赶出去……他们的观点代表了一种对历史的误读……"⑤

---

① 中共中央文献研究室:《改革开放30年重要文献选编:下》,中央文献出版社2008年版。
② 同上,第659~660页。
③ 同上,第659-660页。
④ 中共中央宣传部理论局:《纪念党的十一届三中全会召开30周年理论研讨会文集:上》,学习出版社2009年版,第9~10页。
⑤ 卡尔·波兰尼:《大转型:我们时代的政治与经济起源》,浙江人民出版社2007年版,第7页。

▶ 中国需要什么样的市场经济

在《富国陷阱》一书中,英国剑桥大学博士张夏准也说,发达市场经济国家向发展中国家推荐的一些新自由主义药方,如"把政府从经济中赶出去"、自由贸易等,但自己在发展过程中根本就不采用。这些国家的虚伪性在于,它们要求发展中国家"学习我所说的,而不是我所做的"。目的是"踢开梯子",使后发国家的发展水平永远达不到发达国家的水平。① 新老帝国主义都一样,都是"在天岂容比翼鸟,在地剪裁连理枝"。(白居易的原诗是:"在天愿作比翼鸟,在地愿为连理枝。")

吴敬琏怎么就那么相信发达国家说的,不管人家怎么做的,也去帮着它们"踢开梯子",以便"把政府从经济中赶出去"呢?

无论哪种市场经济体制中都会发生"政府失灵"和官员腐败等现象。但是,我们不能够因此跳到另外一个极端,去要求一个"无控市场"。这就同现在不能因为有"市场失灵"现象、有金融危机,就去完全否定市场一样。

至于吴敬琏说的"所谓市场起作用就是自由价格起作用",②这在西方经济学中也是一个空洞的教条,且在入门的经济学教科书中被反复地说明其严重的局限性。由于市场不完全、信息不对称等因素的存在,这种说教只能是一种不切实际的"理论模式"的表达,它甚至不能反映欧美市场经济的历史和现实的运行状态。③ 吴敬琏是应当知道这些经济学基本常识的,但他就是要这么说,偏好使然。看来,吴敬琏在推崇外国的所谓自由市场理论的时候,逻辑是比较混乱的,忽视了中外市场经济的历史和现实,忽视了新古典经济学一般均衡原理的约束条件,忽视了西方经济学的另一大半是批评"纯粹自由市场"的观点。

至此,我们可以清楚地看到,吴敬琏在《教程》中之所以否定所谓的马克思"'社会大工厂'模式",否定所谓"列宁的'国家辛迪加'模式",否定所谓的

---

① 张夏准:《富国陷阱——发达国家为何踢开梯子》,社会科学文献出版社2007年版。
② 吴敬琏在《当代中国经济改革教程》第一篇中也是这样说的,并根据这种自由市场观点来批判和否定"计划经济"(见该书第21页)。显然,这在理论上是一种过于简单化的说法。这种说法否定了国家干预市场的必要性和合理性,因此它不能科学地解析真正的市场经济运行机制和它的外部性问题。吴敬琏以这种理论来指导北京大学和中国社科院的博士生,显然是有明显欠缺的。
③ 推荐阅读约瑟夫·E·斯蒂格利茨的《自由市场的坠落》第7章至第10章。其中,第7章结合金融危机提出了新问题,深入评论了国家、政府的角色和关系;第9章则题为《重构经济学》。

"斯大林体制",否定所谓"仿效苏联的榜样"的毛泽东时期的社会主义探索性实践,否定我国改革开放后国有企业发展壮大的必要性,都是因为他有了迷信"普世价值"的欧美资本主义和新自由主义理论的先入之见。而这些迷信观念在他的头脑里还比较乱,其理论时常自相矛盾而不能自圆其说。

我们知道,包含私有化、自由化、宪政民主等内容的"普世价值",这些年在我国颇受一些公众人物和主流媒体欢迎。这引发了欧美国家中若干政要的密切关注和支持,并裁定中国"普世"派杰出人物可获诺贝尔和平奖。美国总统奥巴马还特地在2010年12月10日发布的一份《公告》中,针对中国宣称:"我们支持在任何地方行使自己普世权利的人……今天,也是在国际人权日,我们应加倍努力,推进全人类的普世价值观。"①

三、中国能够皈依"欧美模式"吗?

按照吴敬琏所倡导的"欧美模式"走资本主义道路,"能够救中国"吗?

答案:不能。因为它是为欧美"1%"的富人服务的。

这方面的有关权威说法和分析已经比较多了,本文不再赘述。我在《为谁做嫁?——经济学、市场和改革》中,②也从西方经济学角度并结合马克思主义经济学分析过这个问题。这里根据新情况、新文献再说一说。

1."欧美模式"的资本主义市场经济加剧了"不公平"

"欧美模式"是为"1%"的人即少数人或富人服务的经济体制"模式",不能把它复制过来为我国的"99%"的人即大多数人服务,不能成为我国改革开放的价值取向和"模式"。

"欧美模式"对我国的多数老百姓有什么好处?吴敬琏认为,由"向往"而采用"欧美模式"市场经济,使政府权力、国有企业等退出经济领域,在自由资本主义市场经济中实行机会均等、发展中产阶级等政策,就能够解决我国的收入分配问题,即解决多数人认为的收入分配不公平问题,从而"能够

---

① 黄安年:《奥巴马借诺贝尔和平奖高调宣扬美式人权价值观》,http://www.annian.net/showaspx?id=25473&cid=21。

② 夏小林:《为谁做嫁?——经济学、市场和改革》,(香港)大风出版社2008年版,第2章和第10章。

>> 中国需要什么样的市场经济

实现社会公正和共同富裕的法治的市场经济"。① 但是,仅仅从西方经济学和欧美社会现实的角度评论,这些话几乎等于"网络谣言",是用一种精心设计的规避性表述在蒙蔽公众。

在美国著名经济学教授、诺贝尔经济学奖获得者保罗·萨缪尔森与威廉·诺得豪斯合著的《经济学》(第17版)教科书中,就给出了与吴敬琏完全相反的经典答案。按照这两位美国教授的观点,即使在以私人企业为主、政府干预经济范围较小的"欧美模式"市场经济中,亦即吴敬琏要中国复制的欧美资本主义体制中,也根本不可能解决收入分配不公的问题。这两位反对共产主义的美国教授在《经济学》(第17版)中老老实实、认认真真地写道:"我们的经济是一种冷酷无情的经济……美国人收入差距的扩大,许多人穷于无出路的工作和困于潦倒的左邻右舍,不过是市场经济加剧不公平的一种并非夸张的写照。此外,北美、西欧、东亚一些富国,还有世界上其他一些国家的分配也极不公平。"②"自由主义的竞争会带来严重的不平等……富人越来越富,穷人越来越穷……我们没有理由认为在自由主义的资本主义经济下,收入会得到公平的分配!"③

他们还进一步分析了资本主义制度下财富分布与收入分配不公平的关系,认为财富分布的不公平加重了收入分配的不公平。这是因为,更多的财富能够带来更多的利润、利息、股息、红利和地租等。继承权还能够使少数人不劳而获。他们指出,"在市场经济中,财富分布的不公平远远大于收入分布的不公平",而且其趋势就是"财富的分配变得越来越不公平",并且加重了收入分配的不公平。目前,在排除"革命"和"激进"手段后,这种状况是不可治理的。④

另外,美国社会分层已经固化。在这种分层固化下,穷人"向上流动"的

---

① 吴敬琏:《寻租膨胀无以复加 改革需要顶顶层设计》,中国经济时报,2011年12月2日。
② [美]保罗·萨缪尔森、威廉·诺得豪斯著,萧琛、樊妮译:《经济学》(第17版),人民邮电出版社2004年版,第607页。
③ [美]保罗·萨缪尔森、威廉·诺得豪斯著,萧琛、樊妮译:《经济学》(第17版),人民邮电出版社2004年版,194~195页。
④ 同上,313~314页。

机会少之又少，社会分裂的鸿沟不断加深，机会均等效应极度萎缩。

在1976年出版的《经济学》第10版中，萨缪尔森也曾写道：归根到底，在资本主义社会中"收入的差别最主要是由拥有财富的多寡造成的……和财产差别相比，个人能力的差别是微不足道的"①。在这种财富分配格局中，机会均等能实现"共同富裕"等于宗教的天国教义落在了地面。

在教科书《经济学》(第10版和第17版)出版之前，西方经济学界关于机会均等的探讨和争论更为热烈，使得萨缪尔森关于"市场经济加剧不公平"的观点并不新颖。这里就不多说了。②

至此，一个相关的问题也就非常明白了，即私人资本主义自由市场的竞争有利于胜者，财富和收入分配向少数胜者高度倾斜。在极端情况下，还会形成胜者通吃的局面。萨缪尔森承认，在美国，"富人越来越富，穷人越来越穷"。例如，最近30多年中资本主义国家调节收入分配的作用在弱化，多数人的工资、福利"向底线赛跑"③已经成为一种长期性的大趋势。中产阶级收入持续下降，并且分化瓦解。美国的基尼系数已经达到0.47。经济增长并没有使中产阶级和穷人从中受益。"蛋糕"做得越大，两极分化就越严重。

金融危机的爆发使欧美及日本社会的两极分化不断加剧，这种剧烈的两极分化甚至促使美国的一些市场原教旨主义者开始正视现实、反思过去的自由市场主张。2011年7月28日，中国社科院杨斌研究员在《希拉里攻击中国与"美国模式"的危机》中写道：美国联邦储备委员会的前主席格林斯潘坦率承认，今天人们看到的美国社会正日益变得"非常扭曲"，"已经不再是一个整体而是两个基本上分裂的部分，两者之间的差距日趋扩大而且渐行渐远，大银行和高收入的富人们已享受到'经济复苏'，而实体经济的众多中小企业和相当大一部分劳动力，却无法摆脱经济困境并且仍然在艰难

---

① [美]保罗·萨缪尔森、威廉·诺得豪斯著，萧琛、樊妮译：《经济学》(第17版)，人民邮电出版社2004年版，第231页。
② 推荐阅读杰拉尔德·迈耶和约瑟夫·E.斯蒂格利茨主编的《发展经济学前沿——未来展望》，中国财政经济出版社2004年版。
③ [美]保罗·萨缪尔森、威廉·诺得豪斯著，萧琛、樊妮译：《经济学》(第17版)，人民邮电出版社2004年版，第324页。

> 中国需要什么样的市场经济

挣扎"。美国《大西洋月刊》的记者费利曼写道:"格林斯潘身为自由主义的坚定信徒、自由市场的显赫捍卫者、资本主义的高级传教士,居然也承认美国日益严重的不平等已成为国家危机,这表明美国社会确实出现了非常严重的问题。""金融危机爆发前,人们或许能够忽视社会财富高度集中的现实,但是,现在人们越来越清晰地感觉到寄生的银行家和精英们正在暗中设局操纵,人们对财阀寡头统治下的经济和政治生活深感恐惧,富豪为了谋求狭隘私利施加了压倒性的政治影响,而对他们圈子外的任何人却都漠不关心。""过去强调社会贫富差距属于典型的左派观点,现在竟然成了格林斯潘也亲口承认的惊人之语。"美国"自由市场"率先"坠落"。2011年8月6日,欧洲最自由的市场经济国家——"堕落的英国"①开始被新、老穷人点火"焚烧"。接着,欧洲最强大的工业国——德国也被点燃②。美国还来不及暗自庆幸,"占领华尔街运动"就悄然兴起。其他各种示威游行也在欧美连绵不断。在欧美国家,既然生活质量下降的中产阶级和毫无希望的穷人是金融危机最大的、最没有公平可言的"埋单"族,他们也就符合政治逻辑地成了社会动荡、要求变革的主力军(或潜在力量)。经济观察网记者在《英国骚乱的原因是什么?》的综合报道中指出:更深层次的原因是英国艰难的经济状况。居高不下的失业率、糟糕的收入分配、脆弱的银行结构以及进出口的失衡,让伦敦在世界经济衰退背景下发生骚乱不再是一种巧合。政治评论员玛丽·里德尔表示,与希腊、西班牙等国由中产阶级领军的示威暴乱有所不同,英国的骚乱主要由下级阶层引发,有证据表明"他们已经在英国的经济动荡中掉下了悬崖"。一些分析人士认为,此次骚乱虽然看似突发事件,但症结在于英国社会日益扩大的贫富差距。通过此次骚乱可以发现,欧债危机正使欧洲政治生态与安全局势悄然发生变化。在全球化进程中,欧洲经济陷入危机,政府被迫紧缩开支,削减福利,增加税收。通胀水平上升,底层民众生活日益艰难,社会矛盾凸显,对政府的不满情绪显著上升……一名在

---

① 路透社伦敦8月10日电:《卡梅伦誓言要修理"堕落的英国"》。卡梅伦说:"我们社会的某些部分不仅堕落而且病得不轻。"转引自2011年8月12日新华社《参考消息》第8版。
② 《德国汉堡街头方式骚乱》,新华网,2011年8月12日。

伦敦东部参与骚乱的年轻人告诉路透社记者,暴乱是多年积怨的结果。"我们没有工作,没有经济来源。有些人可以不用劳动就能得到一切,为什么我们不可以?"①果真是这样的话,就出现了问题:一是多年来,吴敬琏及其同伙"向往"的就是这种"欧洲模式"吗?二是金融危机爆发以来,欧洲连续发生的"中产阶级领军的示威暴乱"表明,我国学术界的"主流"意见即中产阶级是天生的社会稳定器就显得言过其实、自欺欺人了。世界经济史和社会史表明,在市场经济中,中产阶级是一种"被稳定群体"。如果造就、扩展和稳定中产阶级的市场经济和产业结构本身出了问题,那么中产阶级也可能成为一种破坏性或革命性的力量。就破坏性而言,德国的历史表明,恰恰是中产阶级把希特勒推上了国家权力的巅峰,并为他提供了纳粹党和军队的骨干力量。而在世界历史上,在历次大规模的资产阶级革命或无产阶级革命中,在他们各自的领导层中都不缺乏来自中产阶级的优秀人士。

用马克思的话说,就是多数人"相对贫困"状况深化了,"绝对贫困"人口增加了,所以这些人开始通过合法或不合法等多种形式表达不满或"自发的反抗"。因为,资本主义市场经济首先是为胜者和富人"作嫁",是为"1%"的少数人服务的。而其"法治"的基本点就是维护这种状态。于是,穷人被忽视了,中产阶级在坠落和瓦解中也感受到了生存威胁的严重性。所谓的"法制社会"破绽百出、偏心眼儿,所谓的"渗透经济"教义也"得不到历史事实的支持",②即使在欧美国家的现实中也黯然失色。

2. 现实的美国模式已成为市场经济问题和弊端的象征

世界已经对"1%的人所有、1%的人治理、1%的人享用"的美国模式不抱幻想,也不再"向往"。萨缪尔森教授出色的学生、诺贝尔经济学奖获得者约瑟夫·斯蒂格利茨在《全球化极其不满》《喧嚣的九十年代》《稳定与增长——宏观经济学、自由化和发展》《国际间的权衡交易——贸易如何促进

---

① 《英国骚乱的原因是什么?》,经济观察网,2011年8月11日。
② [美]热拉尔·罗兰著,张宏胜译:《私有化:成功与失败》,中国人民大学出版社2011年版,第3页。

> 中国需要什么样的市场经济

发展》,以及2010年出版的《自由市场的坠落》等书中,[①]多次明确地从不同角度否定了吴敬琏"向往"的两极分化、投机赌博、官商一体化、操纵国际贸易的"裙带资本主义"的"美国模式"。他的有关理论分析和列举的大量新鲜事实,无意中也尖锐地批评了吴敬琏向往的"普世价值"的私有化、自由化、"宪政民主"、"机会均等、程序正义"和"中产阶级稳定器"等具有的虚伪性,并批评了吴敬琏"向往""欧美模式"的言论确属虚无缥缈、误国误民的陈腐之谈。

早在2003年,斯蒂格利茨在预言美国金融体系将发生更大危机的《喧嚣的九十年代》一书中就认为,美国是有长处的,但存在的问题太多。"美国式资本主义胜利"是"神话"。他写道:美国模式的资本主义成为市场经济问题和弊端的象征。[②] 美国开始向其他国家推销美国式的市场经济……对于美国模式资本主义的大肆推销,加深了其他国家的敌意……弄巧成拙。其他国家……能够选择一条与目前在美国国内流行的所不同的市场经济模式……实现一个更加平等、更加安全且具有更好的健康和教育水平,特别对于穷人来说的社会。[③]

2010年,他在《自由市场的坠落》一书中总结美国金融危机的经验时指出:一方面不应当因此走得太远去否定市场经济本身,而是要重新平衡社会行动、政府和市场的关系;另一方面,必须承认原教旨主义的美国模式必须改革,根本不值得再继续向往、复制。他写道:"世界已经对美国模式的资本主义不抱幻想,为什么美国人还要在意这件事呢?我们所推崇的意识形态当然已经不那么吸引人了,并且这种意识形态失去光泽而无法修复可能还是件好事情……在世界范围内大家曾经共同信奉美国及其教育出来的精英所提倡的价值标准,但是现在经济危机已经削弱了人们对这些精英们

---

① 约瑟夫·斯蒂格利茨:《全球化极其不满》,机械工业出版社2004年版;《喧嚣的九十年代》,中国金融出版社2005年版;《国际间的权衡交易——贸易如何促进发展》,中国人民大学出版社2008年版;《稳定与增长——宏观经济学、自由化和发展》,中信出版社2008年版;《自由市场的坠落》,机械工业出版社2011年版。

② [美]约瑟夫·斯蒂格利茨著,张明译:《喧嚣的九十年代》,中国金融出版社2005年版,第4页。

③ 同上。

的信任,这些精英们曾经鼓吹美国模式资本主义。"①

需要指出的是,这里吴敬琏说的"欧美模式"中的"欧洲模式",可能仅仅是一个幌子。2009年,笔者曾在《向往"欧美模式"画饼不充饥》中质疑他关于"欧洲模式"的说法,同时指出:"欧洲各国差异大,俄罗斯也在其内。如果说'真理总是具体的',那么谁是代表'欧洲模式'的国家?其实,这是一个伪问题。欧洲和美国的一些优秀经济学家将欧洲的一些主要国家分成了各具特色模式的国家,并对其中撒切尔的'英国模式'、俄罗斯的'黑手党资本主义模式'和东欧'病态+变态'的资本主义模式投以了更多的批评,等等。进一步的问题是:可有一个具体的'欧美模式'是中国可以仿效的?"②经济学界的一个常识是,欧洲经济学家一般对美国模式是持批判态度的,认为其太冷酷。所以,将"欧美模式"视为一体并去"向往",显得有些囫囵吞枣、不伦不类。所以,对吴敬琏说的"欧美模式"辨析一下就可以看出,其实质可能并不真正"向往"说不清、道不明的"欧洲模式",而是仅仅对于"美国模式"情有独钟而已。在吴敬琏那里,"欧洲模式"只是"寄生虫"式的"美国模式"的陪衬物。

约瑟夫·斯蒂格利茨和另一位诺贝尔经济学奖获得者保罗·克鲁格曼还在一系列著作和文章中指出了"美国模式"中的弊端。

第一,大资产阶级对美国政府和政策享有支配性权力。这种权力表现为"金钱政治"加上政企不分"旋转门"。垄断领域"公司福利制度"即"父爱主义"大行其道。"1%的人所有、1%的人治理、1%的人享用"。美国是"腐败"的"裙带资本主义"典型。换个同类的说法,美国就是"权贵资本主义"国家。大资本家和政府情投意合"搅"在一起,狼狈为奸"共济会","搅和"买卖不商量,制造金融危机不犯罪,最受伤的"小小老百姓"只能叹曰:"人为刀俎,我为鱼肉。"这等于吴敬琏的欧美"权利属于人民"的"宪政民主"、"法制市场经济"和"机会均等、程序正义"的"自由市场经济体制",还是等于他笔下的中国"越来越厉害"的"权贵资本主义"或"官僚资本主义"?

---

① [美]约瑟夫·E·斯蒂格利茨著,李俊青、杨玲玲译:《自由市场的坠落》,机械工业出版社 2001 年版,第 198~200 页。
② 夏小林:《向往"欧美模式"画饼不充饥》,《中华工商时报》,2009 年 2 月 26 日。

第二,投机赌博新经济大发展,经济结构严重失衡。政府举措不当,市场失灵严重,资源分配错乱,金融危机危害全球。目前,欧美经济复苏仍然困难重重,不断加深的债务危机又使欧美经济二次探底的阴影若隐若现。这等于吴敬琏否定社会主义经济计划的、产业政策的证据,还是等于他迷信的"市场起作用就是自由价格起作用"的"自由市场经济"之完美体现?

第三,经济增长的"渗透效应"不断萎缩甚至消失。2001年,约瑟夫·斯蒂格利茨在为卡尔·波兰尼《大转型:我们时代的政治与经济起源》一书作的"前言"中写道:"波兰尼的分析清楚地表明,广泛流行的渗透经济(trickle-down economics)的教义——即包括穷人在内的所有人都会从增长中受益——得不到历史事实的支持。"财富和收入的两极分化越来越严重,社会分层固化。美国等发达国家紧缩财政且削减公共支出,福利制度加速向"底线赛跑"。中产阶级(包括制造业的许多工人)收入水平长期下降,并且队伍日益萎缩和贫困化;失业问题严重;贫困人口增加并且生活更加困难;工人罢工权受到更多限制,中小企业融资困难重重。一个不稳定的资本主义社会,难有一个身肥体胖的中产阶级当"社会稳定器"。这等于吴敬琏眼里的美国人民"机会均等、程序正义"的幸福生活,还是等于他允诺给美国化以后中国人民的美好生活和"橄榄型"社会?

第四,政府在"双重标准"下实行贸易保护主义。美国以强大的军事实力为依托,争抢全球战略资源、操纵汇率、干预别国(包括中国)内政。政府和跨国公司一体化,极力控制国际贸易中的主导权。在全球经济贸易规则的制定和实施中,"领导我们事业的核心力量"是G7国家,而美国是"领头羊"!这等于吴敬琏迷信的不用"权力搅买卖"、WTO和"自由贸易"?

以上这些问题的存在,有哪一条能够证明,在吴敬琏向往的"美国模式"中,私有化、"自由市场"、"宪政民主"和"机会均等、程序正义"等能够实现"普世价值"的美好允诺?

在斯蒂格利茨批评吴敬琏奉若神明、内容空洞的"机会均等"之前许多年,诺贝尔经济学奖获得者阿马蒂亚·森早已认真"解剖麻雀",讥讽在两极分化的资本主义社会中,"机会均等"难以在全社会兑现,除非进行财富再分配的革命。目前,"机会均等"观点在我国政府中影响比较大。其实,很有必要对这个观点的现实性和实用性做进一步讨论,以避免其可能产生负面影响。例如,有的官员认为,公平的核心是在生存、竞争和发展的机会上人人平等,而不是基于财富或其他特权的平等。但是,这个为美国芝加哥学派十分推崇的观点在国际上受到的批评并不少。笔者在《为谁做嫁衣?——经济学、市场和改革》第二章第二节"市场理论中的公平方案"中曾经介绍过这方面的情况。现将有关部分摘录如下:

"在1979年发表的《自由选择》一书中,费里德曼认为,生活就是不公平的。在这种古典式宿命论的认识下,他提出的增加社会福利的政策选择方向是应该取消福利制度(包括逐步取消社会保险)。同时,把'自由'和'机会均等'放在首位,从而使每个人都享有更为圆满和富裕的生活。他反对工会和最低工资,主张劳动力市场自由化……按照费里德曼的自由主义观点,'到位'的市场经济实现的平等主要是'机会平等'。在西方这种观点是比较陈腐的了。在《理性与自由》一书的第十七章中,诺贝尔经济学奖得主阿马蒂亚·森非常深刻地评论了西方传统经济学中'机会平等'在理论上的不彻底性,或者说它具有虚伪性的因子也可以。因为'事实上,许多实际的不平等往往可以归结为:收入不平等和将收入转换为能力的优势不平等两者的共同作用,两个因素共同作用加强了机会自由的不平等问题'。进一步来看,收入不平等后面还有'最初的资源分配是恰当'还是'不恰当'的大本大源问题,而解决这个问题'可能要求对所有权模式进行全面的重新配置,不论我们在历史上接受了什么配置模式'。这可能导致按照'革命手册'的方式解决平等问题。这种批评是作者在20世纪80年代做出的。70年代,萨缪尔森在《经济学》(第10版)'不平等的原因'一节中的事例说得比较通俗,在富人的子女和穷人的子女之间,贫富差别并不取决于'机会平等',个人能力微不足道。其实,就是在富人和穷人之间,也存在诸多的'不平等'问题是'机会平等'所根本不能解决的。否则,我们早已步入了'人间天堂'。另外,试图通过'机会平等'促进的'垂直流动'来改变社会不公平,对于绝大多数穷人也是希望渺茫的。萨缪尔森承认,在资本主义市场经济中'收入和

> 中国需要什么样的市场经济

财富的不平等代代相传'。"

在一个财富两极分化不断加剧("马太效应"持续扩大)、社会分层固化和公共福利日益加速萎缩的社会里,对多数穷人来说不可能在生存、教育、竞争和发展机会上与富人平等。否则,几百年来,资本主义早就解决"共同富裕"这个大是大非问题了,哪里还要今天的欧美人民起来呐喊:"99%"不满意"1%"!当然,"富人经济学"对此心知肚明,所以拼命以所谓的"机会平等"来掩盖"结果不平等"和反对要求最终实现"共同富裕"的社会主义,以保护富人财产和政客的权力!

英国经济学家理查德·杜思韦特也提供了这方面堪称经典的"撒切尔案例"。撒切尔夫人上台前夕,曾热情洋溢、滔滔不绝地宣传"机会平等"观点,迷惑穷人为自己拉选票。但理查德·杜思韦特在《增长的困惑》一书中,记录了讽刺性的历史场景:1975 年,撒切尔在以"让我们的儿童长得更高"为题目发表讲演时说:"追求机会平等比追求平等更加有意义而且更加可行。只有当允许不平等存在时,机会才有意义。"非常遗憾的是,在她执政时期,自由主义政策使穷人的贫困增加了,而且贫困发生了严重的代际传导。英国儿童生活条件的不平等加剧,儿童的死亡率比欧洲其他国家都要高。最具有讽刺意味的是:20 世纪 70 年代以后,英国儿童一代比一代高的增长趋势停止了;父亲失业或者靠津贴生活的家庭中的孩子要明显比那些富裕家庭的孩子矮很多。① 当然,在 2012 年年初的美国总统竞选中,又有大政客举起了"机会均等"的大旗为自己拉选票。对此,保罗·克鲁格曼在《纽约时报》网站发文,再次毫不客气地质问道:我要重提号称信奉机会均等的罗姆尼之流,这种说法的证据在哪里? 美国是不公平的竞技场(America's Un-level Field)。

另外,其他文献也显示,在美国,"程序正义"也存在问题:"钱权集团"主导程序的制定、修改和实施。即使有一时的让步,也难免"秋后算账"。斯蒂格利茨向奥巴马总统提意见时问道,为什么导致美国金融危机产生的一

---

① [英]理查德·杜思韦特著,李斌、姜锋、宫庆彬译:《增长的困惑》(修订版),中国社会科学出版社 2008 年版。

些人,摇身一变就成了治理危机的高级公务员,并将纳税人的大把美元装进了危机中始作俑者的银行家的口袋里?应当救济的中小企业和中产阶级怎么得不到必要的支持?当然,政府没有违反程序——这不是美国特色的"政企不分"又是什么?

2007年,保罗·克鲁格曼凭着"一个自由主义者的良知"著书立说,力陈时弊,"乌鸦嘴"大声发问《美国怎么了?》。① 金融危机第一场落幕后,斯蒂格利茨经过调查研究后奋笔直书,于2010年出版了《自由市场的坠落》一书,再次痛批"美国模式"祸国殃民、危害全球,并对"美国模式"予以否定。从时间先后顺序看,两个诺贝尔经济学奖得主联成一气,形成交叉火力,一个据实发问,深入批判;另一个总结经验,给出答案。而此时此刻,吴敬琏正在大声疾呼"向往""欧美模式"。在这副滑稽的"欧美模式"对比"图片"中,表面上看,时空错乱、是非颠倒,谁对谁错,莫衷一是,但从实质上看,在金融"海啸"祸球殃民的大是大非面前,难道真的没有是非界限和责任国?难道美国的诺贝尔经济学奖得主们还没有"实践出真知"?当然,早早就掀开"美国模式"、"机会均等"等蛊惑人心的红盖头的著名专家学者,多是欧美和印度的经济学家。但是,怎么中国经济学界一些知名人物,在这些俯拾皆是的信息面前,就是充耳不闻、视而不见、装聋作哑、三缄其口呢?不仅如此,吴敬琏还信誓旦旦地说,他提倡的这种"欧美模式"(或称"法治市场经济")是"有利于多数人的市场经济"。② 读者应当注意到,2011年下半年来,由于欧美危机的延续、久治不愈,吴敬琏也暂时不提声名狼藉的"欧美模式",而改说"法制市场经济"了。但这不过是他关于资本主义"欧美模式"的另一种说法而已。因为他在《当代中国经济改革教程》第371页至372页中明确地指出,无产阶级专政即人民民主专政是不符合市场经济法制要求的。当然,国有企业也不适合市场经济。按吴敬琏的这些标准,社会主义怎么都不行,都不是法制市场经济。真是这样的话,以上那些诺贝尔经济学奖得主是在"打妄语"了?德国《明镜》周刊就是在说谎了?因为,它居然以这种标题

---

① 保罗·克鲁格曼:《美国怎么了?——一个自由主义者的良知》,中信出版社2008年版。
② 谢雪琳:《明年换届对中国经济有积极作用》,第一财经日报,2011年11月14日。

中国需要什么样的市场经济

发文:《美国:"1% 大国"贫富差距史无前例分化加速》!①西班牙《世界报》也"胡说八道",竟然发表文章污蔑说《美国只有名义上的民主》!②美国《国家利益》也发了标题醒目的文章——《美国时代的终结》。至于"占领华尔街运动",那大概是在拍电影吧?

在批评市场原教旨主义和"美国模式"时,斯蒂格利茨探索的"第三条道路"的实现形式的确有些虚无缥缈。因为实现这种选择的前提是大资本能够约束自己,通过改革美国政治体制以体现大多数民众的诉求。而一旦发生这种情况,世界上还能够存在一个以军工、石油、金融等集团即"1%"为经济核心,以"金钱政治"、大公司福利和"旋转门"为政治机制的"裙带美帝国主义"吗?多少也有些"美国梦"的斯蒂格利茨在此显得回天乏术、信心不足。其实,这也是一件好事。因为斯蒂格利茨"第三条道路"的困惑或困境,恰恰反映了自由资本主义制度自我调整的局限,从而为新的社会主义市场经济的探索提供了有价值的参考。

至此,可以说"欧美模式"对于中国的"99%"即绝大多数人而言,是不能解决他们感到郁闷的那些问题的。社会主义市场经济需要在以公有制为主体、以国有经济为主导、多种经济成分共同发展和完善国家调节市场方式中发扬成绩、纠正错误,探索自己的成功道路。所以,跟在欧美资本主义后面亦步亦趋有什么用?而吴敬琏非要说有用。有学者一针见血,干脆说出大白话:不需绕弯,按普世价值,无缝对接,中国"和平长入"美国,成为美国第×个州,万事大吉,皆大欢喜,行吗?答曰:美国不要。美国要的是"不当帝国的帝国主义"。中国社会科学院邓英淘研究员在20世纪80年代就仔细分析过这种问题。③

欧美有的政治家和研究者也已指出,中国即使匍匐在资本主义普世价值的旗帜下,也不应或不能达到欧美国家的经济发展水平和生活水平。因

---

① 美国:《"1%大国"贫富差距史无前例分化加速》,新华国际,2011年10月31日。
② [墨西哥]戴维·布鲁克斯:《美国只有名义上的民主》,西班牙《世界报》,2011年11月24日。
③ 推荐阅读邓英淘的《新发展方式与中国的未来》,(香港)大风出版社2012年版;王小强的《"文明冲突"的背后——解读伊斯兰原教旨主义复兴》,(香港)大风出版社2004年版。

为地球上资源有限。① 例如,美国总统奥巴马说:"中国领导人应该想出一个新模式,不要让地球无法承担。"②换句话说,就是美国不同意中国"向往"和搞"欧美模式"!如此,吴敬琏"向往"的"欧美模式"还能搞吗?

根据普世的自由竞争规则,欧美凭什么不让中国在竞争中去争取改变当今世界的资源分配格局,并达到欧美全体国民的"幸福生活"水平?这难道不是欧美国家在用"权力'搅'买卖"以及欧美的"权贵资本主义"蛮不讲理吗?如果是,难道这也是吴敬琏信仰和宣传的普世价值?

欧美虚假的普世价值让吴敬琏对普世价值的信仰和宣传也显得十足虚假。向中国鼓吹普世价值的奥巴马并不给中国的信徒们一丝一毫的面子。美国是搞"双重标准"的老手。有人真要在中国搞"欧美模式",没有"后台"也不容易哩!

欧、美、日有些"精英"说,中国改变颜色后,应分裂为若干个小国,如20年前的苏联、南斯拉夫等等。③ 如此一来,今天的中国在所谓欧美式资本主义制度下能否存在也真成了问题。人家给你私有制度、自由市场,给你国家解体,给你0.47的基尼系数,给你一批敲骨吸髓的"世界工厂",给你"1％"和"99％"的对立,就是不给绝大多数老百姓换回一个镜花水月的欧美式人均收入水平和生活水平!

---

① 彼得·诺兰:《中国处在十字路口》,(香港)大风出版社2006年版。
② 香港凤凰卫视报道,2010年5月,奥巴马在白宫接受澳大利亚电视采访时说:"如果十多亿中国人口也过上与美国和澳大利亚同样的生活,那将是人类的悲剧和灾难,地球根本承受不了,全世界将陷入非常悲惨的境地。美国并不想限制中国的发展,但中国在发展的时候要承担起国际责任。中国人要富裕起来可以,但中国领导人应该想出一个新模式,不要让地球无法承担。"http://www.tudou.com/programs/view/ZV-cIzghxgSo/.
③ 王小强:《史无前例的挑战——读美国近来战略研究》,(香港)大风出版社2005年版。

"从美欧模式"到"竞争性市场体制"

方兴起

(华南师范大学经济研究中心主任、教授)

吴敬琏先生认为,中国"在20世纪末初步建立起来的经济体制,仍然是一种'半统制、半市场'的混合体制",这种体制"离'市场在资源配置中发挥基础作用'的要求还有很大的距离",因此,"在经济体制方面,进一步改革的核心问题,仍然是建立和健全竞争性的市场体系,使市场能够在资源配置中充分发挥基础性的作用"。① 那么,"竞争性的市场体系"真能使市场在资源配置中充分发挥基础性的作用吗?这是一个需要与吴敬琏先生商榷的问题。

一、两种"美欧模式"

吴敬琏认为,"自由市场经济模式",即"美欧模式","是成熟的市场经济国家所共有。反映这种经济类型运动规律的现代经济学认为,政府的基本职能是提供公共产品,而不是在市场上提供私用产品;过多的政府干预会妨碍市场的有效运作并且滋生腐败。"另外,"在资源有效配置和建立有效的激励机制这两个问题上,市场经济具有比计划经济优越得多的特性。市场经济制度的核心架构,是它的市场定价制度。由市场竞争形成的各种资源的相对价格,承载了各种资源相对于全社会千百万种其他资源而言的稀缺程度的信息。社会个别成员通过商品的相对价格就掌握了竞争的态势,可以据此作出正确的资源配置决策,以较低的信息成本实现社会资源的有效配置。与此同时,市场活动的每一个参加者都既受到竞争约束,又受到产权约

---

① 吴敬琏、马国川:《中国经济二十讲》,生活·读书·新知三联书店2012年版,第1页、第254页。

束,因而可以大大降低激励成本。这两个方面综合起来,使市场经济成为一种具有资源配置效率和运作效率的经济制度。不建立这样的经济制度,社会资源配置就缺乏可靠的指引,经济资源就不可能得到有效的配置,也不可能激励人们努力工作。"①

但是,吴敬琏所描述的这种"美欧模式"只存在于新自由主义经济学的教科书中。在欧美社会中,实际存在的"美欧模式"却完全不同于教科书中的"美欧模式"。以美国为例,少数大企业不仅在其国内的经济活动中处于垄断地位,而且在全球的经济活动中也处于垄断地位,"市场定价",在很大程度上受制于垄断企业。另外,大企业与本国政府普遍存在无罪或合法的钱权交易关系,即存在合法的腐败。由于美国政府与本国的大企业在利益上的融合(政府利用大企业的经济实力在全球维持霸主地位,大企业利用政府的力量在国内排斥外来的竞争对手和在国外拓展市场),也就形成了当今的国家垄断资本主义。还有,在经济活动的常态下,政府会以补贴、合作研发、军事装备的采购等形式,将大量资金注入大企业,而在经济活动的非常态下(如经济或金融危机时期),政府通过减税、降息、债务担保,直接购买商业票据和注入股本金,以及托管等方式来支撑一些"大而不能倒"的垄断企业。这就是实际存在的"美欧模式"。吴敬琏说的"市场活动的每一个参加者都既受到竞争约束,又受到产权约束"情况,至少对于在美国处于支配地位的大企业来说是不存在的。美国实际存在的情况是:"利润私有化,风险社会化"。因此,所谓"社会个别成员通过商品的相对价格就掌握了竞争的态势,可以据此作出正确的资源配置决策,以较低的信息成本实现社会资源的有效配置",不过是"古希腊的神话"。即使是最坚定的新自由主义者格林斯潘也看到了这点。1996年,格林斯潘作为美联储主席,意识到了美国股市中已经形成了极富危险性的泡沫,必须采取相应的措施加以解决。为此,他在1996年12月5日的美国企业协会的年度晚宴上,以"民主社会中央银行所面临的挑战"为题演讲时,认为股票市场正处于"非理性繁荣(irrational

---

① 吴敬琏、马国川:《重启改革议程——中国经济二十讲》,生活·读书·新知三联书店2012年版,第209、25~26页。

exuberance)"状态,并用他特有的表达方式提出了一些不言自明的问题:"我们如何判定哪种价格才是更重要的?当然是当前产品和服务的价格——通货膨胀的基本衡量标准。但是未来的商品和服务——如股票、真实资产或其他收益性资产,它们的价格是否应该加以考虑?这些价格的稳定对于经济的稳定有何重要意义?""当非理性繁荣不适当地抬高了资产价格时,我们如何得知它是否会像过去十年中的日本那样导致经济的长期紧缩?我们又如何在货币政策中考虑这一因素呢?"①客观地说,格林斯潘看到了一个放任的股票市场,导致经济风险已经从传统的通货膨胀转变为资产型的通货膨胀。遗憾的是,这位担任据说具有独立性的美联储主席的格林斯潘,却屈从于美国政府和国会的政治压力而在 1997 年"变成了投机狂潮的超凡领袖"。

一言以蔽之,在现实中,美欧成熟的市场经济只是一种不完全竞争、不完全信息和政府与市场交互作用的经济体制。如果用有些西方学者的话说,"美欧模式"是一种不完全市场经济,或者用吴敬琏的话说,"美欧模式"是一种"'半统制、半市场'混合体制",即是一种公有制与私有制混合(当然私有制处于支配地位)、政府作用与市场作用混合的经济体制。

特别值得一提的是,美国在 20 世纪 90 年代的产业创新,不是"市场定价制度"的产物,而是由政府主导实现的。在 80 年代,日本的许多工业制成品的国际市场占有率远远超过美国,从而加速了美国经济霸权的衰落。美国人惊呼"日本第一"的时代已为期不远了。而西方舆论则普遍认为美国时代已经结束,21 世纪是日本时代。为了扭转这种局面,在军备上耗尽资源的里根政府只能采用非经济手段来遏制日本经济的发展势头。"里根政权拱手看着美国的高科技产业衰落下去"。② 在苏联解体的背景下,克林顿政府以资源"投资于民的战略原则"取代了里根和老布什政府的"资源投资于军"的战略原则。之所以发生这样大的转变,是因为"冷战结束了,国家之间的竞争,已从军事转移到经济",并从这个意义上认为"美国的敌国是日本"。

---

① 彼得·哈契:《泡沫先生》,东北财经大学出版社 2008 年版,第 104 页、第 107~108 页。
② 水野隆德:《美国经济为什么持续强劲》,华夏出版社 2005 年版,第 30 页。

在这一战略原则下,克林顿政府提出了一个类似于肯尼迪政府阿波罗计划的"NII"构想,即"将现在的计算机网络和今后创建的信息网络融合在一起,开发成全美国规模巨大的信息基地"。① 这个构想反映了美国企图在21世纪将其人工智能产业称霸于全世界的野心。为了实现"NII"构想,克林顿政府一方面推动军工和核科学技术向民间转移,以加速美国在人工智能领域的产业创新;另一方面,以政府为主导,领导产业界、大学和科研单位,形成了将"官产学"融为一体的共同研究体,以加速尖端技术的开发。由于产业创新的目标明确和政府主导,从而使美国在人工智能领域成为了"世界性技术创新的领头人"。②

到这里不难看出,吴敬琏从新自由主义经济学中学到的"美欧模式",与美欧社会中实际存在的"美欧模式"是两种不同的经济模式。前者是逻辑优美的市场原教旨主义的"美欧模式",后者则是现实的实用主义的"美欧模式"。难以理解的是,吴敬琏执著地主张将逻辑的"美欧模式"作为中国市场化改革的目标。

二、"竞争性市场体制"不过是逻辑的"美欧模式"

中国社会科学院研究员周叔莲曾认为,吴敬琏最突出的特点是"这么两个字:执著。他的执著在工作、学习、生活上都有明显的表现。向科学进军、搞市场经济、学英语、学习西方市场经济学、写文章,他都是这样。"③正是通过对西方市场经济学的"执著"学习后,吴敬琏俨然以"具有现代经济学知识"(实为具有新自由主义经济学知识)的学者自居,从此拜倒在"逻辑的美欧模式"之下。只要一谈中国的市场化改革,他就言必称"逻辑的美欧模式"。

吴敬琏认为,"自由市场经济模式",即逻辑的美欧模式"是成熟的市场经济国家所共有"。因此,不言而喻,中国要成为"成熟的市场经济国家",从而被美欧国家承认"市场经济地位",就必须以"逻辑的美欧模式"作为改革

---

① 水野隆德:《美国经济为什么持续强劲》,华夏出版社2005年版,第88页、第85页。
② 萧琛主译:《美国总统经济报告:2001年》,中国财政经济出版社2003年版,第20页。
③ 转引自吴晓莲的《我和爸爸吴敬琏》,当代中国出版社2007年版,第159页。

>> 中国需要什么样的市场经济

开放的目标,其他非"美欧模式"(包括中国模式)都必须统统加以否定。为此,他将"逻辑的美欧模式"中国化为"竞争性市场体制"。

基于西方新自由主义经济学,吴敬琏认为,市场取向的改革,就是要建立一个"竞争性市场体制"。为此,我国由"计划经济向市场经济转型过程的一个重要内容,就是对计划经济下的产权制度进行彻底的改造",从而建立"新的产权制度"。令吴敬琏感到非常失望的是,在"中国改革过程中,新产权制度的建立并没有像俄罗斯、东欧等国家那样,通过对原有的国有企业和集体农庄大规模的私有化而快速地实现,而是经历了一个很长的过程逐步实现的"。[1] 显然,在吴敬琏看来,将我国国有经济和集体经济大规模的私有化,是建立"竞争性市场体制"的一个重要内容。

吴敬琏说,"讲到产权制度,涉及人口最多、影响最广泛的莫过于土地产权"。在这方面"中国的农村改革是不彻底的。土地承包制是一种在不改变土地的集体所有的条件下采取的变通办法。在这种土地制度下,农民所获得的只是承包期内的土地使用权,而不是永久的而且有权自行处置的土地使用权",而"延长农民的土地承包期也并不意味着恢复了'耕者有其田'的土地制度。既然农民并没有获得土地的永久使用权,所以对保护耕地和对土地进行投资缺乏热情"。其言外之意十分清楚:土地承包制是没有触动集体所有制的不彻底的改革。中国农村要实现彻底的改革,必须实现"耕者有其田"的土地制度,即实现农村土地的私有化。不过,吴敬琏将农村承包制作了私有性质的解读。他说,"从 1980 年到 1982 年年末,中国农村普遍实行'包产到户',人民公社制度随之土崩瓦解。对于这种承包经济的性质,虽然政府文件往往把它称为'集体所有制的合作经济',但实际上,它乃是一种建立在从集体'包'来的土地上的业主制企业(中国法律称之为'个人独资企业')"。由此,他认为,就承包经济的私有性质而言,"农村承包制改革对于打破国有制和准国有制经济一统天下的旧有格局起了主力军的作用"。[2]

---

[1] 吴敬琏、马国川:《重启改革议程——中国经济二十讲》,生活·读书·新知三联书店 2012 年版,第 132 页。

[2] 同上,第 201 页、第 79 页、第 88 页。

在吴敬琏看来,与集体经济的改革不彻底相比,国有经济的改革在一定程度上触动了国有制。"当世纪之交包括数百万计的县乡镇政府所属的乡镇企业改制成为私有企业,绝大部分国家控股的二级企业经过重组成为多元持股的公司在国内外股票市场上交易",从而使"市场的力量大大增强"。直到21世纪初期,"全国中小型国有企业全面改制,其中绝大部分成为个人独资或公司制企业",而在大型国有企业中,非金融类企业"绝大多数国有二级企业已经改组为国家相对或绝对控股的股份有限公司。在金融类企业中,四家主要的国有商业银行已经在海外整体上市,为中国金融市场提供了必要的微观基础"。另外,"外商投资企业是一种新的经济成分,它们的进入迅速改变了短缺的市场结构,带来了更多的市场竞争和对旧体制的冲击,也有利于打破国内市场分割,加速行政主导型的资源配置向市场主导型资源配置方式的转变。因此,外商直接投资不仅带给中国发展经济所需要的资金、技术和管理,更重要的是通过强化市场竞争,促进了国内市场化的经济体制的改革。"①

总之,"不论是农村推行的家庭联产承包责任制、乡镇企业的兴起,还是开放个体经济、允许个体业主雇工和私营企业发展,以及开放国门允许外国投资企业的发展,都意味着,在国民经济中逐步增添了新的非国有的经济成分。"因此,"家庭承包经营制全面推行以后,中国农业产量连续多年增长",而民营企业则成为"中国出人意料的发展的最基础的推动力量"。中外合资企业和外国独资企业也成为"推动中国经济发展的另一支重要力量"。在吴敬琏看来,正是这些力量所形成的合力,使后30年的"中国经济实现了高速增长"。②

但是,吴敬琏认为国有经济改革,即私有化的任务还没有完成,"许多竞争性产业还保持着国有大企业的行政垄断,工商企业也多半是二级企业实现了上市,而一级企业(集团公司)绝大部分还保持着国有独资状态"。因此,"在经济体制方面,进一步改革的核心问题,仍然是建立和健全竞争性的

---

① 吴敬琏、马国川:《重启改革议程——中国经济二十讲》,生活·读书·新知三联书店2012年版,第211页、第142~143页、第102~103页。
② 同上,第91页、第3页、第90页。

市场体系,使市场能够在资源配置中充分发挥基础性的作用"。而"从中国的现实情况看,对平等竞争市场的威胁主要来自两个方面:第一,国有经济对一些重要产业的垄断;第二,政府对市场的过度干预。改革也要从这两个方面着手进行"。①

具体来说,针对国有经济的经济性垄断,吴敬琏认为,必须"大力推进国有经济布局调整,使国有资本从竞争性领域退出,在那些国有资本没有退出的企业中",也要"尽可能地引入非国有资本,实现股权多元化,并且在这个基础上建立有效的公司治理",以解决"在国有独资和绝对控股的企业中建立有效的公司治理"这一老大难问题。接下来,可将"国有公司股权划拨到全国社保基金理事会,用以归还国家对老职工的社会保障欠账,'做实'他们的个人账户"。或者按照陈清泰教授的建议,"实行国有资产的资本化,并将现在滞留于一般产业的国有资本的30%或许50%划转到社会保障和其他公益性基金,使国有资产回归到全民所有、全民分享的本性"。② 这与张维迎讲的"最大的那些国有企业也已经上市,以后只剩下技术性、操作性的问题,即以多快的速度减持国有股"如出一辙。最后,即使在关系国民经济命脉的重要行业和关键领域,吴敬琏也要求国有经济退出。因为,在吴敬琏看来,"在当今的世界上,可以说没有一个国家不存在国有企业。只不过在大多数国家,国有企业之所以会存在,是因为它们能够提供私人企业所不能或不愿提供的物品,即具有非竞争性和非排他性的公共物品。"这样,国有企业就被完全排斥在"竞争性市场体制"之外,被挤压在只能以"提供私人企业所不能或不愿提供的物品,即具有非竞争性和非排他性的公共物品"的领域内。③

在吴敬琏看来,完成上述的国有经济改革,并不意味着他主张"取消所有的国有企业"。相反,他主张"对多种公有制形式(如各种形式的基金和基金会、各种形式的合作组织、社区所有制)的探索和开拓,而不能将它局限于国家所有制和苏式'集体所有制',更不能把国家所有制看作'公有制的最高

---

① 吴敬琏、马国川:《重启改革议程——中国经济二十讲》,生活·读书·新知三联书店2012年版,第143页、第254页。
② 同上,第205页、第255页。
③ 同上,第138页。

形式和社会主义必须追求的目标'。"因为,中国是否具有社会主义的性质,并不是由国家所有制和集体所有制决定的。如果吴敬琏的这一观点也是正确的话,那么,盖茨和巴菲特的慈善基金、索罗斯的开放社会基金等都是公有制的实现形式。这意味着马克思和恩格斯在《共产党宣言》中批判过的封建社会主义、小资产阶级社会主义、"真正的"社会主义和资产阶级的社会主义等都属于吴敬琏"对社会主义作出更明确的定义"后的"社会主义"。① 我们能够以欣赏的目光一睹吴敬琏先生在 T 型舞台上脱下马克思主义外衣的风采,也能谅解吴敬琏先生改换门庭而不能作出公开说明的苦衷。但是,对于为一己私利而歪曲和玷污马克思的科学社会主义的行径,我们只能采取零容忍的态度。

吴敬琏说,"中国要建立包容性的经济体制"。"这种体制的主要特点是:保障私有财产(私有制)、创造公平竞争环境(保证个人创业积极性与法治)、鼓励投资和科技创新"。否则,当"政府的管控和国有经济的'控制力'不断加强时,国家资本主义的趋向就变得十分明显"。吴敬琏望文生义地认为,"所谓国家资本主义,就是国家资本以政治权力为依托,与其他资本展开竞争,进而形成市场控制力的一套政治经济体制",而在"中国的历史背景和缺乏民主法治的现实条件下,国家资本主义极有可能向权贵资本主义,即毛泽东定义的'封建的、买办的国家垄断资本主义'的官僚资本主义转化"。②

到此,人们也终于看清了吴敬琏的"竞争性的市场体制",这一"中国唯一可能的出路"的真实内涵,那就是:市场化取向的改革就是建立竞争性市场体制,而对平等竞争市场的最大威胁来自具有经济性垄断和行政性垄断的国有经济。因此,为构建竞争性市场体制,国有经济必须"退出一般性竞争部门",以腾出空间发展非国有经济。这实际上是通过"腾笼换鸟"的方式实现私有制与市场经济的结合,从而将米塞斯和哈耶克的市场经济唯资本主义论在中国变为现实。但是,如果市场经济唯资本主义论的教条在中国果真变为

---

① 吴敬琏、马国川:《重启改革议程——中国经济二十讲》,生活·读书·新知三联书店 2012 年版,第 137 页。
② 同上,第 257~258 页、第 211~222 页。

>> 中国需要什么样的市场经济

现实,就一定能建立起"竞争性市场体制"吗?我们的回答是否定的。

因为,直到目前,中国国内市场上的最大垄断者是美欧的跨国公司在中国的合资或独资企业。我国杂交水稻之父袁隆平院士说:"随着我国市场的进一步开放,跨国公司已经长驱直入,参与到包括种子研发、种植、加工、物流、销售等农业产业链的各个环节,有的产业已完全被外资掌控。虽然我国两大主粮——小麦和水稻目前产量还比较充裕,但是从大豆、玉米的形势看,我国已从最大的大豆出口国转变为最大的进口国,由玉米出口国转变成为进口国。因此,民族种子产业的发展面临严峻形势。"[1]另外,"在轻工、化工、医药、机械、电子等21个国民经济最重要行业中,跨国公司子公司已占据国内1/3以上的市场份额,部分行业已经接近半壁江山,也就是在产业中拥有绝对控制权。""外资的强大控制力在流通行业比例已高达80%以上;在手机行业、电脑行业、IA服务器行业、网络设备行业、计算机处理器等行业,外资均在中国占绝对垄断地位。""汽车工业的外资控制度在95%以上;日用化工行业已接近整体被外资垄断控制。"[2]更为严峻的是,发达国家的跨国公司凭借其在核心技术、品牌和全球生产与销售网络的垄断地位,并借助其政府对国际经济秩序的控制,将中国的国有企业和民营企业的发展空间挤压在全球产业链的低端。而只要我们完全放弃政府的作用,完全基于市场原则竞争,则无论是国有企业还是民营企业都不是西方垄断企业的竞争对手。显而易见,无论是国有企业还是民营企业,它们所面对的最大既得利益者和最大垄断者是外资企业。新一轮改革的首要任务就是要改变这种局面,而绝不是国有企业私有化。因为在目前的外资企业、国有企业和民营企业的格局下,"国退"以后,能"进"的只会是外资企业,而不可能是民营企业。这样说并不意味着我们会像美国那样鼓吹"买本国货"或以安全为名将外资企业拒之于国门之外(当然我们反对外资企业享受"超国民待遇"),而是强调市场取向改革的目的是要在中国造就一个拥有自己的核心技术、品牌和

---

[1] 臧云鹏:《中国农业真相》,"袁隆平序",北京大学出版社2013年版,第1页。
[2] 程恩富、方兴起:《国企与民企要同舟共进》,载于《光明日报》,2012年6月10日;徐旭红:《国企改革不能片面理解为国企私有化》,载于《人民政协报》,2012年4月17日。

全球生产和销售网络的企业群,而绝不应该是仅仅为外资企业进入中国市场开启方便之门。

上述这些"不是用紫衣黑袍遮掩得了的"事实表明,即使采用吴敬琏的办法,把中国的国有经济和集体经济完全、彻底的私有化而建立起来的所谓"竞争性市场体制",实际上只能是一种"封建的、买办的国家垄断资本主义"。这也许是吴敬琏真正所向往的体制,他曾明确地说:"三十年来的改革开放使得我们取得举世瞩目的成绩,我们度过了短缺经济,成为世界第二大经济体……我们个人也不再是计划体制下的灰色人,而是跟国际社会近乎同步的文明的受益者。这一经验只是中外文明交往的一个小案例,却也雄辩地说明开放成全的可能性,而敌意、紧张等则败坏了文明。事实上,洋务运动、北洋时代、国民政府主政的黄金十年……凡是中国快速发展的时期,都是开放的。""我们富强后的目的是什么?我们繁荣起来的价值观何在?我们服务于世界和人类文明的关键在哪里?遗憾的是,这些问题尚未得以解答,我们社会反而陷入一轮又一轮的弱者情绪里。我们对外尚未知人论世、平等相待,就再度想当然地以为他们有阴谋了。"[①]这番话足以表明,吴敬琏"执著"地为西方跨国公司在中国的垄断地位辩护和向反对西方跨国公司垄断中国市场的人们挥舞"民粹主义和民族主义"大棒,认为"外商直接投资不仅带给中国发展经济所需要的资金、技术和管理,更重要的是通过强化市场竞争,促进了国内市场化的经济体制的改革",并"执著"地要拔掉有为政府和国有经济这两道门栓,为美欧跨国垄断企业的长驱直入,大开方便之门。

综上所述,吴敬琏主张的是基于国有经济和集体经济的私有化,以及巩固和发展西方跨国公司在中国的垄断地位来构建"竞争性市场体制"。显然,其主张是与"发挥国有经济主导作用"和"完善宏观调控体系"[②]的社会主义市场经济体制格格不入的。他给出的这种"唯一可能的出路",如果不是改旗易帜的邪路的话,那又是什么呢?!

---

① 臧云鹏:《中国农业真相》,北京大学出版社2013年版,第7页。
② 《中共中央关于全面深化改革若干重大问题的决定》,载于《南方日报》,2013年11月16日。

> 中国需要什么样的市场经济

结束语

自1840年以来的170余年,中国处于大英帝国霸权由鼎盛走向衰亡和美国霸权由鼎盛走向衰落的世界大格局的演变之中。这种世情导致了中国经历了一个从被迫开放到被迫封闭,再到自主开放的历史进程。吴敬琏对这种世情和国情视而不见,就必然会在旧中国、新中国的前30年和后30年的相关问题上,颠倒黑白,混淆是非;加之其根深蒂固的小农世界观,看问题非好即坏,非此即彼,从而在中国形成了"一种完全丧失了一个科学工作者起码的品德,即诚实"[①]的"吴敬琏现象",一个"昨天"还在主张集体所有制向全民所有制过渡、社会主义向共产主义过渡的人,"今天"却主张国有经济和集体经济私有化的社会主义。其主观上是想由这种"资产阶级的社会主义"向资本主义的"现代市场经济体制过渡"。但在客观上,这种"资产阶级的社会主义",在西方跨国垄断公司对市场的强大控制力及其政府对国际经济秩序的强大控制之下,只能向"封建的、买办的国家垄断资本主义"过渡。

马克思提出了一条以公有制为起点,利用资本主义制度所取得的"一切肯定成果"的农业国社会主义发展道路。列宁提出了一条通过国家资本主义走向社会主义的俄国特色社会主义道路。斯大林提出了一条完全公有制和去市场化的封闭僵化的社会主义发展道路。苏联东欧国家放弃封闭僵化的社会主义发展道路后却走向了改旗易帜的邪路。中国"改革开放最主要的成果是开创和发展了中国特色社会主义,为社会主义现代化建设提供了强大动力和有力保障"。[②] 30多年改革开放时期的社会主义实践已经充分证明,而未来的社会主义实践也必将进一步证明:中国特色社会主义是当代中国发展进步的根本方向,只有中国特色社会主义才能发展中国。因此,我们"不走封闭僵化的老路,不走改旗易帜的邪路,坚定走中国特色社会主义道路"。[③]

[①] 孙冶方曾经深恶痛绝地说,我"讨厌那种闻风而倒的'风派'人物。这些同志并不是不懂马克思主义的常识,而是有私心。因而,东风来了唱'东调',西风来了唱'西调',经常变换脸谱,完全丧失了一个科学工作者起码的品德,即诚实。"所以,"应该反对为个人私利出卖原则的恶劣学风,反对理论工作中的风派习气"。(邓加荣:《登上世纪坛的学者孙冶方》,中国金融出版社2006年版,第315页)

[②] 《中共中央关于全面深化改革若干重大问题的决定》,载于《南方日报》,2013年11月16日。

[③] 同上。

吴敬琏先生认为,"如果目前各种社会思潮能够在理性的平台上充分争论,对于推动中国实行平稳的社会转型,将是很有帮助的。"① 我们对此表示赞同,但必须按孙冶方同志"极力主张、同时也迫切希望"的方式展开争论,即"学术界能够建立起一种只讲真理不讲人情、只为学术不看风向、畅所欲言不违心违志的争鸣局面"。② 我们正是响应吴敬琏先生的理性争论的倡议,同时又坚持孙冶方主张的"只讲真理不讲人情、只为学术不看风向"和"不违心违志"的原则,写出了这篇与吴敬琏先生商榷的文章,如有不妥之处,甚望惠予指正,也十分欢迎吴敬琏先生的反商榷和反批评。

---

① 吴敬琏、马国川:《重启改革议程——中国经济二十讲》,生活·读书·新知三联书店2012年版,第254页。
② 邓加荣:《登上世纪坛的学者孙冶方》,中国金融出版社2006年版,第315页。

社会主义市场经济是什么模式

许友伦

(西安财经学院教授)

我国经济体制改革的目标是建立社会主义市场经济体制。社会主义市场经济是中国模式,还是欧美模式?经济学家有不同的解释。吴敬琏先生是我国著名经济学家,发表了很多文章、谈话,坚持市场化改革方向,获得了"吴市场"的称号。最近,吴敬琏先生又发表两篇文章:《中国模式,还是过渡性体制?》《不改革国有经济就无法实现共同富裕》,被媒体广泛转载。吴敬琏先生说,以21世纪初的"北京共识"为开端、逐步发展成型的"中国模式"论,提出了一个无论对于总结过去还是规划未来都极其重要的问题,值得认真地加以研究和讨论。本文提出几个问题,与吴敬琏先生讨论,供学术界参考。

一、中国模式,还是欧美模式

邓小平在党的十二大开幕词中指出:"我们的现代化建设,必须从中国的实际出发。无论是革命还是建设,都要注意学习和借鉴外国经验。但是,照搬照抄别国经验、别国模式,从来不能得到成功。这方面我们有过不少经验教训。把马克思主义的普遍真理同我国的具体实际结合起来,走自己的路,建设有中国特色的社会主义,这就是我们总结长期历史经验得出的基本结论。"党的十二大以来,中国特色社会主义事业不断发展创新,形成了中国特色社会主义理论体系、中国特色社会主义道路、中国特色社会主义制度(包括经济制度、政治制度、文化制度和社会制度),概括起来就是中国特色社会主义模式。中国模式是邓小平首先提出来的,他说:"中国有中国自己的模式。"[①]中国模式

---

① 《邓小平文选》第3卷,人民出版社1993年版,第261页。

虽然不够完善,但是已经成型,引起国内外人士研究和讨论。

江泽民同志在联合国千年首脑会议上发表讲话指出:"世界是丰富多彩的。如同宇宙间不能只有一种色彩一样,世界上也不能只有一种文明、一种社会制度、一种发展模式、一种价值观念。"因此,"应充分尊重不同民族、不同宗教、不同文明的多样性,世界发展的活力恰恰在于这种多样性的共存。"①

当年,胡锦涛同志在纪念毛泽东诞辰110周年座谈会上指出:"各国的国情不同,不可能有一个适用于一切国家、一切时代的固定不变的模式。""我们充分尊重其他国家选择的发展道路,绝不会把自己的意志强加于人,也绝不允许任何人把他们的意志强加于中国人民。"

全国政协原副主席陈锦华发表文章指出:"国内外媒体和学术界对于中国模式的论述日渐增多,但一般都是强调中国模式的经济成就,避谈中国模式的制度内涵,甚至贬损中国制度。其实国家发展道路的模式必然含有制度的内生动力。没有中国特色社会主义制度,根本不可能有中国成功的发展模式。中国模式的核心是中国制度。"②

程恩富教授发表文章指出:中国模式是一种当代中国的社会主义发展模式。中国特色社会主义事业总体布局是,全面推进社会主义市场经济、社会主义民主政治、社会主义先进文化、社会主义和谐社会建设,这是坚持中国特色社会主义道路的内在要求,也是正确理解中国模式的基本出发点。中国模式体现在经济、政治、文化、社会建设四个方面。中国模式在经济建设上形成了"四主型经济制度":公有主体型的多种类产权制度;劳动主体型的多要素分配制度;国家主导型的多结构市场制度;自立主导型的多方位开放制度。③

美国前国务卿基辛格2011年6月在接受《参考消息》记者采访时指出:"中国的发展模式,无论对中国自己还是对世界其他国家都具有重要的意义。"

---

① 《江泽民文选》第3卷,人民出版社2006年版,第110页。
② 陈锦华:《中国模式与中国制度》,载于《人民日报》,2011年7月5日。
③ 程恩富:《论中国模式的基本内涵》,载于《中国改革论坛》,2011年7月12日。

中国需要什么样的市场经济

当然,也有人否认中国模式,贬低中国模式,慎谈中国模式。

吴敬琏先生说:"市场经济的目标模式是在1984~1992年期间逐渐形成的。""在讨论中,政界、经济界和学术界人士大致提出了四种体制目标模式:(1)后斯大林时期的计划经济模式(改良的苏联模式);(2)市场社会主义模式(东欧模式);(3)政府主导的市场经济模式(东亚模式);(4)自由市场经济模式(欧美模式)。在20世纪80年代中期,在模式(1)和模式(2)的影响逐渐消退的同时,模式(3)和模式(4)占了上风。大体来说,在后两种模式中,东亚模式往往为官员们所钟爱,而欧美模式则为具有现代经济学知识的学者所向往。"吴敬琏先生具有现代经济学知识,当然向往欧美模式。吴敬琏先生还说,"中国模式"的话题,起源于改革开放30多年来中国经济总量的爆发式增长。"中国模式"论倡导者对这个问题给出的回答是:中国能够创造如此优异成绩的根本原因,在于中国独特的经济和政治体制:它有一个强势政府和有着强大控制力的国有经济,因此能够正确制定和成功执行符合国家利益的战略,"集中力量办大事",从而创造了北京奥运、高铁建设等种种奇迹,并且能够在全球金融危机的狂潮中屹立不倒,继续保持超过9%的GDP年增长率,为发达国家所争羡,足以充当世界各国的楷模。不过,这种解释虽然能够燃起某种民族主义的自豪感,却也留下了不少的疑问。——吴敬琏先生留下的疑问是什么?在此加以讨论。

其一,"如果说驾驭整个社会的强势政府和掌握国民经济命脉的强大国有经济是中国成功的秘密,为什么在改革开放的前30年中,中国同样拥有强势政府和比如今更为强大的国有经济,中国人得到的却是无穷无尽的苦难,出现一次大饥荒就夺去了成千万人生命的人间惨剧?"这种观点符合历史事实吗?中共中央《关于建国以来党的若干历史问题的决议》指出:"中华人民共和国成立以后的历史,总的说来,是我们党在马克思列宁主义、毛泽东思想指导下,领导全国各族人民进行社会主义革命和社会主义建设并取得巨大成就的历史。"我国经济建设虽然走过曲折的道路,仍然取得了巨大的成就:在旧中国遗留下来的废墟上,逐步地建立起独立的比较完整的工业体系和国民经济体系。到1980年,全民所有制企业拥有的固定资产原值达到5000多亿元,其中工业固定资产3700多亿元。同完成经济恢复任务的1952年相比,28年间,工农业总产值平均每年增长8.2%,经济发展速度超过资本主义发达国家。邓小平说过:"建国后我们的经济建设是有伟大成绩的,建立了比较完整的工业体系,培养了一批技术人才。我国工农业从解放以来直到去年的每年平均增长速度,在世界上是比较高的。"①"社会主义革命已经使我国大大缩短了同发达资本主义国家在经济发展方面的差距。我们尽管犯过一些错误,但我们还是在三十年间取得了旧中国几百年、几千年所没有取得过的进步。"②

其二,"在实事求是地分析中华人民共和国的历史时,不能回避的事实是:取得了巨大进步的后30年和始终未能改变贫困落后面貌的前30年之间的最大区别,在于我们进行了市场化的改革和国内市场与国际市场的对接。"这种观点是片面的,不符合辩证法。要说"市场化",中国不如欧美国家。欧美国家在国际市场占垄断地位,至今不承认中国的"市场经济"地位。但是,欧美国家陷入金融危机、经济危机、债务危机,至今不能摆脱困境,就是市场化带来的苦果。中国经济发展速度超过欧美国家,根本原因不在"市场化"。十七大报告指出:"改革开放以来,我们取得的一切成绩和进步的根本原因,归结起来就是:开辟了中国特色社会主义道路,形成了中国特色社会主义理论体系。中国特色社会主义道路,就是在中国共产党领导下,立足基本国情,以经济建设为中心,坚持四项基本原则,坚持改革开放,解放和发展生产力,巩固和完善社会主义制度,建设社会主义市场经济、社会主义民主政治、社会主义先进文化、社会主义和谐社会,建设富强、民主、文明、和谐的社会主义现代化国家。"社会主义市场经济是社会主义制度与市场经济体制相结合,与资本主义市场经济有本质区别,不能混为一谈。社会主义市场经济的基本特征是坚持公有制为主体、国家计划(规划)为指导、共同富裕为目标,不是新自由主义的"私有化、自由化、市场化"。

---

① 《邓小平文选》第2卷,人民出版社1993年版,第163页。
② 同上,第167页。

二、"政府主导",还是"市场主导"

吴敬琏先生说:"质疑'中国模式'论的人们认为,中国社会虽然在过去 30 多年的改革开放中取得了长足的进步,但是迄今为止,市场化改革还有许多大关并没有过,中国在 20 世纪末期初步建立起来的市场经济体制还是很不完善的。这种不完善性主要表现为国家部门仍然在资源配置中起着主导作用。具体说来,表现在以下方面:(1)虽然国有经济在国民生产总值(GNP)中并不占有优势,但它仍然控制着国民经济命脉,国有企业在石油、电信、铁道、金融等重要行业中继续处于垄断地位;(2)各级政府握有支配土地、资金等重要经济资源流向的巨大权力;(3)现代市场经济不可或缺的法治基础尚未建立,各级政府的官员有着很大的自由裁量权,他们通过直接审批投资项目、设置市场准入的行政许可、管制价格等手段对企业的微观经济活动进行频繁的干预。"上述三点是新自由主义的观点,笔者不敢苟同。

我认为,"主导"包括多层含义,应该具体分析。首先,从社会主义初级阶段的基本经济制度看,是公有制为主体,国有经济为主导。国有企业是全民所有制企业,必须控制国民经济命脉,发挥主导作用,才能保障国家经济安全。其次,从社会主义市场经济体制看,是市场调节为基础,国家计划(规划)为主导(指导)。没有发展计划(规划),国家就没有发展目标;脱离发展目标,就是盲目发展。盲目投资、重复建设、浪费资源、污染环境,就是盲目发展的例证,不符合科学发展观。最后,从政府和企业的关系看,是各类企业为主体,各级政府为主导(领导)。政府的主要职能是:经济调节、市场监管、社会管理和公共服务。各级政府必须正确履行职能,民主决策,依法行政,才能保证国民经济持续稳定发展。现在市场秩序不好,非法集资、非法经营、假冒伪劣、坑蒙拐骗、价格欺诈、偷税逃债、官商勾结、贪污腐败等,引起人民群众强烈不满,政府必须加强管理。市场准入、行政许可、项目审批、价格管制等,都是政府管理市场经济的手段和方法,不能轻易取消。例如,我国是世界人口大国,人多地少是基本国情。国家实行最严格的耕地保护政策,是为了保障国家粮食安全。任何企业、单位占用耕地,必须经过严格的审批;禁止乱占耕地,倒卖地皮,从中牟取暴利。有些经济学家主张土地私有化,买卖自由化,反对政府控制土地资源,不符合国家宪法。

吴敬琏先生多次说过:"现代市场经济不可或缺的法治基础尚未建立。"这句话不符合事实。

新中国成立以来,特别是改革开放以来,我国立法工作取得了举世瞩目的巨大成就。1982年通过了现行《宪法》,此后又根据客观形势的需要,先后通过了4个宪法修正案。到2010年年底,我国已制定现行有效法律236件、行政法规690多件、地方性法规8600多件,全面完成对现行法律和行政法规、地方性法规的集中清理工作。目前,涵盖社会关系各个方面的法律部门已经齐全,各法律部门中基本的、主要的法律已经制定,相应的行政法规和地方性法规比较完备,法律体系内部总体做到科学统一。吴邦国同志在十一届全国人民代表大会第四次会议宣布:中国特色社会主义法律体系已经形成,国家经济建设、政治建设、文化建设、社会建设以及生态文明建设的各个方面实现有法可依,党的十五大提出到2010年形成中国特色社会主义法律体系的立法工作目标如期完成。吴敬琏先生说的"法治基础"已经建立起来了。

三、"有进有退",还是"国退民进"

《中共中央关于国有企业改革和发展若干重大问题的决定》指出,国有企业是我国国民经济的支柱。发展社会主义社会的生产力,实现国家的工业化和现代化,始终要依靠和发挥国有企业的重要作用。国有经济的主导作用主要体现在控制力上。对关系国民经济命脉的重要行业和关键领域,国有经济必须占支配地位。国有经济需要控制的行业和领域主要包括:涉及国家安全的行业,自然垄断的行业,提供重要公共产品和服务的行业,以及支柱产业和高新技术产业中的重要骨干企业。调整国有经济布局,要同产业结构优化升级和所有制结构的调整完善结合起来,坚持有进有退,有所为有所不为。

▶ 中国需要什么样的市场经济

有些经济学家否认国有经济的主导作用,主张国有企业私有化,他们把"有进有退"四个字篡改为"国退民进",造成思想混乱,引起学术争论。我认为,"国退民进"是自相矛盾的命题,理由如下:其一,国有企业本来就是全民所有制企业,代表全国人民利益,"国进"就是民进,"国退"就是民退,国有企业"改制"("国退"),导致几千万工人下岗失业,就是例证。其二,民营企业本来就是私营企业,只能代表私人利益,不能代表全民利益,私营企业大老板成为亿万富翁,能够代表雇用工人利益吗?劳资矛盾是客观存在的事实。其三,国有中小企业私有化改制,已经退出了一般竞争性领域,私营企业已经占领了大部分市场,有些人还要坚持"国退民进",引起国有企业工人不满,吉林"通钢事件"、河南"林钢事件"就是"国退民进"的深刻教训。其四,社会主义初级阶段的基本经济制度是公有制为主体、多种所有制经济共同发展。私营经济要发展,国有经济也要发展。坚持"国退民进",就是否定"共同发展"。

吴敬琏先生一贯坚持"国退民进",反对"国进民退"。他说:"在中共十五大后的几年中,中国成功地实现了数百万个国有小企业和基层政府所属的乡镇企业改制以及上万个大中型国有企业的股份化。这样一来,中国经济的所有制结构明显优化,从国有经济一家独大的结构转变为多种所有制企业共同发展。民营经济的营业额居于各种经济成分的首位。在就业方面,民营企业成为吸纳就业的主体。2006年民营企业就业人数达到全国城镇就业人数的72%。在世纪之交,一个以混合所有制为基础的市场经济的轮廓开始显现在人们的面前。""但是,当这些改革推进到更深的层次,特别是涉及国有大型垄断企业集团时,改革的步伐就明显地慢了下来。国有经济改革放慢的首要表现,是在'放小'已经基本实现的情况下,国有经济的布局调整就几乎停步不前了,后来还发生了一些领域'国进民退'的开倒车现象。"为了证明"国进民退"开倒车,吴敬琏先生举了两个例子,在此加以讨论。

一是2006年国资委的一份"指导意见"提出,国有经济应对军工、电网电力、石油石化、电信、煤炭、民航、航运七大行业保持"绝对控制力";对装备制造、汽车、电子信息、建筑、钢铁、有色金属、化工、勘察设计、科技九大行业的重要骨干企业保持"较强控制力"。这个"指导意见"扩大了国有企业的控制范围,缩小了民营企业发展空间。因此断定是"国进民退"。实际情况并非如此。《国务院办公厅转发国资委关于推进国有资本调整和国有企业重组指导意见的通知》提出:"推进国有资本向重要行业和关键领域集中,增强国有经济控制力,发挥主导作用。重要行业和关键领域主要包括:涉及国家安全的行业,重大基础设施和重要矿产资源,提供重要公共产品和服务的行业,以及支柱产业和高新技术产业中的重要骨干企业。有关部门要抓紧研究确定具体的行业和领域,出台相应的产业和企业目录。鼓励非公有制企业通过并购和控股、参股等多种形式,参与国有企业的改组改制改造。对需要由国有资本控股的企业,要区别不同情况实行绝对控股和相对控股;对不属于重要行业和关键领域的国有资本,按照有进有退、合理流动的原则,实行依法转让,防止国有资产流失。"我认为,国资委的"指导意见"是"有进有退、合理流动",不是"国进民退";"鼓励非公有制企业通过并购和控股、参股等多种形式,参与国有企业的改组改制改造,"是"国进民退"?另外,还有两个文件:《国务院关于鼓励、支持和引导个体私营等非公有制经济发展的若干意见》《国务院关于鼓励和引导民间投资健康发展的若干意见》。请问吴敬琏先生,国务院两个"36条"文件,是"国退民进"与"国进民退"?

二是国有企业不但保持行政垄断地位,而且得到国有银行大量贷款,迅速扩张。2009年国有银行提供的10万亿元以上的海量贷款,绝大部分贷给了国有大企业和"地方政府融资平台"。这使国有企业大大提高了扩张速度,甚至大举进入房地产业这一公认的竞争性行业。因此断定是"国进民退"。实际情况是,2008年,美国发生金融危机,引起世界金融风暴,世界各国在劫难逃。中国受到很大冲击,经济陷入衰退之中。为了应对国际金融危机,中央政府部门制定了十大产业振兴计划,投资10万亿元,促进经济发展,防止经济衰退,这是必要的。国有经济在应对金融危机中发挥了主导作用,取得了公认的效果。国有银行贷款给国有企业是正常

> ▶ 中国需要什么样的市场经济

现象,无可非议。国有企业进入房地产市场,是企业行为,不是政府行为。国家法律并没有禁止国有企业进入房地产市场。依靠私营企业建设商品房,解决不了低收入者的住房问题。一方面是商品房大量积压,一方面是低收入者买不起,引起人民群众强烈不满。为了解决中低收入者的住房问题,国家实施保障房建设计划。保障房建设利润微薄,私营企业大多不愿意干,国有企业应该承担。反对国有企业进入房地产市场,是不是"干预企业的微观经济活动"?

刘国光先生发表文章指出:关于国有经济的作用,理论界有不少论述,其中有一种观点值得注意和研究。这种观点把国有经济的社会责任分为两种:一是帮助政府调控经济;二是保证社会公平的经济基础。前一个作用普遍适用于社会主义国家和现代资本主义市场经济国家,而后一个作用则是社会主义国家的国有经济所独有的。按照西方主流经济学的观点,在一定条件下国有经济有助于政府调控经济,但是一些发达国家的私有化实践证明,即使垄断性的基础产业实行了私有化,国有经济的比重下降到了10%以下,政府照样可以运用货币政策、财政政策、产业政策和商业手段等有效地调控经济。但维护和实现社会公平,则是高度私有化的经济和以私有制为主的混合经济解决不了的老大难问题。我国在坚持社会主义市场经济的改革方向中增强国有资本的控制力,发挥其主导作用,理应包括保障、实现和发展社会公平的内容和标准,需要发挥好国有经济保障社会公平的重要职能。因此,那些对于保障社会公平非常重要的竞争性领域的国有资产,也应该认为是"重要"的国有资产,要力争搞好。刘国光先生还指出:根据国家统计局的数据,我国国有经济在国民经济中的比重不断下降,宏观上并不存在所谓的"国进民退";微观上国有经济"有进有退",但更多的是"国退民进";个别案例中的所谓"国进民退",多半属于资源优化重组。① 我认为,刘国光先生的观点是正确的,坚持社会主义公有制为主体,发挥国有经济的主导作用,有利于实现共同富裕。

---

① 刘国光:《坚持社会主义初级阶段的基本经济制度》,载于《经济日报》,2011年7月28日。

四、共同富裕,还是两极分化

共同富裕是劳动人民的共同愿望,是社会主义的本质要求,是经济发展的根本目标。

邓小平指出:"社会主义的本质,是解放生产力,发展生产力,消灭剥削,消除两极分化,最终达到共同富裕。"[1]解放生产力,发展生产力,讲的是生产力(效率);消灭剥削,消除两极分化,讲的是生产关系(公平);最终达到共同富裕,讲的是生产目的(效率与公平统一)。邓小平还说:"共同致富,我们从改革一开始就讲,将来总有一天要成为中心课题。社会主义不是少数人富起来、大多数人穷,不是那个样子。社会主义最大的优越性就是共同富裕,这是体现社会主义本质的一个东西。如果搞两极分化,情况就不同了,民族矛盾、区域间矛盾、阶级矛盾都会发展,相应地中央和地方的矛盾也会发展,就可能出乱子。"[2]当前我国经济面临的主要问题是生产相对过剩,消费需求不足;主要原因是分配不够公平,贫富差距过大,超过国际公认的警戒线。人民群众强烈要求改革分配制度,缩小贫富差距。

吴敬琏先生发表文章《不改革国有经济就无法实现共同富裕》。这篇文章题目不同凡响,把国有经济与共同富裕对立起来。文章列举两个证据,说明改革必要性,在此加以讨论:

第一,不改革国有经济,中国经济的整体效率难以得到提升。改革开放的最初十几年来,中国的经济增长和效率提高基本来源于非国有部门("民营部门"),而占有经济资源主要部分的国有部门不但增长缓慢,而且效率有下降的趋势。亏损企业的数量逐年增加。以致到20世纪90年代中期整个国有企业部门陷入了盈不抵亏的困境。这种情况必然要拖累整个国家的财政金融体系。其中,银行系统的呆坏账大量积累,面临极大的系统性风险……至于国有企业的效率是否高于民营企业,则已经有中外研究机构所做的实证分析,对它作出了有翔实数据支持的否定性结论——这个结论包

---

[1] 《邓小平文选》第3卷,人民出版社1993年版,第373页。
[2] 同上,第364页。

含几个问题,应该搞清楚。其一,改革开放以后,民营经济是在什么基础上发展起来的?没有国有经济奠定的工业化基础,民营经济能够快速发展吗?新中国成立以前,民营经济为什么发展缓慢?汽车、拖拉机也不会制造?其二,国有企业亏损为什么发生在改革开放以后(20世纪90年代中期),而不是在改革开放以前?没有私营企业和外资企业抢占市场,没有国家对外资企业的优惠政策,国有企业没有沉重的社会负担,能够陷入"盈不抵亏"的困境吗?其三,国有企业效率低,证据在哪里?吴敬琏先生没有说明。天则经济研究所的研究报告《国有企业的性质、表现和改革》出来了,不用看,就知道,"国退民进"是基调,被人称为"漏洞百出"的研究报告。我认为,国有企业效率高不高,经济学家说了不算,国有企业老总最清楚(如大庆油田),国资委最有发言权。私营企业效率高不高,经济学家说了也不算,企业老板最清楚。温州企业亏损、破产、逃债的现象屡见不鲜。经济学家谈论企业效率,不仅要谈企业利润,而且要看工人工资。工资水平高低是企业效率的重要指标。私营企业工资低,招工难,有些私营企业老板甚至克扣、拖欠农民工工资,引起矛盾纠纷,影响社会稳定。

第二,双重体制并存造成了很大的寻租空间,使腐败蔓延的趋势难以扼止。实行增量改革战略,在大体维持国有经济现有体制的条件下,容许私有经济发展和引入部分市场机制,使中国经济出现了命令经济和市场经济双轨并存的状态。由于命令经济是一种由行政命令支配的经济,而市场经济则是由各市场利益主体利益支配的经济,双重体制和双重运行规则并存就必然造成"权力搅买卖"的巨大寻租活动空间。例如,在改革开放之初,国有企业获得了销售产品的自主权。"双轨制"在促进国有企业作出帕累托改进和为民营企业提供经营条件等方面起了重要的作用。但是在另一个方面,双重体制和双重规则的交织,又使某些有权力背景的人获得巨大的"寻租"机会。这些被称为"官倒"的人们靠倒卖调拨指标在短时间内成为巨富。一时间,"官倒"成为腐败的代称和全民议论的焦点。——这段话很复杂,关键词多,令人费解。"双重体制"、"双轨制"、"双轨并存"、"双重规则"、"权力搅买卖"等,归结起来一句话,就是国有企业和命令经济导致腐败。有些经济学家认为,腐败是改革的"润滑剂"、"次优选择",要"利用腐败推进改革"。吴敬琏先生认为,腐败不是市场化改革带来的,而是市场化改革不到位、国有企业垄断、政府不放权造成的。这种观点不符合实际。过去,在计划经济条件下,中央政府权力最大,国有企业没有经营自主权,腐败现象比较罕见。改革开放以后,中央政府权力下放,国有企业有了经营自主权,私营企业不断发展,权钱交易不断发生,腐败现象泛滥成灾。腐败现象的本质是以权谋私、"拜金主义"。因此可以肯定,腐败现象与"拜金主义"的价值观有必然联系,与政府权力大小、国有企业多少没有必然联系。西方国家也有腐败现象。

吴敬琏先生坚持认为,"国有经济改革必须奋力过关","实现国有企业从竞争性行业退出。除少数需要国家垄断经营的企业外,对绝大部分国有独资或国有控股的大企业集团实行股份制改造,使它们成为自主经营、自负盈亏、有效治理的现代公司。"——这种观点是否切实可行,令人感到怀疑。疑问一:假设政府下令国有企业退出竞争领域,那不就是吴敬琏先生一贯反对的"命令经济"吗？如果国有企业工人不服从,反对"退出"怎么办？疑问二:国有企业改成股份公司,就能提高经济效益、消除腐败现象吗？上市公司亏损的现象很多,公司老总以权谋私搞腐败屡见不鲜,长期亏损的公司要不要再改制？疑问三:假设国有企业全部退出竞争领域,让位给私营和外资企业,中国就能实现共同富裕吗？私营企业的竞争规律是优胜劣汰、两极分化。外资企业的投资目标是追求利润最大化。依靠发展私营经济和外资经济,不可能实现共同富裕。美国就是私有化、自由化、市场化国家,GDP世界第一,"共同富裕"四个字,从来不敢想,也不敢提。从"华盛顿共识"、"华尔街危机"到"占领华尔街",显示"美国模式"已经幻灭。2008年12月26日,美国《侨报》发表社论指出:2008年的金融风暴,要害不是经济的崩溃,而是模式的幻灭……危机过后,美国经济模式,包括华尔街模式,将走下神坛,接受历史的拷问。这将是留给世界各国,尤其是包括中国在内的发展中国家,最宝贵的教训。

邓小平说过:"在中国现在落后的状态下,走什么道路才能发展生产力,

▶ >> **中国需要什么样的市场经济**

才能改善人民生活?这就又回到是坚持社会主义还是走资本主义道路的问题上来了。如果走资本主义道路,可以使中国百分之几的人富有起来,但是绝对解决不了百分之九十几的人的富裕问题。而坚持社会主义,实行按劳分配的原则,就不会产生贫富过大的差别。"[1]邓小平还说:"在改革中我们始终坚持两条根本原则,一是以社会主义公有制经济为主体,一是共同富裕。"[2]只有坚持公有制为主体,才能实现共同富裕。江苏省华西村就是共同富裕的先进典型。华西村没有贫困户,也没有暴发户,而是依靠发展集体经济,实现共同富裕,显示了社会主义制度的优越性。

(本文原载于《当代经济研究》2011年第12期)

---

[1] 《邓小平文选》第3卷,人民出版社1993年版,第64页。
[2] 同上,第142页。

全面深化改革能以"西方的理论为指导"套搬西方模式吗?

程言君

(徐州市委党校教授)

目前,全国干部培训,包括党校系统教职工尤其教员,大多在联系实际深入学习习近平系列讲话、党的十八届三中全会决定等中央精神。其间,大家对吴敬琏教授(以下简称吴先生)的研究有诸多疑惑。现就几个原则问题,因较具普遍意义而公开发表出来,请吴先生公开释疑解惑。

应该说明:所以这样,除了不可能直接向吴先生请教外,更重要的,是因为吴先生对改革开放的非同寻常的影响。这种影响如吴先生好友在"《吴敬琏文集》首发式暨中国改革座谈会"发言所誉:"是一个很重要的旗手";"是呼吁宪政的经济学的学者";"推动的事业也的确是中国的核心";"现在大家的改革说穿了就是要让中国的民族资本摆脱官僚资本的摧残","不仅在中国的市场化改革开放,在中国的法制宪政各种改革方面都为大家做出了榜样";至"2012 年 3 月'加强顶层设计进一步推进改革',前后 32 年,一以贯之坚持一套想法,一个主张,矢志不渝推进,这个值得大家所有人学习。"[①]即 30 多年一以贯之地"以西方的理论为指导"研究改革开放,证明吴先生确实是我国的新自由主义"旗手"。[②] 所谓"西方的理论",即新自由主义。对此,夏小林有系统研究[③]。对此,马国川有最新写照:以新自由主义代表人物弗

---

① 摘自《吴敬琏文集》首发式暨中国改革座谈会发言实录。搜狐财经讯网》2013 年 5 月 11 日。
② 吴敬琏:我国建立现代市场经济制度"没有以西方的理论为指导,这一艰巨任务是不能完成的"。
③ 见夏小林:《著名公众人物接二连三杜撰中央文件观点》,《香港传真》No. 2010 - 7;《管理学刊》2012 年第 2 期、第 3 期:《"普世价值"的"欧美模式"不能救中国——四评吴敬琏"社会主义模式论"》(上下)。

> 中国需要什么样的市场经济

里德曼等人的观点为指导框定全面深化改革目标模式。①

一、全面深化改革能把新自由主义奉为圭臬吗?

党的十八届三中全会决定通过的第二天,《投资时报》刊发了马国川关于吴先生奉新自由主义为改革开放圭臬的生动写照:以新自由主义代表人物弗里德曼30多年前的1988年来中国访问时的观点,以及约翰·麦克米兰的观点为指导,论证"自由竞争是市场制度的灵魂",主张全面深化改革目标是建立不要宏观调控的完全自由市场经济和"有限政府"、"有效政府"。②这一观点的商榷容后讨论,这里首先应讨论的是改革指导思想。大家对照中央关于全面深化改革必须以马克思主义(本文泛指马克思列宁主义、毛泽东思想和中国特色社会主义理论体系)为指导的精神,特别想问吴先生:为何把新自由主义奉为圭臬?应如何理解全面深化改革必须以马克思主义为指导?

2013年年初(1月5日),习近平在中央党校发表重要讲话强调:"全党同志必须坚持以邓小平理论、'三个代表'重要思想、科学发展观为指导,坚持实践是检验真理的唯一标准","中国特色社会主义是社会主义而不是其他什么主义,科学社会主义基本原则不能丢,丢了就不是社会主义。"③年底,党的十八届三中全会决定再次强调:"全面深化改革,必须高举中国特色社会主义伟大旗帜,以马克思列宁主义、毛泽东思想、邓小平理论、'三个代表'重要思想、科学发展观为指导。"

另外,大家还结合《中共中央关于加强和改进新形势下党的建设若干重大问题的决定》,从"四个划清"(四个划清即:自觉划清马克思主义同反马克思主义的界限,社会主义公有制为主体、多种所有制经济共同发展的基本经济制度同私有化和单一公有制的界限,中国特色社会主义民主同西方资本主义民主的界限,社会主义思想文化同封建主义、资本主义腐朽思想文化的

---

① 马国川:《吴敬琏:改革核心问题是处理好政府和市场的关系》,载于《投资时报》,2013年11月13日。
② 《投资时报》2013年11月13日马国川文:《吴敬琏:改革核心问题是处理好政府和市场的关系》。本文未注明出处的引文均源于此,以下不再加注。
③ 《习近平在新进中央委员会的委员、候补委员学习贯彻党的十八大精神研讨班开班式上的重要讲话》,载于《人民日报》,2013年1月6日。

界限。①)视角分析了吴先生把新自由主义奉为改革开放圭臬的情况,觉得吴先生似乎根本就不是划没划清四个理论界线,而是丢了马克思主义,尤其丢了科学社会主义基本原则。

当然,党的十八届三中全会决定通过的第二天就发表相悖观点,或许是时间巧合,但是,"前后32年,一以贯之"又如何解释呢?

二、何谓"消除国有企业以及某些得到政府官员青睐的非国有企业的行政垄断特权"?

近两年来,吴先生一再强调"中国目前的经济体制仍然是一种半统制、半市场的混合体制",主张"消除国有企业以及某些得到政府官员青睐的非国有企业的行政垄断特权","实行宪政";"中国所要选择的民主,只能是宪政民主。"②对此,大家有两个疑问。一是就"消除国有企业以及某些得到政府官员青睐的非国有企业的行政垄断特权"这句话的复杂性产生的疑问:为什么不能通俗一点呢?当然,大家认为如此复杂费解的句子确实显示了吴先生高深的理论和文字水平,一般学者即便呕心沥血也难以"抠"出来。二是理解上产生的疑问。何谓"消除国有企业"?是全面私有化吗?何谓"某些得到政府官员青睐的非国有企业的行政垄断特权"?不就是指现有中国特色社会主义国家政权啊?如果是,那么,这句话就是通过全面私有化,消除中国特色社会主义经济基础以及树立其上的国家政权。就此把握这句话,结论就是:所以复杂绕口,旨在欲盖弥彰!即冒昧地认为:因为消除中国特色社会主义经济基础和国家政权这句话不能直说,而不说又不足以表达真实意图,只好"抠"出这么复杂绕口的句子。当然,这一结论不仅基于字面的理解,还基于郑志学的有关研究。他认为"'宪政'主张指向非常明确,就是在中国取消共产党的领导,颠覆社会主义政权"。③也就是说,大家认同郑

---

① 《中共中央关于加强和改进新形势下党的建设若干重大问题的决定》,载于《人民日报》2009年9月28日。
② 吴敬琏:《改革核心目标是建立竞争性市场体系》,载于《上海证券报》2013年4月11日;《中国经济社会矛盾几乎到了临界点》,载于《财经》2012年第22期。
③ 郑志学:《认清"宪政"的本质》,载于《党建》2013年第6期。

中国需要什么样的市场经济

志学的一针见血直抒胸怀的爽快,而不认同吴先生的两个"消除"及其晦涩曲折表达。

必须"消除国有企业"吗?党的十八届三中全会决定指出:"公有制为主体、多种所有制经济共同发展的基本经济制度,是中国特色社会主义制度的重要支柱,也是社会主义市场经济体制的根基";"必须毫不动摇巩固和发展公有制经济,坚持公有制主体地位,发挥国有经济主导作用,不断增强国有经济活力、控制力、影响力。""必须毫不动摇鼓励、支持、引导非公有制经济发展,激发非公有制经济活力和创造力。"①可见,对于国有企业不仅不能"消除",而且要"巩固和发展","不断增强国有经济活力、控制力、影响力",保障其在国民经济中的主体地位和发挥主导作用。

当然,大家注意到吴先生这句话是在党的十八届三中全会召开前夕说的,不符合党的十八届三中全会精神并不意味着有意违背。不过,大家对吴先生主张"消除"国有企业的同时强调实行"宪政",十分意外。吴先生作为过来人,对"宪政"不仅有研究,而且有体会,应该深知"宪政"是资本主义制度的代名词,有其特定的历史内涵。因为几百年来的宪政史证明,其"主权在民"之"民"主要指大资产阶级,非广大人民群众之民。其私有财产神圣不可侵犯、多党制、议会民主、三权分立制度以及其社会意识形态等,无不是维护资本主义制度和资本集团间权力、利益分配均衡。所谓"宪政",说白了,说到底,就是借助国家机器以法的形式把资本主义雇佣劳动关系制度固化下来,希望永恒下去。因而,大家难以理解吴先生把"实行宪政"作为全面深化改革目标模式,因为这几乎是从经济体制到政治体制全盘套搬西方模式啊!这方面,邓小平的一针见血令人折服。他说:"资本主义社会讲的民主是资产阶级的民主,实际上是垄断资本的民主,无非是多党竞选、三权鼎立、两院制。我们的制度是人民代表大会制度,共产党领导下的人民民主制度,不能搞西方那一套。"②

---

① 《中共中央关于全面深化改革若干重大问题的决定》,载于《求是》2013年第22期。
② 《邓小平文选》第3卷,人民出版社1993年版,第240页。

三、改革开放前的社会主义建设一无是处吗？能够甚至必须全盘否定吗？

这个问题，是大家学习习近平关于新中国社会主义建设一以贯之不容否定的重要讲话精神时，联系吴先生全盘否定改革开放前的社会主义建设观点提出来的。

习近平指出："我们党领导人民进行社会主义建设，有改革开放前和改革开放后两个历史时期，这是两个相互联系又有重大区别的时期，但本质上都是我们党领导人民进行社会主义建设的实践探索。中国特色社会主义是在改革开放历史新时期开创的，但也是在新中国已经建立起社会主义基本制度、并进行了20多年建设的基础上开创的。虽然这两个历史时期在进行社会主义建设的思想指导、方针政策、实际工作上有很大差别，但两者绝不是彼此割裂的，更不是根本对立的。不能用改革开放后的历史时期否定改革开放前的历史时期，也不能用改革开放前的历史时期否定改革开放后的历史时期。"①

但吴先生却恰恰相反，认为改革开放前建立在公有制基础上的计划经济体制来实现民族振兴的宏大尝试"以失败而告终"，"把整个社会变成牢笼和使上亿人遭到迫害"，"正是因为有了市场化改革对于严峻挑战的成功应对，才迎来了今日的辉煌。"②大家对于吴先生这样全盘否定甚至抹黑改革开放前的社会主义建设时期很不以为然。改革开放前的社会主义建设一无是处吗？能够甚至必须全盘否定吗？

大家认为，大概正是因为吴先生"这类观点"，还包括民主社会主义和历史虚无主义等。而《中国社会科学报》2013年12月9日"专家观点集萃"中程言君则认为：危害最为深层也最为严重的，莫过于新自由主义全面私有化、一切市场化、极端自由化的假改革、真西化，导致中国特色社会

---

① 《习近平在新进中央委员会的委员、候补委员学习贯彻党的十八大精神研讨班开班式上的重要讲话》，载于《人民日报》，2013年1月6日。
② 吴敬琏：《中国经济60年》，载于《财经》2009年第20期。

主义经济基础、政治基础和社会基础严重弱化;言辞最为肆意也最为决绝的,莫过于民主社会主义针对只有社会主义才能救中国的历史结论,而提出"只有民主社会主义才能救中国";用心最为隐蔽也最为阴狠的,莫过于历史虚无主义对中华民族实现伟大复兴辉煌历史的全盘否定。① 习近平在纪念毛泽东同志诞辰120周年座谈会上进一步明确指出:"中国特色社会主义不是从天上掉下来的。""改革开放前的社会主义实践探索,是党和人民在历史新时期把握现实、创造未来的出发阵地,没有它提供的正反两方面的历史经验,没有它积累的思想成果、物质成果、制度成果,改革开放也难以顺利推进。"②

大家学习习近平总书记这段讲话时回顾了新中国这段历史,认为即便仅就经济建设来说,不仅不是"以失败而告终",而且是极其伟大的。这种伟大,在于建立起独立的比较完整的工业体系和国民经济体系,取得GNP年均增长6.1%这一"可以跻身同期世界最快之列"③的高速度,不仅是在"一穷二白"基础上,而且是在计划经济体制存在资源配置决策过分集中的制度缺陷,并出现大跃进和过度公有化等探索前行失误的情况下。其重大意义,邓小平说:"社会主义革命已经使我国大大缩短了同发达资本主义国家在经济发展方面的差距。大家尽管犯过一些错误,但大家还是在30年间取得了旧中国几百年、几千年所没有取得的进步。"④以致美国历史学家莫里斯·迈斯纳这样高度评价:毛泽东时代的现代化"是世界上最伟大的现代化时代之一,与德国、日本和俄国等几个现代工业舞台上的后起之秀的工业化最剧烈时期相比毫不逊色"。⑤

所以,大家对吴先生全盘否定改革开放前的社会主义建设感到惊讶,因而很想知道依据何在?但吴先生有观点没论证,也没依据,很令人失望!

---

① 详见程言君、徐敏、程昊:《正本清源:夯实全面深化改革的思想理论和舆论基础》,载于《马克思主义研究》2014年第5期。
② 《习近平在纪念毛泽东同志诞辰120周年座谈会上的讲话》,载于《人民日报》,2013年12月27日。
③ 《程恩富选集》,中国社会科学出版社2010年版,第590页。
④ 《邓小平文选》第2卷,人民出版社1994年版,第167页。
⑤ 转引自《中外著名人士谈毛泽东》,大众出版社1999年版,第233页、第243页。

四、解决腐败、贫富差距巨大和官民矛盾靠走"邪路"吗？

"道路决定命运"，"道路问题是关系党的事业兴衰成败第一位的问题，道路就是党的生命"，这是学习习近平系列讲话等中央精神首先必须掌握的内容。因而，大家在学习中，从这个视角对吴先生把贫富两极分化、腐败严重和官民矛盾尖锐，归咎于公有企业规模大、政府权力过大而寻租空间大，[1]不仅觉得匪夷所思，而且认为从"消除国有企业以及某些得到政府官员青睐的非国有企业的行政垄断特权"的"顶层设计"目标模式看，具有导入"改旗易帜邪路"的客观作用。

实际上，当前我国贫富差别巨大、腐败严重、出现官民矛盾激化现象各有其因，不应也不能一概而论。贫富差别巨大主要根源于过度私有化导致的三个后果：削弱了公有经济的主体地位，大量公有资产在私有化中为少数人所攫取，劳资收入分配不合理乃至违法性拉大（如严重压低甚至拖欠乃至克扣工人工资等）。当然，也与社会主义产权制度尤其与按劳和按人力产权分配制度[2]的建构完善不够有关。行政腐败暴富和部分国有企业高管年薪过高所致奇富，应不属于贫富差别拉大的决定性原因。腐败的种类和原因虽然很多，但几乎无不根源于经济腐败。而影响最大也最严重的经济腐败，莫过于私有资本（包括外资）对政府官员的腐蚀。同时，也与过度私有化包括过度引进外资，所致资本收入与劳动收入差距分化致使素质不高官员"眼红"密切相关。官民矛盾激化现象的主要原因，是有关官员忘却为人民服务宗旨而喧宾夺主甚至剥夺人民权益造成的。其次也与惩治腐败和遏制形式

---

[1] "强政府、大国企"，"日益强化的资源配置的权力和对经济活动的管制造成的最严重的后果，是强化了寻租活动的制度基础，导致腐败迅速蔓延和贫富差别日益扩大，官民矛盾激化。"并"形成了一个恶性循环的怪圈——政府的控制越是加强，寻租的制度基础就越大，腐败也就越严重；而腐败越是严重，在某种错误的舆论导向下，也越有理由要求加强政府和国有企业的控制力"。吴敬琏：《中国经济的未来方向》，载于《中国经济新闻网》，2013 年 8 月 7 日。

[2] 按劳和按人力产权分配制度是人力产权型现代企业制度分配制度，指按劳、按资和按人力产权分配相结合，以按劳和按人力产权为主分配的制度。这一企业分配制度扬弃了资本产权型现代企业制度利润分配仅向精英高管人力产权实现倾斜，利润基本由资本产权独享的不公平性质，建构了按劳和按人力产权分配为主、按资分配为辅有机结合的企业发展动力机制，是人力产权型现代企业制度对资本产权型现代企业制度在企业利润分享主体和分享份额两个方面对激励谁（是物力资本还是人力资本）上实现的革命。程言君：《现代企业制度的革命：资本产权型到人力产权型》，载于《马克思主义研究》2012 年第 9 期。

主义、官僚主义、享乐主义、奢靡之风制度乃至法规不完善,执行不到位密切相关。因而,把这些问题笼统地归咎于公有企业规模大、政府权力过大而寻租空间大的观点只是说了个表象,不仅没有触及问题实质,也不符合历史事实,根本就不成立,具有误导性。

很显然:如果吴先生这一观点成立,那么,改革开放前夕我国贫富差别、腐败程度和官民矛盾应是最严重的历史时期,因为那时公有企业规模最大、政府权力最大而寻租空间也最大,但事实上恰恰相反。吴先生作为过来人,犯如此违反历史常识的错误让大家很纳闷。当然,问题的严重性并不在这里。当大家把这一常识性错误所具有的一举否定改革开放前后两个历史时期的客观效果,与"消除国有企业以及某些得到政府官员青睐的非国有企业的行政垄断特权",建立"有限、有效政府"和完全自由市场经济"顶层设计"目标模式结合起来分析后,再次得出了"在中国取消共产党的领导,颠覆社会主义政权"走"邪路"的结论!这,让大家愕然:吴先生何以把什么事情都往走"邪路"上引,连历史常识都不顾了!

五、全面深化改革目标是建立西方"有限、有效政府"和不要宏观调控的"自由竞争"市场经济吗?

党的十八届三中全会决定确定的全面深化改革总目标,是完善和发展中国特色社会主义制度,推进国家治理体系和治理能力现代化。围绕这一总目标,一是明确重点是经济体制改革,核心问题是处理好政府和市场的关系,使市场在资源配置中起决定性作用和更好发挥政府作用;二是明确我国"坚持人民主体地位"的人民政府的政治职责和经济职责。政治职责即保障人民当家做主,宗旨是为人民服务;经济"职责和作用是保持宏观经济稳定,加强和优化公共服务,保障公平竞争,加强市场监管,维护市场秩序,推动可持续发展,促进共同富裕,弥补市场失灵。"习近平在对党的十八届三中全会决定作说明时引用邓小平的话强调:"'不坚持社会主义,不改革开放,不发展经济,不改善人民生活,只能是死路一条。'回过头来看,我们对邓小平同志这番话就有更深的理解了。所以,我们讲,只有社会主义才能救中国,只有改革开放才能发展中国、发展社会主义、发展马克思主义。"同时,还特别指出:"我们实行的是社会主义市场经济体制,我们仍然要坚持发挥我国社会主义制度的优越性、发挥党和政府的积极作用。市场在资源配置中起决定性作用,并不是起全部作用。""强调科学的宏观调控,有效的政府治理,是发挥社会主义市场经济体制优越性的内在要求。"大家深入学习了这些中央精神后,对吴先生的顶层设计目标模式论深感莫名其妙。

如前所述,吴先生引用新自由主义代表人物弗里德曼、约翰·麦克米兰等人的观点,论证了"自由竞争是市场制度的灵魂",主张全面深化改革的目标是建立不要宏观调控的完全自由市场经济和"有限政府"、"有效政府"。同时,还严厉地批评了"'社会主义市场经济'就是在党政领导的驾驭之下的市场制度"的观点。这是谁的观点?吴先生没说,遍查党政文件、教科书和学界研究均无果。从吴先生特别批评"中国的土地征购市场就是一个典型的'伪市场'",以及一直以来的"半统制、半市场"观点看,就是指我国现有社会主义市场经济体制。吴先生这样先把现有经济体制缺陷夸大甚至歪曲然后再进行否定,使大家联想到上述吴先生先把改革开放前的历史时期抹黑为"把整个社会变成牢笼和使上亿人遭到迫害",然后再全盘否定的情况,大家就觉得好失望:这是什么逻辑啊?

众所周知,"有限政府"、"有效政府"论是近代西方自由主义的制度建构理论。大家注意到吴先生以此理论指导我国改革时不是完全套搬,而是对"有限政府"、"有效政府"范畴的内涵进行了"创新"。"所谓有限政府,是和计划经济下的全能政府(无限政府)相反的政府形态。""所谓有效政府,则是政府应当在纳税人的监督之下,改善政府的管理,杜绝贪污和浪费,做到低成本、高效率地为公众提供服务。"那么,何谓"计划经济下的全能政府"?不就是新中国60多年一直延续至今的政府吗?现在主张建立"有限政府"、"有效政府",当然是因为"计划经济下的全能政府"的全能和无效。不必说"计划经济下的全能政府"是否真的全能和无效,就全盘否定"计划经济下的全能政府"而言,如果说吴先生前述以改革开放后的历史时期全盘否定改革开放前的历史时期,还肯定了改革开放后的中国特色社会主义建设成就,那

中国需要什么样的市场经济

么这里,就把整个新中国社会主义建设全盘否定了!给人的感觉是:以改革开放后全盘否定改革开放前只是阶段性目的,或者,只是手段,全盘否定新中国60多年社会主义建设才是最终目的。再就建立不要宏观调控的完全自由市场经济和西方"有限政府"、"有效政府"、"改革"取向而言,吴先生主张的全面深化改革目标就一目了然了:全面套搬西方模式。即把中国特色社会主义制度全面深化"改革"为欧美模式。

当然,完善和发展中国特色社会主义制度,应注意借鉴西方"有限政府"、"有效政府"论中遏制官僚主义、行政腐败的合理成分。但这里问题的实质不是应否或如何借鉴西方政府论,而是建立什么性质的政府和市场经济体制问题,说到底是走什么道路的问题。因而,尽管问题的答案不言而喻,大家还是想请吴先生正面回答:全面深化改革目标是把我国人民政府"改革"为西方"有限政府"、"有效政府",并建立不要宏观调控的完全"自由竞争"的市场经济吗?

其实,西方"有限政府"、"有效政府"与新中国人民政府历史本质完全不同,不应也不能不加区分地同日而语,这是连中学生都应该明白的事情,为什么吴先生就不明白呢?而且,"前后32年,一以贯之",就更让大家不明白了。

对于东西方政府的性质不同和遏制官僚主义等问题的举措相互借鉴问题,似乎还需赘言几句。我国政府作为中国共产党领导下的人民当家做主政府,宗旨是为人民服务。就宗旨而言,具有无限性质,能用西方有限政府论加以改造限制吗?另外,大家还对吴先生主张"为公众服务"而不是主张为人民服务感到太"西化"了。如果"为公众服务"就等于为人民服务倒也没什么,问题是西方政府论的"为公众服务",在西方语境和社会中的实质是为垄断资产阶级服务。不是吗?连一向标榜民主和新闻言论自由的美国政府,在"占领华尔街"运动中,逮捕、关押甚至杀害了多少平民啊!甚至连新闻记者也不放过,其垄断资产阶级"守夜人"本质暴露得再清楚不过了。所以,大家的问题是:为什么不使用大家喜闻乐见的为人民服务,而使用"为公众服务"这种打着西方烙印有着特定历史内涵的术语呢?

其实,西方"有限政府"、"有效政府"论中,遏制政府官僚主义、行政腐败一类的观点,并不是西方的发明。我国各级人民政府自建立之日起就注意建设廉洁政府的内涵,远比西方政府论有关论述丰富正确得多。新中国成立之初的"三反"、"五反"及至后来的枪毙刘青山、张子善,到当下"踏石留印,抓铁有痕"地强力反腐、刹"四风"、开展群众路线教育等,都充分说明了这一点。对此,值得一提也值得自豪的是,毛泽东早在新中国成立前就找到了有效解决官僚主义、行政腐败一类的办法,那就是请人民群众监督政府,让人民当家做主。应该肯定,人民群众监督政府,让人民当家做主,才是消除官僚主义和腐败一类现象的根本办法,也是西方政府论中没有也不可能有的西方政府无法施行的最好办法。从这个意义上说,西方政府论的某些正确做法,我们可以借鉴,而我们的这种最好办法,西方政府却难以借鉴。就此而言,我们的好东西不去珍惜、完善,却仰人鼻息甚至奉为圭臬地退回去学西方,就难免让人贻笑大方了。有人指责吴先生有殖民心态,虽有失尊敬,但他们却是认真的,并无恶意。

当然,这不是说吴先生的观点一无是处。如"当前我国经济体制的最主要缺陷,在于政府过多的行政干预和深度介入微观经济活动,广泛的行政干预和国有大企业的行政垄断,压制了独立自主的企业作为市场主体、技术创新主体的主动性和创造性",等等,虽然这些说法不是很准确,对错掺杂,却也揭示了一些全面深化改革的原因。但这里的实质,是如何认识这些缺陷。其实,这些缺陷不是社会主义市场经济体制的本质现象,而是还不完善、政府和市场的关系还没有处理好的非本质现象,是完善社会主义市场经济体制所要解决的现象。要不,怎么叫缺陷呢?应该相信,只要按照党的十八届三中全会的部署严格规范政府和国有企业的行为边界,加紧完善社会主义市场经济体制,这些缺陷是完全可以得到遏制或彻底消除的。即便一时不能彻底消除,也不能以新自由主义为指导退回资本主义模式啊!

对于如何正确理解党的十八届三中全会决定关于政府与市场关系的精神,大家认为中国社会科学院学部委员程恩富的研究值得信赖。他说:"中国特色社会主义的'市场决定作用论'与中外新自由主义的'市场决定作用论'有着天壤之别。前者有下列五个特点:一是与国家宏观调控和微观规制并存;二是限于一般资源的短期配置,而非地下资源等特殊资源和一般资源的长期配置;三是文化、教育等某些非物质资源配置,只是引进适合本领域的市场机制,而非市场决定;四是公有制为主体、国有经济为主导,并体现在市场经济体系和市场活动中;五是在财富和收入分配领域由市场和政府各自发挥应有的调节作用,国民收入初次分配中市场作用大些,再分配中政府作用大些。"并指出:"三中全会强调双重调节思想的重要意义在于,今后需要将市场决定性作用和更好发挥政府作用看作一个有机整体。既要用市场调节的优良功能去抑制'国家调节失灵',又要用国家调节的优良功能来纠正'市场调节失灵',从而形成高效市场和高效政府的'双高'格局。这样,既有利于发挥社会主义国家的良性调节功能,同时在顶层设计层面避免踏入新自由主义陷阱和金融经济危机风险。这根本不是某些中外新自由主义的市场决定作用论者所说的中国仍在搞'半统制经济'、'权贵资本主义'和'国家资本主义',也不是宣扬不要国家调控的竞争性市场机制的所谓'现代市场经济体制',更不是搞市场原教旨主义和'唯市场化'改革,规避必要的政府宏观调控和微观规制。"[①]

[①] 程恩富:《要分清两种市场决定性作用论》,载于《环球时报》,2013年12月10日。

重启什么样的改革?

某些人所谓的改革，应该换个名字，叫做自由化，即资本主义化。他们"改革"的中心是资本主义化。我们讲的改革与他们不同，这个问题还要继续争论的。

——邓小平在1989年5月31日同两位中央负责同志的谈话
（《邓小平文选》第3卷，人民出版社1993年版，第297页）

道路问题是关系党的事业兴衰成败第一位的问题，道路就是党的生命……中国特色社会主义是社会主义而不是其他什么主义，科学社会主义基本原则不能丢，丢了就不是社会主义。一个国家实行什么样的主义，关键要看这个主义能否解决这个国家面临的历史性课题。历史和现实都告诉我们，只有社会主义才能救中国，只有中国特色社会主义才能发展中国，这是历史的结论、人民的选择。随着中国特色社会主义不断发展，我们的制度必将越来越成熟，我国社会主义制度的优越性必将进一步显现，我们的道路必将越走越宽广。我们就是要有这样的道路自信、理论自信、制度自信，真正做到"千磨万击还坚劲，任尔东西南北风"。

——习近平2013年1月5日在新进中央委员会的委员、候补委员学习贯彻党的十八大精神研讨班开班式上的讲话
（《人民日报》2013年1月6日第1版）

一位严肃的学者起码要尊重事实
——谈《中国经济改革二十讲》中的几点事实真相

有 林

(《求是》杂志社原总编辑、研究员)

最近翻了一下三联书店2012年12月出版的吴敬琏、马国川所著《中国经济改革二十讲》(以下简称《二十讲》,凡引自本书的话,只注页码),发现不符合事实之处颇多。现将我参与的几件事写出,还其本来面目。其中有的早就澄清过,但现在又在书中出现,只好简要复述。

一、所谓批判"商品经济论"

《二十讲》说:1979年3月国务院出台"调整、巩固、充实、提高"八字方针后,"一些支持改革前旧路线和旧体制的理论家、政治家趁机发动了对'商品经济论'的批判。"(《二十讲》第65页)其实这本书的第一个作者,早在1998年就这样说过。他的另一个合唱者高尚全先生进一步引申:在参加讨论《中共中央关于经济体制改革的决定》时,"我主张把商品经济的概念提出来……当时的阻力很大,有的同志不赞成,说这怎么能行呢?这变成资本主义怎么行呢?后来就找了20个思想比较解放的经济学家过来开座谈会。大家在座谈中都认为应把商品经济提出来。根据座谈会的情况写报告向中央反映。中央根据多方面反映和呼声,下决心把商品经济的概念写进《决定》。"① 这里有两点要弄清楚。

一点是,关于商品经济的概念是什么时候提出来的。往前说,1958年

---

① 高尚全:《用历史唯物主义评价中国改革》,载于《经济观察报》,2005年10月3日。

> 中国需要什么样的市场经济

毛泽东就两次运用过"商品经济"的概念。一次是在《关于社会主义商品生产问题》的讲话中,一次是在读斯大林《苏联社会主义经济问题》谈话中。"文化大革命"后,1978年6月中央召开全国财贸学大庆学大寨会议。在为会议起草文件时,曾考虑用不用"商品经济"的提法。当时主报告的修改人胡乔木说,在西文中除俄文外,都是用商品生产和商品交换,没有商品经济的概念。他懂英文,也懂德文。为了处理得更周到,他还和一些搞外文工作的同志商量,一致认为商品生产和商品交换合起来就是俄文中的商品经济,二者是一个意思。考虑到过去的情况,主要用前一个提法,但也可以使用后一个提法。在李先念的开幕词中,就是两种提法并用的。

另一点是,当时是不是展开"对'商品经济论'的批判"了呢?据我所知,不是展开批判,而是在与商品生产和商品交换相同的意义上进行了宣传。时任国务院财贸小组副组长的邓力群,1979年3月12日在国家经委企业管理研究班讲话,题目就是《商品经济的规律和计划》。讲话提出要大力发展商品经济,指出:"我们所说的商品经济,既包括生产,也包括流通。发展商品经济,要发展商品生产,也要发展商品流通。""发展商品经济,就要尊重商品经济的规律,按照价值规律办事,这是发展商品经济的前提和基础。"讲话赞成斯大林说社会主义商品生产"是没有资本家参加的商品生产",并补充说,社会主义的商品生产和资本主义的商品生产"最根本的界限就是劳动力不是商品"。讲稿于同年7月由人民出版社出版。同年8月27日,邓力群在国家经委、全国总工会举办的第三期企业管理研究班上讲话,题目是《谈谈计划调节和市场调节》。讲话针对着把社会主义经济分为两大块指出,"我们认为,社会主义经济是统一的商品经济。整个生产,包括消费资料的生产,生产资料的生产,都是商品生产;不仅在流通领域,或者说流通过程,而且在生产领域,或者说生产过程,价值规律都起调节作用。我们的这种提法,比起斯大林的提法,是大大前进了。"讲话稿于同年11月由人民出版社出版。本人可能孤陋寡闻,"新八字方针"提出后,还没有听见过有谁批判过商品经济。

二、关于十二大报告及其起草

《二十讲》说:"负责中共十二大文件起草的一位理论家(本书的第一位作者在《自选集》中已经点名是胡乔木——引者注)授意起草组部分成员写了一封给我的'来信',批评经济学家关于发挥价值规律的作用、把企业办成独立的经济实体、企业的经济活动主要由市场调节、改革的实质是要建立商品经济等意见。"胡乔木等人的这种"努力获得了成功,1982年中共十二大确认:'我国在公有制基础上实行计划经济','贯彻计划经济为主、市场调节为辅的原则'。这样一来,国有企业改革失去了方向。"(《二十讲》第65~66页)其实,这不过是重复本书第一位作者在1998年说过的话。那时他的结论是:由于这封信,"结果使得十二大的政治报告在计划与市场的问题上没有取得进展"。[①] 他的合唱者说:"1979年11月,小平同志刚提出'社会主义也可以搞市场经济',就受到'左'的干扰,主管理论工作的一位领导同志甚至批发了五位同志给他的信,你看,反对改革的声音多么大。"[②]

事实如何呢?

起草中共十二大报告时,人们正在深入学习和宣传邓小平主持起草的《关于建国以来党的若干历史问题的决议》。"必须在公有制基础上实行计划经济,同时发挥市场调节的辅助作用"是《决议》明确提出来的。起草中共十二大报告以此为依据是理所当然的。

不仅如此。在中共中央决定组织班子起草中共十二大报告前夕,邓小平和胡乔木、邓力群谈话时说道:"最重要的,还是陈云同志说的,公有制基础上的计划经济,市场调节为辅,全国一盘棋,主要经济活动都要纳入国家计划轨道。"[③]

有一点不妨提一下。就在讨论报告初稿时,起草班子中有一位同志不赞成两步走的战略部署,不赞成计划经济为主、市场调节为辅的原则,不赞

[①] 《吴敬琏访谈录》,载于《百年潮》1998年第2期。
[②] 高尚全:《用历史唯物主义评价中国改革》,载于《经济观察报》,2005年10月3日;《深化改革是中国的唯一出路》,载于《炎黄春秋》2006年第9期。
[③] 《陈云年谱(1905~1995年)》下卷,中央文献出版社2000年版,第293页。

> 中国需要什么样的市场经济

成提倡艰苦奋斗。报告中央后,邓小平、陈云和其他中央政治局常委,均表示不同意这位同志的看法,指示按原来确定的方针不变。

据笔者回忆,中央书记处会议、中央政治局扩大会议、党的十一届七中全会讨论报告稿时,都提出了一些修改意见,但对于包括计划和市场问题在内的重要方针和提法,都是肯定的。

稍有点党内政治生活常识的人都懂得,中央文件的基本精神和重要提法,都要由中央来决定,而不是起草班子愿意怎么写就怎么写的。何况许多足以说明情况的史料早已公开发表,时至今日还有人重复编造的谎言,实在令人难以理解。

中共十二大报告关于计划和市场问题的概述,是否像他的合唱者所说的,干扰了邓小平1979年11月的讲话了呢?看看邓小平讲话就可以看出:他的合唱者的说法不仅是对十二大报告的指责,也是对邓小平讲话的曲解。邓小平在说了"社会主义为什么不可以搞市场经济,这个不能说是资本主义"后紧接着说:"我们是计划经济为主,也结合市场经济,但这是社会主义的市场经济。"[①]邓小平明明白白地讲了"我们是计划经济为主,也结合市场经济"。把中共十二大报告所讲的计划经济为主、市场调节为辅说成是对邓小平上述谈话的"干扰",不是太离奇了吗?

现在简要地介绍一下五位同志的信和信的主要内容。

1982年8月6日党的十一届七中全会审议决定将报告稿提交党的十二大审议后,胡乔木拿来一份中国社会科学院办公室编印的上送材料,让参加起草经济部分的三位同志和另外两位有关同志好好研究一下,把意见写出来。这些同志研究后写了一封信,由林涧青、袁木、王忍之、有林、桂世镛五位同志签名,交给胡乔木,他批给了院办公室。信是我起草的,有责任把它说清楚。

这封信共1100多字,主要有两段。

一段是对社科院办公室编印的材料"没能全面地反映对经济体制改

---

① 《邓小平文选》第2卷,人民出版社1994年版,第236页。

革的不同意见"提出意见,认为"材料"名为"关于我国经济体制改革的不同意见",但对于多数同志的意见却未提及。比如不少同志认为,"我们过去的经济体制确有统得过多、过死等弊病,需要进行很大的改革,主张根据不同的情况给企业以不同的权利,主张运用价值规律和经济杠杆,发挥市场调节的辅助作用,等等。不过,他们不赞成把我们的现行体制说得一无是处,似乎三十多年来我们搞的是'在自然经济的基础上的计划经营方式',搞了什么'封建统制经济';不赞成取消作为计划经济基本标志的指令性计划;不赞成把国营企业都变成'独立的经济实体'。""材料"对于这些观点,只字不提。"把这种没有如实反映情况的材料上送中央领导同志,是不够严肃的。"

被"材料"置而不提的这段话中,有的提法如关于指令性计划等,由于后来情况的变化逐渐改变了,但在当时是符合实际、符合中央精神的。《中共中央关于经济体制改革的决定》也没有说取消指令性计划,而是说"要有步骤地适当缩小指令性计划的范围,适当扩大指导性计划的范围。对关系国计民生的重要产品中需要由国家调拨分配的部分,对关系全局的重大经济活动,实行指令性计划;对其他大量产品和经济活动,根据不同情况,分别实行指导性计划或完全由市场调节"。[①]《决定》在规定使企业真正成为"独立的经济实体"前边,还冠以"相对"二字。这充分说明,五位同志的信不仅同十二大报告的精神一致,同此后制定的《决定》的精神也并不矛盾,对此横加指责毫无道理。五位同志信的另一段,是不同意用下定义的笔法,把社会主义的经济概括为商品经济或有计划的商品经济。信是这样写的:"商品生产和商品交换已经存在了几千年,它是极不相同的生产方式所共有的现象。从商品生产的共同性(即商品生产一般)来说,它所表示的只是人们作为商品所有者互相对待。用商品关系概括不了资本主义经济的实质,更概括不了社会主义经济的实质。正如马克思所指出的:'只知道这些生产方式所共同的抽象的商品流通的范畴,还是根本不能了解这些生产方式的不同特征,

---

① 《十二大以来重要文献选编》(中),人民出版社1986年版,第569~570页。

中国需要什么样的市场经济

也不能对这些生产方式作出判断。'[1]在我国,尽管还存在着商品生产和商品交换,但是不能把我们的经济概括为商品经济。如果做这样的概括,那就会把在社会主义条件下人们之间共同占有、联合劳动的关系,说成是商品等价物交换的关系;就会认定支配我们经济活动的,主要是价值规律,而不是社会主义的基本经济规律和有计划发展的规律。这样就势必模糊有计划发展的社会主义经济和无政府状态的资本主义经济之间的界限,模糊社会主义经济和资本主义经济的本质区别。"

论者指责,这样说是否定商品经济,是对"商品经济论的批评"。在这里,论者混淆了两个不同的论断,即把在相当长的一个历史时期内都要发展商品经济和把我国社会主义经济概括为商品经济这两个论断混为一谈了。

具体负责中共十二大报告起草的胡乔木,他所反对的也是把社会主义经济概括为商品经济,对于商品经济他不仅不反对,而且是大力提倡的。笔者可以从亲身经历的事情中举一个例子来说明。1977年上半年,中央决定召开全国城乡商业学大庆学大寨的会。筹备期间,要为华国锋起草主题讲话稿,笔者参加了。胡乔木看过后,认为我们起草的稿子是写理论文章的口气,不像一个党的主席所做的报告。他着手进行大修改,实际上是重写了。他以商业为主题展开论述。人们都知道,商业是商品交换发达的形式,是与商品经济紧密联系的范畴。这样论述不仅更贴近实际,而且更深入了。

那么,五位同志的信说不能用商品经济来概括社会主义经济,同中央文件的精神一致不一致呢?中共十二大报告不用说了,就同党的十二届三中全会的《决定》和中共十三大报告比较一下吧。

中共十三大报告重申并进一步发挥了《决定》关于"社会主义经济是公有制基础上的有计划的商品经济"的概括,指出:"社会主义有计划商品经济的体制,应该是计划与市场内在统一的体制。"并且指出了"需要明确的几个

---

[1] 马克思《资本论》第1卷,人民出版社2004年版,第136页。

基本观念"，其中第一个就是："社会主义商品经济同资本主义商品经济的本质区别，在于所有制基础不同。建立在公有制基础上的社会主义商品经济为在全社会自觉保持国民经济的协调发展提供了可能，我们的任务就是要善于运用计划调节和市场调节这两种形式和手段，把这种可能变为现实。"①十分明显，这两个文件在讲到社会主义商品经济时，都有"在公有制基础上"的定语，用以表示社会主义商品经济的性质。胡乔木批发的五位同志的信，同这两个文件有什么抵触？又怎么"使十二大政治报告在计划与市场问题上没有能取得进展"，成了"反对改革的声音"？

当然，对于计划和市场之间的关系的判断是有变化的。这种变化，正如江泽民在十四大报告中所指出的，"是实践的发展和认识的深化"。认识来源于实践，把实践放在前面，是符合认识论的。

三、1989年年末至1990年提出"计划经济与市场调节相结合"是"回潮""倒退"吗？

《二十讲》指责1990年提"'计划经济与市场调节相结合'这个口号不妥当"（《二十讲》第121页）。而本书的第一位作者早在1998年就说过，1989年"政治风波"后提"'计划经济与市场调节相结合'的口号是从十二届三中全会和十三大后退"。② 他的合唱者说，"1990年，计划经济又回潮了"。③ 这就不能不令人想到其指责所向。

1989年6月9日，邓小平在接见首都戒严部队军以上干部时说："我们要继续坚持计划经济与市场调节相结合，这个不能改。实际工作中，在调整时期，我们可以加强或者多一点计划性，而在另一个时候多一点市场调节，搞得更灵活一些。以后还是计划经济与市场调节相结合。"④

1990年12月30日通过的《中共中央关于制定国民经济和社会发展十

---

① 《十三大以来重要文献选编》（上），人民出版社1991年版，第26～27页。
② 谢春涛：《关于计划经济与市场经济的论争——吴敬琏访谈录》，载于《百年潮》1998年第2期。
③ 《用历史唯物主义评价中国改革》，载于《经济观察报》，2005年10月3日；《深化改革是中国的唯一出路》，载于《炎黄春秋》2006年第9期。
④ 《邓小平文选》第3卷，人民出版社1993年版，第306页。

>> 中国需要什么样的市场经济

年规划和"八五"规划的建议》指出:"积极发展社会主义的有计划商品经济,实行计划经济与市场调节相结合,努力促进国民经济持续、稳定、协调发展。"江泽民在会议闭幕讲话的第三个问题,即"关于计划经济和市场调节相结合的问题"。他说:"《建议》提出,要在今后十年中初步建立适应以公有制为基础的社会主义有计划商品经济发展的、计划经济和市场调节相结合的经济体制和运行机制,并且提出了需要把握的若干要点。这是一项开创性的工作。"[①]这都是根据邓小平"六九"讲话的精神加以阐述的。

中共十二届三中全会所作的《关于经济体制改革的决定》和中共十三大报告也是如此。《决定》写道:"实行计划经济同运用价值规律、发展商品经济,不是互相排斥的,而是统一的,把它们对立起来是错误的。"[②]《报告》指出:"社会主义有计划商品经济的体制,应该是计划与市场内在统一的体制。"[③]

江泽民在庆祝中国共产党成立七十周年大会上讲话说:"建立适应社会主义有计划商品经济发展的、计划经济与市场调节相结合的经济体制和运用机制,既要遵循商品经济的一般规律,又要遵循社会主义经济的特有规律……我们既要充分发挥市场调节的积极作用,改变过去那种忽视市场作用、忽视价值规律的做法,同时要加强和改善国家的计划管理和宏观调控。坚持实行计划经济与市场调节相结合,是一项开创性工作。"[④]

应该说,"有计划的商品经济"同"计划经济与市场调节相结合"有区别,但并不很大,其共同点是主要的。因为两个提法都指明计划和市场相统一,强调在实践中必须妥善地运用这两种调节手段。硬把1992年上半年以前人们宣传"计划经济和市场调节相结合"说成是什么"回潮"、"倒退"是毫无根据的。

就是随着"实践的发展和认识的深化"提出"我国经济体制改革的目标是建立社会主义市场经济体制",在强调"我们要建立的社会主义市场经济体制,就是要使市场在社会主义国家宏观调控下对资源配置起基础性作用"

---

① 《十三大以来重要文献选编》(中),人民出版社1991年版,第1378页、第1432页。
② 同上,第569页。
③ 《十三大以来重要文献选编》(上),人民出版社1991年版,第26页。
④ 《江泽民文选》第1卷,人民出版社2006年版,第155页。

的同时,又强调"也要看到市场有其自身的弱点和消极方面,必须加强和改善国家对经济的宏观调控","更好地发挥计划和市场两种手段的长处"。"国家计划是宏观调控的重要手段之一"。我们之所以强调发挥市场和计划两种调节手段的作用,是因为我们的"社会主义市场经济体制是同社会主义基本制度结合在一起的"。生产决定交换和分配。"在所有制结构上,以公有制包括全民所有制和集体所有制经济为主体,个体经济、私营经济、外资经济为补充,多种经济成分长期共同发展,不同经济成分还可以自愿实行多种形式的联合经营。国有企业、集体企业和其他企业都进入市场,通过平等竞争发挥国有企业的主导作用"。①

党的十八大报告指出:"经济体制改革的核心问题是处理好政府和市场的关系,必须更加尊重市场规律,更好发挥政府作用……健全现代市场体系,加强宏观调控目标和政策手段机制化建设。"②党的十八届三中全会《决定》指出:"经济体制改革是全面深化改革的重点,核心问题是处理好政府和市场的关系,使市场在资源配置中起决定性作用和更好发挥政府作用。市场决定资源配置是市场经济的一般规律,健全社会主义市场经济体制必须遵循这条规律,着力解决市场体系不完善、政府干预过多和监管不到位问题。"同时该《决定》还指出,要"加快完善现代市场体系。建设统一开放、竞争有序的市场体系,是使市场在资源配置中起决定性作用的基础。必须加快形成企业自主经营、公平竞争,消费者自由选择、自主消费,商品和要素自由流动、平等交换的现代市场体系,着力清除市场壁垒,提高资源配置效率和公平性"。把发挥市场对资源配置的基础作用和加强国家的宏观调控,把运用市场和计划两种手段,发挥二者的长处,说成是"'半统制、半市场'的混合体制"(《二十讲》第4页),纯是新自由主义市场万能论的陈词滥调。

《二十讲》还说什么"对于中国改革的目标,20世纪80年代初期主要是两种不同的意见"。第一种意见主张"计划经济为主,市场调节为辅",并点

---

① 《江泽民文选》第1卷,人民出版社2006年版,第226~227页。
② 《中国共产党第十八次全国代表大会文件汇编》,人民出版社2012年版,第19页。

▶ 中国需要什么样的市场经济

出陈云持这种主张。另一种主张是由计划经济转变为市场经济，说"邓小平显然属于后一个阵营"。并且说在当时"主张实行市场经济的人们通常采取在政治上较为安全的方式，按照俄罗斯人的语言习惯，把市场经济称为'商品经济'，或者更加稳妥地称'有计划的商品经济'。"(《二十讲》第125～126页)这段话根本不符合事实。事实是邓小平对此问题的认识有个发展过程，而且俄罗斯人也没有这样的语言习惯。在俄文中，"商品经济"和"市场经济"是并列的两个词。商品经济，товарное хозяйство；市场经济，рыночное озяйство；рыночная Экономика。

说实话，我根本不同意此书的基本观点，书中失实之处也不仅上述几条。限于时间和精力只好到此为止。写文章通常都要有个结束语。那就用标题"一个严肃的学者起码要尊重事实"来代替吧。

(本文原载于《中华魂》，2013年第8期)

评《重启改革议程》三个前提设定的荒谬性

梁 柱

（北京大学原副校长、教授，中国社科院马克思主义研究院特聘研究员）

《重启改革议程——中国经济改革20讲》（以下简称《重启》），是经济学家吴敬琏为其"中国经济改革二十讲"再版时定的书名。该书劈头就提出"中国再度面临'向何处去'的问题"，颇具煽情作用。本来，改革开放以来党的历次代表大会，都对我国改革的社会主义方向，也就是中国向何处去的问题作了明确的回答，党的十八届三中全会进一步强调了这一点。全会特别强调了全面深化改革的总目标是完善和发展中国特色社会主义制度，使坚持中国特色社会主义的道路自信、理论自信、制度自信，成为凝聚党心民心、夺取新的胜利的一面旗帜。但是，这位作者对此并不认同，却要危言耸听，另立标杆，另找出路。在这本书中涉及作者立论的三个前提设定，都是违背事实的，都是没有道理的。对这种立论前提的设定，我们只要对它略加分析，就不难看到作者究竟要把中国引向何处。

前提设定之一："1949年以后的多次政治运动和'大跃进'使普通工人、农民和知识分子受难"，"是一种'国将不国'的深重危机。"

利用和无限夸大我们工作中的失误，从根本上否定新中国头30年的巨大成就，把改革开放前后两个历史时期加以割裂和对立，是一些人否定和反对四项基本原则、企图把改革引向私有化歧途的惯用手法。这完全是违背历史实际的。

习近平总书记指出："我们党领导人民进行社会主义建设，有改革开放前和改革开放后两个历史时期，这是两个相互联系又有重大区别的时期，但本质上都是我们党领导人民进行社会主义建设的实践探索。"改革开放前

▶ 中国需要什么样的市场经济

后两个历史时期"绝不是彼此割裂的,更不是根本对立的。不能用改革开放后的历史时期否定改革开放前的历史时期,也不能用改革开放前的历史时期否定改革开放后的历史时期"。中共十八大报告也正确评价了毛泽东领导的包括民主革命、社会主义改造和社会主义建设时期所取得的巨大成就,特别指出:"在探索过程中,虽然经历了严重挫折,但党在社会主义建设中取得的独创性理论成果和巨大成就,为新的历史时期开创中国特色社会主义提供了宝贵经验、理论准备、物质基础"。具体指明了两个历史时期的继承和发展关系。

上述科学判断是符合历史实际的。这里需要指出,评价一个国家、一个社会政策的效果,应该有一个共同的标准,这主要是:看它是不是促进了社会生产力的发展,是不是推动了社会进步,是不是给人民带来了福利。从这样的标准来看,只要比较一下旧中国,我们在毛泽东领导时期取得的是历史性的伟大成就,是极大地促进了经济发展和社会进步,在总体上带给人民的是福利而不是灾难。当1964年我国第一颗原子弹爆炸时,远在美国的原国民党政府代总统李宗仁对友人感叹:我们不能不服气,我们搞了20多年连一辆像样的单车(自行车)都造不出来,不能不服气呀!这就是旧中国的现实。新中国经过三年恢复,工业平均年增长34.8%,农业平均年增长14.1%。仅仅用了三年时间就医治了长期战争造成的创伤,使工农业生产主要指标恢复到历史最高水平(1936年),清除了旧社会的污泥浊水,使整个社会风清气正,人民欢欣鼓舞。正如陈云所说:"三年恢复,赶上蒋介石二十二年。"[①]从1956年开始大规模的社会主义建设,尽管有过失误,但这仍然是取得巨大成就的10年。到1966年,建成并投产的限额以上的大中型项目1198项,初步形成门类比较齐全的工业体系。兴建了一批新兴的工业部门,填补了我国工业的许多空白。工业布局有了明显改善,基本上改变了旧中国工业畸形发展的局面。高新科技得到一定发展,"两弹一星"的成就,打破了国际上的核垄断。"文化大革命"使党和国家经历了重大挫折,经济建

---

① 《陈云文选》第3卷,人民出版社1995年版,第366页。

设也受到严重损失,但应该看到,在这一历史时期,由于毛泽东在一定程度上抑制了林彪、"四人帮"的破坏活动,特别是周恩来、邓小平等老一辈革命家力挽狂澜的艰苦努力,使经济建设在总体上也得到一定的发展,保持了国家的安全。总之,从1953～1978年,工农业总产值年均增长率为8.2%,其中工业总产值年均增长率为11.4%,农业总产值年均增长率为2.7%。这是伟大的历史性成就。同时在外交上,也取得了举世瞩目的成就,极大地提高了新中国的国际地位和国际作用。1964年中法建交,打破了西方国家企图封锁中国的链条。1971年恢复了中华人民共和国在联合国的一切合法权利。1972年促使美国总统尼克松访华,打开了中美关系正常化的大门。到1976年,在当时世界上独立的130多个国家中,同我国建交的达110个。在国际上树立了我国独立自主的尊严形象,赢得了朋友,赢得了声誉。可以设想,如果没有上述成就作为基础,新时期的改革开放和现代化建设是难以设想的。

由上可见,正确评价毛泽东领导时期取得的历史性成就,科学总结探索中的失误和曲折,分清历史发展中的主流和支流,这不仅关系到尊重历史事实,而且还关系到改革开放的走向。否认社会主义中国历史发展的延续性,无限夸大我们工作中的失误,有意抹黑新中国头30年的历史,就是为他们否定社会主义制度和党的领导制造历史依据。事实上,不同利益诉求的人,对历史往往会得出截然相反的结论,这是并不奇怪的历史现象。《重启》作者把1949年以后的"政治运动"都说成是使普通工人、农民和知识分子受难,这就是利用我们工作中的失误而制造的一个弥天大谎。试问:我们发动过消灭封建土地关系的土地改革运动,巩固人民政权的镇压反革命运动,反对美国侵略的抗美援朝运动,它们的正义性能够否定吗?我们进行的"三反五反"、"批判武训传"、"反右派"等运动,难道因为它存在某些缺点就要否定它的历史必要性吗?由于历史和现实的种种原因,人民群众生活水平确实提高不快,但如何看待这种现象呢?台湾大学教授颜元叔在台湾《海峡评论》上撰文指出:"中国的前途在大陆,在那十一亿心含'鸦片战争'之耻,心含'八年抗战'之恨的中国人身上!他们衣衫褴褛地制造出原子弹、氢弹、中

▶ 中国需要什么样的市场经济

子弹,他们蹲茅坑却射出长征火箭,他们以捏泥巴的双手举破世界纪录,他们磨破屁股包办12面亚运划船金奖,他们重建唐山而成为联合国的世界模范市",他们"把大庆油田打出来,把北大荒开垦出来,把葛洲坝拦江筑起来"。"大陆的人说,他们一辈子吃了两辈子的苦。痛心的话,悲痛的话,却也是令人肃然起敬的话。试问:不是一辈子吃了两辈子的苦,一辈子怎得两辈子甚至三辈子的成就?"台湾另一位学者黄尔尊(笔名惜时老人)出版了一本反映新中国核工业史话的《向太空要和平》,他曾告诉笔者说,写这本书时常常禁不住老泪纵横,特别写到1966年中国氢弹试验成功时,邓稼先、于敏等两弹功勋到一家小饭馆庆功,每人只吃了一碗两角钱的"大肉面",使他激动得失声痛哭。爱国之心,人皆有之;如果不顾事实肆意否定人民共和国辉煌的历史,就失去了一个学者的良知和应有的道德底线。希望那些闭起眼睛瞎说一顿的人,也能读一读这样的文章,也能扪心自问一下。

前提设定之二:"邓小平的'南方谈话'彻底打破了市场经济'姓社姓资'的意识形态框框,为大步推进市场化改革铺平了道路。"

《重启》作者为了推销他们的经济政治主张,竟然把谣言造到了"改革开放总设计师"的头上,这是令人不可思议的低级游戏。只要稍为认真读书的人,都很容易揭穿这种拉大旗作虎皮的把戏。

应当指出,改革开放和现代化建设的价值取向,是力排资本主义的方向,而只能是社会主义的,这是从基本社会制度的层面上说的,而绝不是排斥对资本主义所创造的文明成果的吸收。社会主义源于资本主义,又高于资本主义,这就包含了两者之间的继承与超越的关系。邓小平十分重视并提倡向西方学习,这种学习,包括学先进的科学技术、先进的文化,以及一切对我们有用的东西。他认为,要实现现代化,"就要善于学习,大量取得国际上的帮助。要引进国际上的先进技术、先进装备,作为我们发展的起点"。[1]他还明确提出:"我们发挥社会主义固有的特点,也采用资本主义的一些方法(是当作方法来用的),目的就是要加速发展生产力。"[2]这也就是说,引进

---

[1] 《邓小平文选》第2卷,人民出版社1994年版,第133页。
[2] 《邓小平文选》第3卷,人民出版社1994年版,第149页。

和利用资本主义的一些方法,是为巩固和发展社会主义服务的。他在"南方谈话"中指出有些人改革迈不开步子,不敢闯,是受"姓社姓资"思想的束缚,也正是从这个层面上说的,如果改革开放的任何具体措施都要问一个姓"社"还是姓"资",那就会陷入无休止的争论,就会什么事情也办不了。在这里,如果把邓小平有明确的、具体的所指的思想加以泛化,说成是"彻底打破了姓社姓资的意识形态框框",则是有意的、为我所需的歪曲,是严重损害了作为改革开放总设计师的形象和思想。

邓小平退休之后,仍然一如既往地警惕改革开放和现代化建设可能被误导的危险,始终坚持社会主义的发展方向。他极其重视对《邓小平文选》第三卷的审阅工作,他说:"我的文选第三卷为什么要严肃地多找点人看看,就是因为其中讲到的事都是我们一直在做的事,不能动摇。就是要坚持,不能改变这条路线,特别是不能使之不知不觉地动摇,变为事实。"所以他说:"这本书有针对性,教育人民,现在正用得着。不管对现在还是对未来,我讲的东西都不是从小角度讲的,而是从大局讲的。"[①]这是他对全党和全国人民的政治交代。这也充分表明,他在退休之后思考的中心问题,仍然是如何坚持党的基本路线不动摇,保证党和国家的事业沿着社会主义方向健康发展。他作为一个共产主义者,对我们国家的未来走向是明确而坚定的,他说:"达到共产主义的目标,要经过社会主义阶段,而这个阶段是很长的。共产主义理想是伟大的,但要经过相当长的历史阶段才能达到。社会主义是可爱的,为社会主义奋斗是值得的。这同时也是为共产主义奋斗。"他强调在大方向上,必须分清姓"社"还是姓"资",而且要通过实践来证明这一点。他特别提出:"到21世纪末,上海浦东和深圳要回答一个问题,姓'社'不姓'资',两个地方都要做标兵。要回答改革开放有利于社会主义,不利于资本主义。这是个大原则。要用实践来回答。""实践这个标准最硬,它不会做假。要用上百上千的事实来回答改革开放姓'社'不姓'资',有利于社会主义,不利于资本主义。"[②]由此可见,在大方向、大原则面前,邓小平总是旗帜鲜明,毫不含糊的。

---

① 《邓小平年谱(1975~1997年)》(下),中央文献出版社2004年版,第1365页、第1362页。
② 《邓小平年谱(1975~1997年)》(下),中央文献出版社2004年版,第1348页、1340页。

▶ 中国需要什么样的市场经济

在邓小平看来,要保证改革开放和现代化建设的正确方向,关键在于要始终坚持四项基本原则。还在改革开放之初,社会上出现了一股否定马列主义、毛泽东思想,否定党的领导的资产阶级自由化思潮,邓小平在1979年3月党的理论工作务虚会上作了《坚持四项基本原则》的讲话,明确指出:"每个共产党员,更不必说每个党的思想理论工作者,绝不允许在这个根本立场上有丝毫动摇。如果动摇了这四项基本原则中的任何一项,那就动摇了整个社会主义事业,整个现代化建设事业。"①他后来进一步指出,我这个讲话没有什么输理的地方,没有什么见不得人的地方。"这个问题可以敞开来说"。这就是说,现在更要亮明自己的旗帜,这是因为:"现在经济发展这么快,没有四个坚持,究竟会是个什么局面?"同时,"提出四个坚持,以后怎么做,还有文章,还有一大堆的事情,还有没有理清楚的东西。"这就是说,我们既要始终不渝地坚持四项基本原则,又要善于结合新的情况更好地坚持四项基本原则。所以,邓小平这时进一步提出"四个坚持是'成套设备'"②的重要思想,也就是说,它是关系到我们国家的指导思想、领导力量、社会制度和国体,是不可分割的、不可动摇的整体,是我们的立国之本。

对这样根本原则问题,邓小平一如既往,密切关注和回答现实问题。他指明社会主义市场经济的优越性"就在四个坚持",为构建社会主义市场经济体制指明了正确方向。像《重启》作者这样的人,要在经济体制改革的目标中删去社会主义这个关键词,只提市场经济,把我国的市场经济同西方的市场经济完全等同起来。邓小平坚决拒绝了这种错误意见,把坚持四项基本原则作为社会主义市场经济的优越性提了出来,这就从根本上区分了两种不同性质的市场经济。我们并不否认作为市场经济是有共同点的,这主要是资源的配置都是通过市场实现的,但我们所要建立的市场经济是同社会主义基本制度相结合的,是有质的不同。具体地说,这种优越性应当表现在坚持公有制的主体地位和自觉地运用宏观调控与市场经济这两手,对国家经济生活进行必要的、恰当的调控。前者是社会主义的经济基础,既是国

---

① 《邓小平文选》第2卷,人民出版社1994年版,第173页。
② 《邓小平年谱(1975~1997年)》(下),中央文献出版社2004年版,第1363页。

家建设与发展、能够集中力量办大事并最终实现共同富裕的重要保证,也是使非公有制经济健康发展的重要条件,从而保证市场经济的运行有利于社会主义,而不是有利于资本主义;而后者,即使是资本主义国家也学会了运用计划,作为社会主义国家更应自觉运用和处理好"看不见的手"和"看得见的手"的关系。这就是邓小平一直强调的计划和市场都是经济手段,都要加以运用,即使是在建立社会主义市场经济体制的情况下,也要自觉运用国家的宏观调控。所以,邓小平关于社会主义市场经济的优越性"就在四个坚持"的论断,对于我国经济体制的改革和运行具有方向性的重大现实意义。

  应当说,在改革开放之初,邓小平就把整个改革开放过程必须坚持社会主义的方向,作为一个根本性的问题提了出来。他针对当时党内外出现的主张走资本主义道路、全盘西化的资产阶级自由化思潮,一针见血地指出:"所谓资产阶级自由化,就是要中国全盘西化,走资本主义道路。"①"自由化是一种什么东西?实际上就是要把我们中国现行的政策引导到走资本主义道路。这股思潮的代表人物是要把我们引导到资本主义方向上去"。② 他在指明不改革就是死路一条的同时,又明确指出:"我们的改革要达到一个什么目的呢?总的目的是要有利于巩固社会主义制度,有利于巩固党的领导,有利于在党的领导和社会主义制度下发展生产力。"③到了1992年年初"南方谈话"时,邓小平依然旗帜鲜明地指出:"资产阶级自由化泛滥,后果极其严重。特区搞建设,花了十几年时间才有这个样子,垮起来可是一夜之间啊。垮起来容易,建设就很难。在苗头出现时不注意,就会出事。"④在这里,难道能读出"邓小平的'南方谈话'彻底打破了市场经济'姓社姓资'的意识形态框框"吗?恰恰相反,今天重温邓小平的这些话,好像就是针对《重启》作者这样的人说的。

  这里还要指出,1993年11月中共中央十四届三中全会的《关于建立社会主义市场经济若干问题的决定》,明确提出我们要建立的是社会主义市场

---

① 《邓小平文选》第3卷,人民出版社1994年版,第207页。
② 同上,第181页。
③ 同上,第241页。
④ 同上,第379页。

中国需要什么样的市场经济

经济体制,有确切的、不同于资本主义市场经济的性质界定,又怎么能说"彻底打破了市场经济姓社姓资的意识形态框框"呢?作者这样做,并不是出于无知,而是有意识地、明目张胆地贩卖他们所谓的市场化即私有化私货,并且把它作为一根棍子,你们不同意吗?那就是"要回到旧路线、旧体制上去"。这样看似聪明、实是笨拙的手法,除了欺骗某些把这样的人定格为"大菩萨"、见庙就烧香的媒体和涉世未深的一些年轻人以外,是经不起理论和实践的检验的。

前提设定之三:"国有制是公有制的高级形式和社会主义必须追求的目标","已经成为进一步推进改革的主要障碍。"

只要翻阅《重启》这本书,就不难发现这位作者是善于"与时俱进"、偷换概念的。他在"重启改革议程"的名义下,不但绝口不谈公有制的主体地位,而且把公有制说成是受"苏联模式和《政治经济学教科书》的束缚"的公式;他把以公有制为主体、多种所有制经济共同发展的社会主义初级阶段基本经济制度,改换成多种所有制经济共同发展是社会主义经济制度;他在"社会主义再定义"的名义下,说"社会主义的本质,在于追求社会公正和逐步实现共同富裕"。值得注意的,这位作者原来对社会主义的定义是"社会公正加市场经济",现在为了表示关注民生,把市场经济改为共同富裕,但同样是否定公有制主体地位对社会主义性质的基础性作用。他说:"一个国家是否具有社会主义的性质,并不是由国有经济所占份额决定的……只要共产党采取正确的政策有效地防止了财富分配的两极分化,我们国家的社会主义性质都是有保证的。"这样说真有道理吗?

难道坚持公有制就是受苏联《政治经济学教科书》的束缚吗?众所周知,马克思恩格斯在《共产党宣言》中明确指出:"共产党人可以把自己的理论概括为一句话:消灭私有制。"他们不无辛辣地说:"我们要消灭私有制,你们就惊慌起来。但是,在你们的现存社会里,私有财产对十分之九的成员来说已经被消灭了;这种私有制之所以存在,正是因为私有财产对十分之九的成员来说已经不存在。"这说得何等深刻。科学社会主义理论的核心,就是阐明了无产阶级的历史使命,确信"资产阶级的灭亡和无产阶级的胜利是同样不可避免的。"①因而,以全社会占有的公有制代替私有制,以社会主义代替资本主义,是历史发展的必然趋势。我们过去在所有制问题上发生的错误,是没有从社会主义初级阶段的国情出发,急于把公有制作为社会的唯一经济基础,而并非公有制本身的问题。在新的历史时期纠正过去的错误,既坚持公有制主体地位,又允许非公有制经济共同发展,这是符合社会主义初级阶段的经济制度。如果像《重启》所主张的那样,否认公有制作为社会主义的本质特征,否定公有制的主体地位,社会主义也就失去了自己的经济基础。

他们这样做,是把矛头直指邓小平理论,否定改革应当坚持的社会主义根本原则。邓小平在改革开放中始终要求坚持社会主义的两个根本原则,这就是公有制的主体地位和共同富裕。在他看来,在中国,只有社会主义才能够为实现国家富强、人民共同富裕提供根本的制度保证。而公有制作为社会主义的经济基础,是巩固和发展社会主义一个带有根本性的问题。这是因为,所有制问题是涉及判断一个社会性质的标准问题。马克思主义的常识告诉我们,一切社会的基础是生产关系,而占主体地位的生产关系决定社会的性质,人类历史正是按照这样的标准,区分为奴隶制社会、封建制社会和资本主义社会,而社会主义社会也同样是按照这样的标准来确定和表明它的社会性质的。所以要坚持这样的标准,是因为生产资料由谁占有,决定着人们在生产中的不同地位和在劳动产品中所占的不同份额,扩而大之,它决定人们在整个社会中所处的不同地位,形成不同的利益集团和阶级势力。社会主义公有制主体地位的确立,意味着社会主体部分的生产资料不再成为剥削和压迫人的工具,而成为全体社会成员所有,这就为社会成员的平等地位、根本利益的一致性提供了保证,也为进一步巩固和发展社会主义提供了坚实的经济基础。如果这种占有形式发生了质的变化,也就是公有制被私有制所代替,这也就不能不使社会性质发生反向的变化。而《重启》作者所谓的"社会主义再定义",无论是他原来提的社会主义是社会公正加

---

① 《马克思恩格斯选集》第1卷,人民出版社1995年版,第286页、第288页、第284页。

>> 中国需要什么样的市场经济

市场经济,还是现在说是社会公正加共同富裕,都是为了否定公有制主体地位这一社会主义的根本原则。这就不难看出他们的真实意图何在了。

值得注意的是,该作者作为一位经济学家,在谈共同富裕问题时,有意回避了分配问题是同所有制密切相关的这一人类社会的基本事实。邓小平在谈到分配的问题时,总是同社会主义制度,社会主义的本质联系在一起。他在1992年的"南方谈话"中,就把消灭剥削,消除两极分化,最终达到共同富裕,作为社会主义本质的重要内容提了出来。他说:"走社会主义道路,就是要逐步实现共同富裕。共同富裕的构想是这样提出的:一部分地区有条件先发展起来,一部分地区发展慢点,先发展起来的地区带动后发展的地区,最终达到共同富裕。如果富的越来越富,穷的越来越穷,两极分化就会产生,而社会主义制度就应该而且能够避免两极分化。"[1]邓小平在晚年关于分配问题的六次谈话中,都尖锐地提出了在改革开放的进程中出现的贫富悬殊、两极分化的问题,他坦诚指出,我们的发展,"如果仅仅是少数人富有,那就会落到资本主义去了"。这个令人振聋发聩的深刻思想,实际上是同他在改革开放初期就提出的必须坚持公有制主体地位和共同富裕的两个社会主义根本原则相一致的,是从两个不同的角度揭示同一个命题。诚然,我国在发展中出现的贫富悬殊、两极分化的原因是多方面的,但不能不说它是同所有制格局的变化有着密切的关系,是一个重要原因。《重启》作者以否定公有制主体地位为前提的所谓"重启改革议程"的实质及其必然导致的严重后果,是可想而知的。

(本文原载于《中华魂》2013年第7期,部分内容有改动)

---

[1] 《邓小平文选》第3卷,人民出版社1993年版,第273~274页。

究竟要把我国引向何处?

——从《重启改革议程》一书想到的

丁 冰

(首都经贸大学教授、中华外国经济学说研究会总顾问)

2012年11月,党的十八大在总结过去工作经验的基础上,响亮地提出要坚定不移地走中国特色社会主义道路,坚持以公有制为主体、多种所有制经济共同发展的基本经济制度,不断推进我国社会主义制度自我完善和发展;号召全党、全国人民不动摇、不懈怠、不折腾,努力为实现"两个一百年"的宏伟目标而不懈奋斗,获得全国人民的衷心拥护。党的十八届三中全会重申改革的社会主义目标,强调深化改革的总目标是完善和发展中国特色社会主义制度,强调加快发展社会主义市场经济。吴敬琏先生等于2013年3月就出版的《重启改革议程——中国经济改革二十讲》一书(以下简称《重启》,凡引用本书的话,只注页码)避而不谈我国改革开放的道路方向是社会主义这个根本性的问题,也不提要坚持公有经济为主体的基本经济制度;相反却热衷于鼓吹不加"社会主义"定语的"市场化"改革,极力推崇所谓成熟的欧美市场经济模式。这就向人们提出了他们的"改革"究竟要把中国引向何处去的问题。

在回答中国要向何处去时,吴敬琏说:"我多次说过,在这种'半统制、半市场'的双重体制下,中国社会一直存在一个'向何处去'的问题。两种可能的前途严峻地摆在面前:一条是沿着完善市场经济的改革道路前行,限制行政权力,走向法治市场经济;另一条是沿着强化政府作用的国家资本主义的穷途"。纵观全书,作者所赞赏、推崇的是前者,所厌恶、指责的则是后者。本文即拟对这两种可能的前途作一简要分析。

> 中国需要什么样的市场经济

一、先谈后一种前途,即有可能"走向权贵资本主义穷途"的问题

论者的根据是,现在我国是处于"半统制、半市场的双重体制"(第293页),而并非完善的单一的市场经济。他们说:"这种不完善性主要表现为国家部门(包括国有经济和国家党政机构)仍然在资源配置中起主导的作用",具体说来,首先就表现为"虽然国有经济在经济活动总量中并不占优势,但它仍然控制着国民经济的命脉,国有企业在石油、电信、铁道、金融等重要行业中继续处于垄断地位"(第4页)。

现我们就着重分析国有企业的主导作用、垄断地位是否妨碍我国社会主义市场经济完善的主要问题。

首先必须明确,党的十四大第一次提出,我国经济体制改革的目标是建立社会主义市场经济体制,而不是别的什么市场经济体制。这是以社会主义经济制度自我完善为宗旨的经济改革目标的进一步完善和具体化。党的十五大又进一步提出要调整和完善这个社会主义市场经济体制的所有制结构,规定公有制为主体、多种所有制经济共同发展,是我国社会主义初级阶段的一项基本经济制度;同时还明确规定了公有制中的国有经济在国民经济中应起主导作用。现具体分析如下:

党的十五大报告明确指出:"国有经济控制国民经济命脉,对国民经济发展起主导作用。"之所以必须如此,原因在于,国有经济是全民所有的社会主义性质的经济,只有它起主导作用才能保证我国国民经济发展的社会主义方向;同时,我国的社会主义市场经济必须是在国家宏观调控或干预下运行,而国有经济的主导作用则是国家宏观调控的重要支柱或帮手,如果否定了它的主导作用,国家的宏观调控作用就必将大打折扣,甚至有流于形式的危险。为了保证国有经济能起主导作用,必要的国有垄断企业的存在乃是不可缺少的。因为一般的或中小型国有企业,在同一行业和国民经济中的影响力毕竟是很有限的。

因此,党的十五大报告在规定了国有经济应起主导作用之后,紧接着又指出:"对关系国民经济命脉的重要行业和关键领域,国有经济必须占有支配地位。"这里说的"关系国民经济命脉"的行业和领域,在党的十五届四中全会上又进一步具体化为"涉及国家安全的行业,自然垄断的行业,提供重要公共产品和服务的行业,以及支柱产业和新技术产业中的重要骨干企业"。很显然,这些规定都恰好包括了吴敬琏先生所列举的"石油、电信、铁道、金融等重要行业"(第241页);这里说的"支配地位"则可以理解为"垄断地位"的同义语,是指国有经济在某行业或领域的资源和市场占有率都占据优势,因而对该行业或领域的营运足可起到垄断和支配作用而言的。因此,吴敬琏先生所视为妨碍我国市场经济尚不完善的主要问题,恰好是党的十五大规定的国有经济应在各个重要行业和领域所应占据垄断支配地位的要求,因而恰好是为完善社会主义市场经济极其重要的因素。

党的十五大之所以规定国有经济在关系国民经济命脉部门和关键领域必须占有支配或垄断地位,是有其深刻理论基础和用意的。即就企业垄断表现的形式而言,可以分为两种:一种是企业对经济资源占有的垄断,这是市场经济在自由竞争发展中的必然结果和客观存在,不是谁想消除就消除得了的,中外都如此,概莫能外;另一种是企业对经营行为的垄断,如任意抬价、压价、操纵市场价格牟取暴利等投机行为,因破坏市场秩序,有损于消费者和人民的正当利益,当然应当反对。党的十五大所说的"垄断",显然是指前一种形式的垄断,是必须予以维护的。我国国有企业之所以对上述石油、电信、铁道、金融部门必须占据垄断支配地位,不仅因为它们是"关系国民经济命脉部门的重要行业和关键领域,不如此就不足以保证国有经济的主导地位和作用的充分发挥;而且还因为这种部门在技术上具有自然垄断的特殊性,即他们的沉没成本很大,边际成本曲线的拐点离原点较远。因此,如果不实行有相当规模的垄断经营,从全社会来讲,势必造成资源浪费和效率降低。不仅如此,在这些自然垄断行业中,尤其是如电信、电网、电力、铁路、自来水等的产品和服务,在一定程度上还具有公共产品的性质,其特点是它的消费具有非分割性和非排他性,即其产品和服务不能像面包等私人产品那样,可以分割成单个的计价出卖给个人消费;同时某个人的消费,也不排斥其他消费者消费同一产品,而是具有共享或公益的性质。因此,这种产品

> 中国需要什么样的市场经济

或服务一般也只能由国家等公共机构进行垄断性生产和供给。所以,对这些具有自然垄断和公共产品的行业,世界各发达国家一般都实行垄断经营。在我国,如果国有经济不去垄断,私营企业、外资企业也会去垄断。权衡利弊,与其让私营企业、外资企业垄断,还不如由国有企业垄断。因为国有企业从法理上讲,毕竟是全民所有的企业,人民还有民主监督的权利,收益也归全民所有;而如果由私营企业、外资企业垄断,人民连一点监督的权利都没有,更无权分享其垄断利润。

国有垄断企业对建立完善的社会主义市场经济体制究竟何罪之有?在该书的作者看来,最主要的就是限制了竞争,与"民"争利。该书有这样一段话:"国有经济的垄断,既表现为经济性的垄断,即国有企业凭借由政府倾斜政策所提供的巨大经济实力,压制竞争对手;此外,也表现为行政性的垄断,就是政府利用行政权力保护与自己的利益有关的国有企业(也包括某些本地的非国有企业),排除竞争对手或限制竞争"(第297页)。简言之,国有垄断企业依靠政府的倾斜政策和行政垄断限制、排除了竞争。吴敬琏还特别强调"国有企业控制着过多的经济资源……并且把其中大部分投入到盈利的企业中去,与民争利"(第297页)。

这里实际提出了两个问题,现分别分析如下:

第一,国有企业垄断是否排除、限制了竞争,与"民"争利?笔者认为,该书作者谴责"国有企业垄断限制、排除竞争"是把垄断与竞争绝对对立起来的一种片面的看法。诚然,垄断与竞争有对立的相互排斥的一面,但二者又有统一的相互促进的一面。列宁说:"从自由竞争中生长起来的垄断并不消灭竞争,而是凌驾于竞争之上,与之并存,因而产生许多特别尖锐特别剧烈的矛盾、摩擦和冲突。"[①]就我国已形成的国有各个垄断行业部门来看,电信中的移动、电信、联通相互之间,交通运输行业中的铁路、公路、航运、水运相互之间,电网行业中的国家电网、南方电网之间,金融行业中的五大国有银行之间,石油行业中的中石油、中石化、中海油相互之间等等,都无不存在不

---

① 《列宁全集》第22卷,人民出版社1958年版,第258页。

同程度的激烈竞争，因而有力地促进了企业的活力和技术进步。

除国有企业垄断行业内部的竞争外，在国有垄断企业与非国有企业之间当然也存在着竞争。吴敬琏先生则借此说事，指责国有企业与民争利，意即国有企业垄断妨碍了私营企业的发展。这是没有什么道理的。实际情况是，目前国内私营企业的竞争对手，主要不是国有企业，而是外资的跨国公司。因为私营企业主要分布在非垄断性行业的竞争性领域，而在这竞争性领域里的国有企业，经过20世纪90年代前期的破产和后期"抓大放小"的出售，以及21世纪以来鼓励"三驾马车"参与国有企业改制的一再折腾，绝大部分都已退出；以致在这竞争性领域处于垄断或支配地位的主要是外资企业，而非国有企业。据国务院发展研究中心2006年7月发表的一份研究报告，在中国已开放的产业（主要当属竞争性领域）中，每个产业排名前5位的企业都由外资控制，在全国28个主要产业中，外资对21个产业拥有控制权；所以，在市场竞争中，私营企业所面对的主要劲敌是外资企业。如我国大型超市的80%都是外资企业。它们由于规模大、资金雄厚、经营管理技术先进，往往在其周边两公里半径内的小商店都难于生存。其他还有如餐饮业、日用化工、医药、家电、机械、电梯业等，都大体与此类似，外资企业占据明显竞争优势，国内私营企业则属于弱者。

至于国有垄断企业与民族私营企业之间的关系，由于各属不同行业和领域，前者主要是处在关系国计民生和国家安全的命脉部门和关键领域，后者主要处于一般竞争性领域，谈不上有多大竞争关系和相互争利的问题；即使是处于同一经营领域，因同属民族企业，它们共同面对外资的竞争，在国家政策的协调扶持下，也有可能使彼此获得既竞争又合作的互补双赢的结果；特别是因为国有垄断企业与民族私营企业往往大小迥异，大企业需要小企业配件辅助，小企业则须要依附大企业生存发展，所以，它们相互之间主要是相互促进，相互补充合作的关系，而非竞争关系，即在根本上不存在国有企业排挤私营企业的问题，更谈不上国有企业在与民争利。因为从根本上来说，国有企业是全民所有的企业，其盈利在本质上也为全民所共享，若指责它与"民"争利，逻辑上岂不矛盾？实际最多只能说是全民与极少数私

> 中国需要什么样的市场经济

人企业主争利而已。

第二,国有垄断企业的形成与发展应不应该有国家的政策权力的支持。该书在指责国有企业垄断妨碍自由竞争时,总是把国有企业垄断实力与政府的"倾斜政策"、"行政垄断"纠结在一起,把自己装扮成是在维护"公平、正义"似的。这种看法如果不是偏见,就是无知。马克思主义认为,在有阶级的社会里,所谓公平、正义、国家等上层建筑范畴,在一定经济基础上,都无不带有一定的阶级烙印。现代资产阶级国家要维护作为自己经济基础的国家垄断资本主义经济;同样,社会主义国家也要维护作为自己经济基础的国有企业,特别是其中最重要部分的"垄断企业",乃是天经地义之事。如果说我国国家政策有什么"倾斜"的话,究竟主要是向何方倾斜,还是一个需要研究的问题。实际情况是:过去对外资企业长期实行"免二减三"的税收优惠政策,至今也还未完全消除其优惠;同时政府又一再想方设法压缩国有企业,贱卖国有企业,鼓励"三驾马车"参与国有企业改制;去春以来又接连出台新的36条、20条,强制国有企业为私营企业、外资企业腾出发展空间;长时期来国有企业都比非国有企业担负着相对更多的国家税收重任,直到目前也依然如此。据报道,目前,"在上市公司里,国有企业在收入方面的占比是27%,但所缴纳的税收却超过50%。另外,国有企业员工的数量在所有城市里只占13%,但缴纳的社会保险费用却占到40%。"①因此,从总的情况来看,国有企业在国民经济活动总量中的比重从改革前占据绝对优势下降到目前连吴敬琏先生自己也承认已"不占有优势"(《改革》前言及第241页)。另据《世行报告》统计,在工业中,2010年国有企业占比27%,右翼"精英"在一份博讯2010年9月7日提供的材料中说:按实际控股权统计非国有企业在2009年占比83.1%,即国有企业只占12.9%的局面。这难道能说与上述政府对非国有企业的倾斜政策没有极大关系吗?可见,如果说国有企业享有"政府的倾斜政策"的好处,那就应该说,非国有的企业享受更多得多的"政府倾斜政策"的优惠才是切合实际的。

---

① 凌文(中国神华能源股份有限公司首席执行官)在某论坛的发言:《释放中国商界潜能》,载于《企业观察报》,2013年7月1日第17版。

至于指责国有企业和国有企业垄断是依靠"行政垄断"而发展起来的，更是一个似是而非的糊涂观念。因为国有企业存在所谓"行政垄断"，无论是在我国，还是资本主义国家都是难以避免的。当然，滥用行政权力是错误的，但企图完全否定行政权力在国有企业中的积极作用也是不科学的。即使按照西方经济学的观点，包括国有企业在内的一国经济的发展，承不承认需要"行政垄断"，实际上是主张实行国家干预主义，还是主张实行新自由主义的问题。笔者在《再论正确看待国有企业的效率问题》（载《马克思主义研究》2013年第2期）一文中已有详细分析，这里不再赘述。

现在我们要着重说明的是，虽然目前我国国有企业、国有垄断企业的发展离不开国家必要的政策倾斜和行政权力的保护，但最主要的还是依靠过去新中国成立几十年来的广大劳动群众在党的领导下，节衣缩食、艰苦奋斗、不断创新而积累创建起来的拥有资本雄厚、技术先进、人才济济、规模庞大的一大批国有企业的基础；国有企业尽管在改革进程中曾一度陷入净亏损的严重困境，但"瘦死的骆驼比马大"，进入21世纪后，经过"三年脱困"的努力和国资委成立后的"做大、做强、做优"方针的指引以及广大职工的奋发努力下，又使国有企业重现蓬勃生机。这一改革的成果，大大增强了人民坚持中国特色社会主义方向及其基本经济制度，从而能实现"两个一百年"的中国梦的信心和希望，广大劳动人民莫不感到欢欣鼓舞。然而在吴敬琏先生看来，这却是改革进程的"停滞"、"倒退"，是一条"走向权贵资本主义的穷途"，因而高调提出要"重启改革议程"，这实在是不能不令人感到遗憾的事。当然，这绝不是说，国有垄断企业已经十全十美，无须有任何的改革。相反，它的确还存在许多不足之处，如收入分配和经营管理上的某些环节、方法等还需要不断完善，但若舍本逐末，根本否定它的存在和发展壮大，则是完全错误的。

二、现在我们再来谈谈吴敬琏先生所赞赏、推崇的前一种前途问题，即"沿着完善市场经济的改革道路前行，限制行政权力，走向法治市场经济"

在许多场合，他还按新自由主义反对国家任何干预的全面"市场化"的

▶ 中国需要什么样的市场经济

用语来表示自己所追求的改革方向和前途。这里的要害是在把"市场经济"作为国家的一种发展前途、道路(而不是经济调节的具体方法)来选择时,却未在其前面加上"社会主义"这个具有关键性的限制词。这绝不是偶然的疏忽。通览《重启》全书,在吴敬琏先生的笔下,在二十讲的正文的论述中,除了叙述历史过程时有"社会主义"一词而外,凡在讲未来改革前途时,都避而不谈"社会主义"。尽管在党的十八大后 2012 年 12 月 18 日写的"序言",为了掩人耳目、装饰门面,有了"社会主义市场经济"的提法,但在他的心目中的"社会主义"也绝不是科学社会主义,而另有其特殊的含义。早在 1997 年他就高调宣布:"社会主义的基本特征是'公正＋市场经济'",[1]完全抛弃了作为科学社会主义经济基础的公有制这个最基本特征,而抽象地空谈什么公正、市场经济。因此,他的"社会主义市场经济"实际上与资本主义市场经济没有什么本质区别。[2] 所以,他在《重启》一书中谈到我国在改革的前途道路的选择时,绝口不谈社会主义,而只谈"市场经济"乃是顺理成章之事。

不仅如此,如前所述,在党所提出的社会主义市场经济体制中,还意味着在国民经济中必须坚持公有经济为主体、多种经济共同发展的基本经济制度和国有经济必须发挥主导作用,必须占支配地位。但在《重启》中所有这些至关重要的因素也一字未提,而且还指责其为妨碍市场经济完善的重要表现。这进一步说明,他们说的"市场经济",即使再加上"法治"二字的"法治市场经济"也不是科学的"社会主义市场经济",从而也就不是社会主义的方向和道路。

那么,吴敬琏先生选择的、完善的市场经济的道路究竟是一条什么道路呢?

吴敬琏先生在回答为什么我国的改革迄今还没有实现一个完善的市场经济目标而回顾对目标模式的选择过程时,实际就透露出了他心目中所追求的最完善的市场经济的模式和道路。他说:"在 20 世纪 80 年代中后期,

---

[1] 吴敬琏答记者问:《社会主义的基本特征是社会"公正＋市场经济"》,载于《中国经济时报》,1997 年 8 月 5 日。
[2] 丁冰:《社会主义的基本特征是"社会公正＋市场经济"吗?》,载于《当代经济研究》2005 年第 10 期。

随着改革初期呼声很高的东欧改革模式的影响逐渐消失,当时最具有影响力的改革模式,一个是政府主导型的市场经济模式(东亚模式),另一个是自由市场经济模式(欧美模式)。"他明确指出:"欧美模式则是成熟的市场经济国家所共有","包括日本在内的东亚国家,也有一部分社会力量为主实现从权威主义的政府指导向自由市场经济转变"(第243页)。可见,他所赞赏、追求的目标乃是欧美模式的资本主义自由市场经济,压根儿就没有把马克思主义的社会主义市场经济模式放在眼里,而与邓小平同志确定的中国"改革是社会主义的自我完善"的目标完全背道而驰。

所谓"欧美模式"就是以私有制为基础的资本主义市场经济制度。马克思早就深刻论证和预见到,这种制度必然周期性地爆发经济危机,严重破坏生产力。2008年爆发的空前的、旷日持久的国际金融、经济、债务危机就是一个证明。这种制度还必然产生贫富两极分化,造成社会不公平以及随之而来的一系列社会政治问题。美国著名经济学家、诺奖得主保罗·A·萨缪尔森也承认:"市场并不一定产生一种被认为是社会公正或平等的收入分配。一个完全放任的市场经济可能产生不可接受的、极大的在收入与消费上的不平等。"[1]美国就是这样一个极端不平等、不公平的社会。据统计,1979年至2007年,占美国人口1%的最富有家庭收入增长最快,税后所得增长275%,而占人口20%的最穷的家庭仅增长18%,从而大大加剧了贫富的两极分化。2009年占美国1%的大富豪家庭财富与中等收入家庭财富的比例为225∶1;收入最高的前10%的人与最低的10%的人平均收入比例为15∶1[2]。基尼系数上升到0.48,[3]已超过了统计局公布的我国2012年基尼系数0.474的水平。可悲的是,素以追求"公平、公正"为己任的吴敬琏先生所推崇的"欧美模式"恰恰是最不公平的。如果说只追求交易过程的公正、公平(这是吴敬琏所欣赏的所谓"机会均等"观点),那么,在欧美大小资本企业之间、百万富翁与穷人之间的"公平交易"更无从谈起,因为商品交换本身

---

[1] 保罗·A·萨缪尔森、威廉·D·诺德豪斯著:《经济学》(上)第14版,北京经济学院出版社1996年版,第77页。
[2] 我国国务院新闻办发布的《2011年美国的人权纪录》报告,载于《经济日报》,2012年5月26日,第5版。
[3] 蒋旭峰:《美国财富不均加剧的背后》,载于《经济参考报》,2013年3月26日,第4版。

中国需要什么样的市场经济

固有的特征就是以形式上的平等掩盖事实上的不平等。这是马克思主义经济学的基本常识。

可见,吴敬琏先生所选择的"欧美模式"实在不是我国广大劳动人民所应选的正路。特别是经过2008年的国际金融经济债务危机的冲击,以及2011年9月开始的、以99%的人反对1%的人为口号、席卷全球的"占领华尔街"运动的教育,已使全世界人民都进一步觉醒,只要不带偏见,都或多或少地更加看清资本主义制度的严重缺陷,尽管目前美欧经济已在缓慢复苏,但因其痼疾未除,迟早危机还会卷土重来,而且将日趋严重。因此不仅马克思主义者,即使许多比较务实的西方学者对美国模式也持批判态度。诺奖得主、美国著名经济学家斯蒂格利茨在2010年的《在自由市场的坠落》一书中写道:"世界已经对美国模式的资本主义不抱幻想,为什么美国人还要在意这件事呢?"[1]日本的知名学者、博士和实践家中谷岩先生在他所著《资本主义为什么会自我崩溃》一书中也说:最近20年来"在美国,国民收入的总额增加了许多,但中产阶级和下层人们的生活水平丝毫没有提高;在日本也同样,非正式雇佣劳动者数量一味的增多,年收入在200万日元以下的穷人突破了1000万人"[2]。他还认为,全球化资本主义和新自由主义发展的这头"怪兽"……给世界带来巨大的"三个创伤";"世界经济不稳定、扩大收入差距、破坏地球环境,最后发展的结果必将是资本主义将因'自由'而自我崩溃"[3]。

至此,《重启》一书所提出的当前摆在全国人民面前所需要选择的两条改革的前途和道路的是与非已是泾渭分明、一清二楚了。我相信广大劳动群众,以及一切有良知的、爱国、爱党、爱社会主义的干部、专家、学者、网友和企业主都一定会选择党的十八大所指出的中国特色社会主义道路,而不会选择吴敬琏赞赏的"欧美模式"的邪路。

(本文原载于《中华魂》2013年第19期,部分内容有改动)

---

[1] 夏小林:《中国改革要走向"欧美模式"?——兼评吴敬琏新言论》,载于《国企》2012年第10期。
[2] [日]中谷岩:《资本主义为什么会自我崩溃》,社会科学文献出版社2010年版,第51页。
[3] 同上,第235页。

评《重启改革议程》的理论逻辑

何干强

(南京财经大学中国特色社会主义研究中心主任、教授)

2013年5月,一本刚出版不到半年的经济学专著《重启改革议程——中国经济改革二十讲》①(以下简称《重启》,本文对该书的引述页码,出自2013年1月第3次印刷,均直接在引文后用括号注明,不再加页下注)已第3次印刷,发行量达60000册。第一作者吴敬琏先生是被一些媒体冠之以"经济学泰斗"的国务院改革和发展研究中心的老一辈研究员,经常以经济体制改革的政府高层智囊形象见诸视频;他亲自指导过的研究生,目前有多位在中央政府经济管理部门担任要职。所以,关心改革的读者自然很关注他和第二作者马国川以对话形式论述的这本著作。吴先生资历深,论著多,本该受到尊重。可是,笔者认真拜读这本新著之后,却感到其论述渗透资产阶级意识形态,堪称国内新自由主义经济思潮的代表作;如果容忍其主张付诸深化改革实践,党和国家难免像苏联东欧国家那样,"犯颠覆性的错误"。习近平总书记指出:"中国是一个大国,决不能在根本性问题上出现颠覆性错误,一旦出现就无法挽回、无法弥补。"②而这样一部与社会主义改革方向对立的著作,竟获得国家图书馆文津图书奖,中央级报刊记者还对吴先生进行了专访宣传报道。③这就不可等闲视之。

一位先哲说过,我爱我师,但我更爱真理。作为经济学者,只要遵循党

---

① 吴敬琏、马国川:《重启改革议程——中国经济改革二十讲》,生活·读书·新知三联书店2013年版。
② 《习近平在亚太经合组织工商领导人峰会上的演讲》,新华网,2013年10月8日。
③ 庄建:《吴敬琏:重启改革 正当其时》,载于《光明日报》,2013年1月22日第13版;《国家图书馆发布第八届文津图书奖获奖图书》,载于《中国文化报》,2013年4月24日第5版。

的十八大的要求,坚定道路自信、理论自信和制度自信,坚持马克思主义的立场、观点和方法,就绝不能对反社会主义的新自由主义改革主张采取"事不关己,高高挂起;明知不对,少说为佳"①的态度。因此,有必要对这本著作进行实事求是的评析。本文为了节省篇幅,也为了有助于读者自己来判断是非,主要采取摘引该论著原话和归纳重要观点的方式,只在必要处做适当点评,重在梳理吴先生关于改革的理论逻辑。

一、否定新中国前 30 年是《重启》的逻辑起点

之所以吴先生把论著定名为《重启改革议程》,是因为他认为,本书在 2010 年开始写作(《重启》序)之前的一段时间,书中"原有的政府和国有经济的主导地位还在一些重要领域保持未动"(《重启》前言第 3 页);"中国在 20 世纪末和 21 世纪初建立起来的新市场经济体制"还只是"半市场、半统制"的经济(《重启》前言第 7~8 页);"改革还有很多'大关'没有过","其中最突出的问题:政府和国有企业仍然在资源配置中起着支配作用"(《重启》第 241 页);"中国改革处于停止状态,所以当务之急,是重启改革议程,切实推进经济改革和政治改革。"(《重启》第 297 页)"处于停止状态"怎讲?含义是,"近年来靠政府和国有企业'控制力'的加强,中国经济矛盾社会矛盾几乎到了临界点。如果不能靠稳健有序的改革主动消弭产生这些矛盾的根源,各种极端的解决方案就会引得愈来愈多人的支持。"(《重启》第 296 页)在马克思主义学者看来,收入差距拉大、官员腐败、群体性事件增多等社会矛盾屡禁不止的原因,是私有化的结果;②然而吴先生则强调,"根源"在"政府和国有企业'控制力'的加强",为此,坚持公有制为主体、发挥国有经济主导作用的正确主张,被《重启》指责为"极端的解决方案",必须"消弭"。

《重启》把主攻矛头对准"政府和国有企业'控制力'",也就是把彻底否

---

① 《毛泽东选集》第 2 卷,人民出版社 1991 年版,第 359 页。
② 何干强:《必须坚持马克思主义和不搞私有化》,载于《现代经济探讨》2012 年第 7 期。

定新中国前30年建立起来的以公有制为经济基础的经济管理体制作为其改革理论的逻辑起点。其理由是：

1. 认为改革前的新中国是"苦难年代"（《重启》第1页）

《重启》认为，1949年的中华人民共和国成立，"激进的革命道路没能带来人民的福利和社会的进步，相反却转化成了雅各宾式的或斯大林式的专制主义"（《重启》第295页）；"在改革开放前30年中"，"中国人得到的却是无穷无尽的苦难"（《重启》前言第3页）；"经过近30年的发展，中国农村依旧一片破败，农业凋敝，是毋庸讳言的事实"（《重启》第81页），农村经济"满目疮痍、民不聊生"（《重启》第86页），改革开放前的体制造成"民不聊生"（《重启》第141页），是"毛泽东的'全面专政'体制"（《重启》第231页）；"在1957～1976年的20年中，中国人民的生活水平几乎没有提高，城乡居民生活基本上处于不足温饱的状态"（《重启》第265～266页）；"改革开放前的社会并不是一个平等的社会"，"最高收入和最低收入之差达到了36.4倍"（《重启》第289页）。从这些论述中，我们看到《重启》作者仇视人民领袖毛泽东，用所谓告别革命的历史虚无主义，彻底否定新中国前30年，有明确立场。

2. 断言计划经济不可救药

《重启》认为，"计划经济体制具有信息成本过高和缺乏应有的激励机制而导致经济效率低下的致命缺点"（《重启》第32页）；"集中计划经济的实质，是一个全国规模的大公司"（《重启》第182页）。吴先生搬用匈牙利经济学家科尔奈的话语作为理论根据，认为计划经济"是一种短缺经济"（《重启》第224页）；"在计划经济的条件下，国家工业化是在城乡隔绝的状态下通过国家动员资源和强制投资的手段进行的，这大大限制了工业化、城市化的进度和经济的整体效率"（《重启》第231页）。我们不禁要问，既然如此，为何苏联搞计划经济却能取得快速发展？打赢卫国战争？为何中国在计划经济体制时期，中国国民经济增长的速度大大超过解放以前，也超过资本主义世界？根据国家统计局公布的数据，1952年，我国国内生产总值只有679

亿元,到1978年增加到3645亿元,据此计算,1952年到1978年这26年,我国GDP年平均增长率达到6.67%;而1961年到2008年世界年平均增长速度只有3.6%。① 吴先生为了自圆其说,不得不说,"只是在面临战争威胁或在战时紧急状态下,或在资源配置有旧章可循的经济恢复时期,计划经济制度往往能利用自己强有力的动员资源能力和经济活动参与者对个人物质福利要求较易满足的条件,更好地实现国家的目标"(《重启》第32页)。看来,他的计划经济有"致命缺点"说,并没有严格的实证依据。

3. 认为计划经济是公有制经济的产物

吴先生说,"财产制度是社会的一种基本制度。在计划经济条件下,全社会的财产都属于国家所有。在这种公共占有的情况下,无须也无法对产权属于任何人做出界定"(《重启》第284页);"市场关系意味着不同主体之间的产权交换关系,要建立市场经济,就必须改革原来的产权关系,对产权做出明确的界定"(《重启》第284页)。他的逻辑是,计划经济由公有制经济产生,否定计划经济要求社会财产的私有化;而肯定公有制经济基础,也就是要肯定计划经济,就是反对改革。这种逻辑在舆论界产生的影响不可低估。

《重启》彻底否定新中国前30年的经济制度和管理体制是站不住的。人们只要从事实出发,就绝不能对1953年开始实施第一个五年计划为起点的计划经济体制,采取绝对否定态度;更不能根本否定以国有经济为表现形式的全民所有制经济和集体所有制经济,因为只有以它们构成的公有制经济为基础,中国特色社会主义才具有科学社会主义制度的基本性质,才能使国家的宏观经济管理有可能反映社会化大生产所要求的按比例发展这种客观规律。只有唯心主义的"不可知论"者,才会否定马克思依据唯物史观揭示的这种客观经济规律。如果承认宏观经济运动存在客观规律,就应当把具有某种主观性的计划经济具体管理体制与按比例发展客观经济规律要求

---

① 《光辉的历程 宏伟的篇章——新中国成立60周年经济社会发展成就回顾系列报告之一》,国家统计局网站,2009年9月8日。

的计划经济区分开来。虽然新中国前30年形成的计划产品经济管理体制因自然经济观、急于求成等主观原因,确实存在僵化弊病,因而必须改革;但是这绝不意味着要根除计划经济和公有制基础,相反,只有坚持公有制经济基础,才能通过科学改革来去除所有制实现形式和计划经济具体管理体制上的弊病。党中央确定经济体制改革目标是社会主义市场经济,其实内在地肯定了计划管理的必要性;①它要求把国家政府的科学计划调控与具有自发性的市场调节有效地结合起来,最大限度地促进国民经济实现按比例可持续发展。《重启》以历史虚无主义为指导,否定新中国前30年的伟大成就和立国之基,思维的逻辑起点是历史唯心主义的。

二、《重启》阐释的改革目标

吴敬琏先生在《重启》中,从自己的逻辑起点出发,提出改革目标是所谓公正、民主、宪政、法治和成熟的现代市场经济,实质是现代资本主义市场经济:

——所谓"公正"的市场经济。这指的是有利于"民营经济"即私营经济的市场经济,吴先生说,"市场制度的建立为平民创业开拓了空间,解放了长期为旧体制所压抑禁锢的民间创造力。"(《重启》第231页)在他看来,新中国前30年的"民间创造力"是被"旧体制所压抑"的;如此来说,新中国工人阶级创造"两参一改三结合"的"鞍钢宪法",发现和开采大庆油田等一系列成就;亿万农民群众每年开展大规模的农田水利基本建设,创造出举世瞩目的"红旗渠"等伟大工程,都是不属于"民间创造力"的。其实,《重启》的"平民创业"是不包括劳动群众在国有经济和集体经济中劳动创业的,指的只是私营企业家的具有剥削性的创业。《重启》一方面主张消解劳动人民赖以创业的公有制经济,另一方面则强调"市场制度"要为实质上是私营经济老板

---

① 在1992年党的十四大明确提出社会主义市场经济体制目标时,时任总书记江泽民同志说,"有计划的商品经济,也就是有计划的市场经济。社会主义经济从一开始就是有计划的,这在人们的认识上一直是清楚的,不会因为提法中不出现'有计划'三个字,就产生是不是取消了计划性的疑问。"引自刘国光:《社会主义市场经济理论问题》,中国社会科学出版社2013年版,第45页。

的"平民创业""开拓空间",这公正吗?

——所谓"民主"、"宪政"的市场经济。这指的是与西方资产阶级政治体制结合的市场经济。吴先生说,"中国所要选择的民主,只能是宪政民主","和名义上主权归于大众,而实际上主权归于少数'克利奇马'(有个人魅力的领袖人物)的所谓'激进的人民民主制'不同,宪政民主要求权力制衡,因而比较容易防止个别人篡夺公共权力,保证主权在民真正得到实现"(《重启》第303页)。他套用外来语把我国宪法规定的人民民主专政国体,人民代表大会以及由中国共产党领导的多党合作、政治协商制度、民族区域自治和基层群众自治制度等政体构成的基本政治体制贬低为少数领袖"专制"的"激进的人民民主制",显然是以西方资产阶级国家的政治体制为参照的。他用"公共权力"这种掩盖政权阶级属性的概念,否定人民权利要通过人民领袖来代表的必然机制;他所谓有"权力制衡"的"宪政",无非是西方国家的"多党制"、"三权分立"等制度,但是,西方资产阶级政党能代表工人阶级和劳动人民的政治权利吗?西方资产阶级"多党制"中的政党能容忍工人阶级和劳动人民对它们进行公开制衡吗?事实是,许多发展中国家学习西方政治制度搞"三权分立制"、"多党制"和"全民公决"等,不断发生"颜色革命"和社会动乱,吴先生对这些却避而不谈。

——所谓"法治"和"成熟"的市场经济。这指的是"在规则基础上运转的现代市场经济"(《重启》第5页);"欧美模式则是成熟的市场经济国家所共有"(《重启》第243页),"我把它叫做政治文明下的'法治的市场经济'"(《重启》第244页)。法治当然是一种规则,但不是抽象的东西,法治具有阶级性,从根本上说是为一定历史条件下的国家统治阶级而按规则治理。现代法治以立法为前提,而根本大法是国家宪法;宪法是具有一定阶级属性的生产资料所有制关系或经济基础在法律上的表现,其他具体法律包括维护市场运行的法律规则都要服从宪法,因此,发达资本主义国家的法治再成熟,也是维护资本主义私有制经济基础的。尽管发达资本主义国家现有市场规则包括反映商品流通的一般性规则,有值得借鉴的地方,但是,它们的市场规则具有维护资本主义私有制和私人资本流通的特殊性，不可能维护社会主义公有制的经济基础，因而是不能作为判断社会主义市场经济是否"成熟"的标准的。

——所谓"现代"的市场经济。这指的是与马克思深刻揭露的具有剥削性质的"近代资本主义市场经济"不同的"现代市场经济"；吴先生对此作了论证，因为"马克思没有预见到，西方国家会采取反垄断措施和社会进步政策"，西方各国"社会大众的生活条件和民主权利得到普遍改善"（《重启》第22页）。这就是说，现代资本主义市场经济是"好的"市场经济，不是过去的那种坏的市场经济。其实，吴先生的深层思想是，资本主义经济从来就是"最不坏"的经济制度，因为他欣赏"一位东欧经济学家效仿丘吉尔1947年"的话："市场经济是一种很坏的经济制度，不过在所有人类尝试过的经济制度中，它却是最不坏的制度"（《重启》第31页）。不难理解，吴敬琏先生的改革目标就是资本主义经济。

《重启》的改革目标与党中央确立的关于社会主义市场经济的改革目标是根本对立的。吴先生无视党中央关于改革的性质是社会主义制度的自我完善和发展的科学论断，把社会主义排斥在改革方向之外。他强调现代市场经济要求的民主、法治、公正、宪政，都不是抽象的。从他阐释的具体含义来看，其实它们都属于资产阶级政治体制范畴，是与有中国特色社会主义政治体制根本不同的。毫无疑问，我国现行政治体制需要改革和完善，但是，这绝不等于"西化"。我国党和国家领导人已经庄严宣告，我们不搞多党轮流执政，不搞指导思想多元化，不搞"三权鼎立"和两院制，不搞联邦制，不搞私有化[1]，这是得到全国各族人民衷心拥护的。

三、臆造的"社会大工厂模式"

《重启》既然排斥社会主义根本制度，提出了明确的"西化"的改革目标，

---

[1] 参见时任全国人大常委会委员长吴邦国同志2011年3月11日在十一届全国人大四次会议第二次全体会议上的报告。

也就必然反对用马克思主义作为改革的指导思想。众所周知,毛泽东同志新中国成立初期就深刻指出,领导我们事业的核心力量是中国共产党,指导我们思想的理论基础是马克思列宁主义;邓小平同志强调党的基本路线要坚持100年。显然,从计划产品经济体制转向社会主义市场经济体制的这场伟大改革实践,必须毫不动摇地坚持马列主义的指导地位。吴先生却完全相反,运用他的一套逻辑,向人们灌输,要进行转向现代市场经济的改革,就不能用马列主义作为指导思想。

1. 颇为迷惑人的逻辑推理

吴先生抓住人们都承认中国计划经济体制受到过苏联计划经济体制影响的这个历史事实作为前提,以逐层分析因果联系的方法,深入推理,得出结论,中国要否定的计划经济体制最终来自马克思:

——他说"从1956年开始,中国成为集中计划经济体制的国家"(《重启》第40页)。"在'三大改造'完成以后,整个社会已经组织成为一个由政府统一管理的大公司('国家辛迪加')"(《重启》第183页)。

——"中国现行体制是从列宁的国家辛迪加(stete syndigate,一些东欧经济学家把它称为 Party—State Inc.,即"党—国大公司")演变而来"(《重启》第7页)。因为在苏联时代,"斯大林充分运用专政国家的强制力量","使列宁的'国家辛迪加'由理论模式变成现实的制度"(《重启》第25页),"斯大林确立的'社会主义经济=占统治地位的国有制+计划经济'的公式统治社会主义国家超过半个世纪"(《重启》第26页),这影响到中国。即使到了改革开放时期,也仍然没有摆脱列宁的影响,"中国试图在改革中建立的'政府主导的市场经济',它的基础和出发点,是列宁的'国家辛迪加'或者东欧社会主义改革者所说的'党政一体化的大公司'"(《重启》第244页)。

——吴先生进而指出,列宁的"国家辛迪加"又来自马克思建立在生产资料公共所有制基础上的"社会大工厂模式"(《重启》第20页)。"马克思关于整个社会将演变为一个'社会大工厂'的预言也没有实现"(《重启》第22页);为什么?因为这种模式具有"理想主义倾向"(《重启》第25页)。

可见，吴先生的逻辑是，中国的计划经济体制来自斯大林模式，斯大林模式来自列宁的"国家辛迪加"式工厂模式，而列宁的模式又来自马克思的"社会大工厂"模式，而这是具有理想主义色彩的，是不可能实现的。既然改革的目标是改革计划经济体制，那么，如果不摆脱导致人类社会出现计划经济的马克思主义，就达不到建立现代市场经济的目的。如果吴先生说的真有道理，那么马克思主义似乎真的不能作为改革的指导思想了！吴敬琏先生的逻辑分析着实影响了不少人；改革开放以来经济界出现"西化"严重倾向，不能不与他这种理论逻辑有关。

2. 必须揭穿《重启》强加给马克思的"模式"

显而易见，问题的关键在于，马克思究竟是否提出了"社会大工厂模式"？回答应当是断然否定的。经济学界已有学者对吴先生强加给马克思的模式做出过详细批驳。[1] 笔者也已撰文详细论证马克思绝没有把企业管理方式扩大到全社会的"社会大工厂模式"。要点是：

其一，吴敬琏为了论述马克思提出"社会大工厂模式"而引用的有关语录，都不符合马克思在《资本论》中的原意，而是吴先生自己加给马克思的思想。

其二，马克思作为发现并首先系统阐释唯物史观的人，只会从现实社会的基本矛盾的分析，指明社会未来的发展必然趋势，而绝不会对未来社会提出"模式"。

其三，马克思提出了资本集中走向极限的假设，这以客观规律为前提，但是并没有说走向极限才能实现共产主义。马克思也没有说资本集中是唯一趋势，他论证了资本主义私有制和市场竞争会导致两种并行的经济发展态势，一是资本集中态势，二是私人资本的家族裂变现象。后一态势对前一态势起阻碍作用。

其四，马克思为了同商品生产社会作对比，指出自由人联合体经济的生

---

[1] 国家发改委宏观经济研究院夏小林研究员，近年来发表了《马克思主义不容篡改》、《列宁主义不容篡改》，载于《管理学刊》2011年第5期、第6期。

产方式将会有计划的分配社会劳动时间。同时指出,任何协作生产都像交响乐演奏那样有集中的指挥。但是,马克思从来没有说自由人联合体社会的生产集中指挥是单个企业内计划管理方式在全社会的扩大化。相反,马克思在《资本论》科学地论证了社会总资本的运动与单个资本运动有着重大差别:(1)社会总资本运动要求社会总产品的物质组成部分(各种形式的生产资料与消费资料产品)的构成与社会总产品的价值组成部分($I(c+v+m)+II(c+v+m)$)的构成相互对应,符合$I(v+m)=IIc$的基本要求,而单个企业的资本运动则没有这种要求;(2)社会总资本运动就其对产品的消费而言,既包括投入直接生产过程的生产消费,又同时包括人们对生活资料的个人消费,而单个资本运动是不包括个人消费的;(3)在单个资本运动中,不包括离开资本增值的独立的一般商品流通,而在社会总资本则包括一般的商品流通。所以,马克思坚信未来社会一定要实现社会再生产的计划管理,但是绝不会像吴敬琏先生所说的那样,把这种计划管理看成是一个把工厂管理简单地扩大到全社会的"社会大工厂模式"的管理。

可见,吴先生所谓马克思设想未来社会是"社会大工厂模式",完全是伪命题。至于列宁、斯大林时期的计划经济体制,当然不能说没有缺陷,但是毕竟取得了伟大经济成就,绝对否定就是违反历史事实;而这些成就的必然性就在它们与马克思关于人类社会未来发展趋势的有关论述存在内在联系,它们恰恰证明了马克思的科学社会主义理论逻辑反映的是资本主义基本矛盾的必然发展趋势,是无懈可击的。

四、《重启》的理论来源

只要稍加用心,就可以看出,《重启》提出的改革思想,主要来自西方资产阶级经济学和原苏东国家那些受新自由主义影响而后来倒向资产阶级经济学的所谓改革家的理论。兹梳理如下:

一是搬用现代西方资产阶级经济学。吴先生说,"欧美模式则是成熟的市场经济国家所共有","现代经济学"就是"反映这种经济类型运动规律的"(《重启》第243页)。现代经济学是何含义?在唯物史观看来,经济学主要研究人们的经济利益关系,不能不具有阶级性。下面的引述和简要分析可以证明,吴先生指的是现代资产阶级经济学。这是他改革思想的基本来源。

在现代资产阶级经济学中,吴先生搬用的主要是新自由主义经济学。他介绍米塞斯和哈耶克对"被称为社会主义同情者"兰格的批评(《重启》第27页);赞同当时的"主流经济学家对苏联式集中计划经济体制"和关于"计划经济难以建立有效率的信息机制"的"透彻批评"(《重启》第29页);说计划经济体制"建立不起有效的激励机制","缺陷是无法弥补的"(《重启》第30页);说"现代经济学认为,政府的基本职能是提供公共产品,而不是在市场上提供私用产品,过多的政府干预会妨碍市场的有效运作并且滋生腐败"(《重启》第243页)。他推崇弗里德曼的观点,"仅仅利用市场和实现私有化是不够的,更加重要的是公开的自由竞争。只有这样才能防止腐败和贫富两极分化"(《重启》第131页)。

在《重启》中,吴先生不但搬用新自由主义论证他的建立"现代市场经济"的改革主张,还搬用凯恩斯主义分析中国宏观经济问题,欣赏"被人们称为凯恩斯主义货币问题大师的托宾"的理论(《重启》第220页);并搬用西方发展经济学分析经济增长和发展战略问题(《重启》第260页);而把马克思经济学完全撇在一边。

二是推崇苏联东欧某些经济学家的改革理论。吴先生说,苏联东欧20世纪60~80年代进行"市场社会主义"改革,但是到80年代不再风光,转而寻求"真正的市场"(《重启》第5页),这就是私有制为基础的市场;因为"波兰改革经济学家""布鲁斯认为,完全的市场机制必然要求放弃任何形式的所有制教条,未来市场社会主义的唯一形式看来只能是一种以私有制为基础的混合经济"(《重启》第63、64页)。吴先生认为,"匈牙利经济学家科尔奈对'市场社会主义'做出的评论最为全面和深刻"(《重启》第73页);为什么深刻全面?因为科尔奈认为,"市场社会主义保持了计划经济和国有制主导的基本格局","在这种情况下,国有企业无法根治在传统社会主义体制下染上的痼疾"(《重启》第73页),言下之意,瓦解国有经济,搞私有化,消除政府计划调控,才能根治体制弊病。

值得注意的是,吴敬琏先生十分推崇的科尔奈和布鲁斯,他们的思想实际上都渗透新自由主义,不过在苏联东欧剧变之前,这些号称"社会主义经济改革理论家"表达观点比较隐蔽而已。例如,布鲁斯说"社会主义经理能够成功地担当企业家的角色吗……社会主义经济主要缺乏的仍然是企业失败后承担风险责任的物质基础。他不拿自己的资本冒险,这就使他像哈耶克很早以前强调的那样,极有可能在两方面犯错误,或者轻举妄动,或者过分谨慎"[1],这种观点,实质上暴露了他的哈耶克式的新自由主义立场,已经在贩卖"私有化"的改革主张。科尔奈在苏东时期,就认为社会主义经济是"短缺经济",实质上是要根本否定国有经济。而到苏联东欧剧变前夕,他们就开始公开表达反社会主义立场了。布鲁斯公开主张搞"以私有制为基础的混合经济"。科尔奈更为露骨,1990年,正当原苏联领导人戈尔巴乔夫和叶利钦共同主持制定《500天计划》,搞私有化"改革"之时,科尔纳的新著《通向自由经济之路》被译为俄语在莫斯科出版。他在这部书的"告苏联读者"中说,"人类社会在15世纪末转向建立在私有制基础上的市场经济。这是第一条道路";苏联和跟在其后的一些国家走的是"建立在公有制基础上的官僚主义命令经济这种统治的第二条道路";现在的改革是走"离开斯大林体制,同时本质上区别于当今西方发达国家经济体制的第三条道路";"本书继续我先前的分析。现在我比任何时候都相信,这种试验是不会成功的。第三条道路是没有的";按第二条道路走了几十年的人们将会认同,"他们只有在长久和有益的探索之后走上第一条道路,才是正常的经济。"[2]这些事实意味着,吴先生推崇布鲁斯和科尔奈的改革思想,只能起误导中国改革走上资本主义道路的作用。

三是重新捡起被列宁批判过的修正主义的理论和国际共产主义运动中的错误理论。吴先生在《重启》中说,"为了克服马克思关于社会主义经济制

---

[1] 布鲁斯,拉斯基:《关于所有制问题》,载于《社会经济体制比较》1993年第4期,第46页。
[2] 本文作者译自亚诺什·科尔纳:《通向自由经济之路》(俄文版)[莫斯科],经济出版社1990年版,第2~3页。

度的理想化观念",伯恩斯坦"开启社会民主主义先河"(《重启》第 26 页),"现代社会民主主义主张按照人的自由发展、共同富裕和社会公正的原则改进社会。"(《重启》第 26 页)"这些政党先后放弃了国有化的目标,转而主要采取税收、社会福利等社会政策;实现基本的社会诉求。"(《重启》第 27 页)可见,吴先生赞同私有制加政府财政再分配的民主社会主义的经济制度,即改良的资本主义经济制度。他还说,19 世纪末 20 世纪初,"社会民主党的领袖人物大卫(Edward David)和伯恩斯坦(Eduard Bernstein)质疑马克思的论断,认为以家庭为单位的农民经济还有进一步发展的潜力,考茨基则捍卫马克思的观点"(《重启》第 90 页),"列宁肯定了考茨基的观点,所以苏联首先在农业中推行了集体化,其他社会主义国家也纷纷效法,都建立起准国有的集体农庄、农业生产合作社或人民公社。当然,结果是这些国家的农业都没有搞好,或者搞得很糟糕"(《重启》第 90~91 页)。

以上引述的吴敬琏改革思想的几方面来源,实质都属于资产阶级经济思想范畴。我国在经济体制改革中,固然有必要研究西方资产阶级经济学,但是必须以马克思主义为指导,采取批判和有分析地借鉴态度。然而,吴先生却相反,批"马"亲"西"。其实,资产阶级经济学无论近代和现代都具有不科学的通病,即主观性、表面性、片面性、欺骗性和虚伪性[①];用以指导中国改革,势必南辕北辙。值得深思的是,布鲁斯、科尔奈等人,都是苏联东欧国家当时推进"改革"的主流经济学家,然而,他们的国家却在改革的喧嚣声中复辟了资本主义。可见,他们是起了误导和推波助澜作用的。

五、《重启》对必须搞私有化的论证

《重启》既然用西方资产阶级经济学来指导中国改革,就必然主张只有瓦解公有制经济,建立资本主义私有制的经济基础,才能达到建立"现代市场经济"的目的。为此,做了多方面论证。

---

① 何干强:《现代西方经济学的老教条与新教条》,载于《中国社会科学院报》2008 年 10 月 9 日第 5 版。

▶ 中国需要什么样的市场经济

1. 论证国有经济必须消解

这是《重启》关于改革的核心论述,例如:

—— 认为国有经济是政府干预微观经济活动和腐败的源头。说国有经济产生"'掌勺者私占大锅饭'的权贵私有化"(《重启》第 8 页),引用科尔奈的话说"官商勾结造成严重的社会政治后果"(《重启》第 74 页)。

—— 认为"国有经济是计划经济的基础"(《重启》第 94 页),"国有经济是公有制的高级形式,是社会主义所必须追求的目标",这是"从苏联搬来的意识形态教条"(《重启》第 157 页);说这是"传统意识形态中最根本的东西",所以,"计划经济向市场经济转型过程的一个重要内容,就是对计划经济下的产权制度进行彻底的改造"(《重启》第 153 页),也就是要消解国有经济。

—— 认为国有经济没有效率。说市场经济"能够引导资源配置到最有效的地方","把怀有利己心的人引向为社会利益服务的方向","然而,市场交换的内容正是不同所有制之间的产权交换"(《重启》第 95 页),"在一般竞争性领域,国有经济并不具有民营经济所具有的灵活性和竞争力,无法为社会提供价廉物美的产品和服务"(《重启》第 160~161 页),因此,要转向市场经济,必须实行国有企业私有化改革。

2. 论证农村集体经济必须转向私有

吴先生说,"'一大二公'的集体经济把农民'挖得太苦'"(《重启》第 77 页),"出工一窝蜂,干活大呼隆"、"出工不出力"成为一种普遍现象(《重启》第 81 页),借用董辅礽的话说"人民公社制从经济学意义上说是现代农奴制"(《重启》第 82 页);断言"集中经营的农业生产合作社不能产生良好的生产率",因为与农业生产的特点不相适应(《重启》第 91 页)。1956 年、1959 年、1960 年年初,农村出现过三次"包产到户"的要求,每次都"遭到了坚决的拒绝和严厉的镇压"(《重启》第 83 页);"因为'包产到户'属于私有性质。不能实行私有,这是毛泽东的底线"(《重启》第 84 页)。到 20 世纪 80 年代初,农民选择生产队体制向家庭联产承包责任制转变(《重启》第 77 页),这是"农民最容易接受的一种农业经营制度安排"(《重启》第 82 页);"农民开始有了自己的财产权利","一是承包期内的土地使用权('田面权')","二是私人财产所有权,主要由存款、私宅、家用生产资料和生活资料构成","三是农民支配自己的人力资本的权利"(《重启》第89页),到2007年,"农村居民过上了温饱生活"(《重启》第88页)。但是21世纪初,出现"三农"问题,为什么?《重启》认为,"从根本上说是改革没有完全到位"(《重启》第89页),因为"土地承包制是一种在不改变土地的集体所有的条件下采取的变通办法","并不意味着恢复了'耕者有其田'土地制度"(《重启》第92页),"延缓了农民转化为市民以及农村现代化的进程"(《重启》第92~93页)。众所周知,"耕者有其田"是资产阶级民主革命的目标,显然,《重启》要求我国的农村具有社会主义性质的土地集体所有制转向资本主义私有制。

3. 论证民营经济(即私营经济)为基础才能建设现代市场经济

《重启》的基本观点是,"事实表明,民营经济是市场经济的基础和最活跃的部分,推动着中国市场经济的发展。更有意义的是,民营经济有利于培育庞大的中产阶级,是维护社会稳定的基础性力量,也是技术创新的源泉。"(《重启》第165页)

4. 用经济改革史论证私有化具有必然性

《重启》为了增强说服力,采取史论结合的方法,分时间段来证明私有化是中国经济发展的必然要求:

——1949~1956年:吴先生认为,在1949年建立起来的经济体制是"国家掌握着一切制高点('经济命脉')、多种所有制经济并存的市场经济体制。"(《重启》第35页),不同于苏联的计划经济体制,因而很快"实现了50年代上半期的繁荣"(《重启》第36页)。他实际上是想说,导致繁荣的原因是,当时国民经济中存在私有制经济成分。

——1957~1977年:吴先生认为,三大改造之后,形成公有制经济基础之后,导致"官僚主义盛行,工商业的服务质量下降,国民经济难免陷入僵化和低效的境地"(《重启》第41页)。于是1958年开始"行政性分权"的改革,计划经济变为"分权性命令经济"(《重启》第50页),造成"大跃进"错误;此

▶ 中国需要什么样的市场经济

后,虽然多次搞"体制下放"改革,但是由于仍是"命令经济",所以形成"'放—乱—收—死'的怪圈"(《重启》第56页),"1957~1976年中国的经济管理体制改革没有成功"(《重启》第57页)。他想说的是,公有制基础的建立,导致中国经济走上不良之路。

——1978~1991年:吴先生认为,1978年开始搞"扩大企业自主权"的国有企业改革(《重启》第67、154页),开始有成绩,但是缺点很快显示出来,造成总需求失控,财政赤字剧增(《重启》第68页);这导致1982年,陈云"计划经济为主,市场调节为辅"思想得到确认(《重启》第44、69页),"这样一来,国有企业改革失去了方向"(《重启》第77页)。1983年的"'承包制改革'只是昙花一现"(《重启》70页),承包制企业出现"行为短期化、财务管理松弛等乱象"(《重启》第71页)。20世纪80年代,改革初期的"重点""放在民营经济增量改革上"(《重启》第4页),"民营经济'辅助作用'的发挥,促成了国民经济的恢复和发展"(《重启》第3页),然而增量改革战略使中国出现"命令经济和市场经济双重体制并存的'双轨状态'"(《重启》第122页)。双轨并存体制"缺乏平等竞争的环境","造成了一种利用公共权力牟取私利的制度环境",产生"权钱交易"(《重启》第124~125页)。1987年中共十三大"为私营经济发展开了绿灯"(《重启》第103页)。1989年发生"六四"风波,吴先生认为社会上的负面现象,"问题正出在没有坚持推进市场取向的改革","一是行政性分权,造成市场割据、'诸侯经济';二是'权利搅买卖',形成寻租腐败的广大基础;三是软化预算约束,酿成财政亏空、货币超发和通货膨胀。"(《重启》第139页)从1991年起,中国经济开始复苏,"民营经济就是带动经济复苏的主要力量"(《重启》第142页)。吴先生的意思是,只要公有制经济存在,"改革"就不会取得成果,而私营经济一旦发展起来,经济走向健康发展。

——20世纪90年代中期:吴先生认为,"市场制度的核心是价格制度"(《重启》第6页),围绕这个核心,"增量改革"转向"整体改革"(《重启》第6页)。1993年11月中共中央十四届三中全会《关于建立社会主义市场经济体制若干问题的决定》"明确提出'整体推进、重点突破'的新的改革战略"。（《重启》第157页），"中国改革终于进入'整体改革和重点突破相结合'的进行市场制度建设的新阶段"（《重启》第143页）。但是，"到90年代中期，整个国有部门出现净亏损。"（《重启》第72、154页）国有企业在放权让利上徘徊，但是"各种形式的民营经济（非国有企业）的蓬勃兴起和它们所表现出来的极大活力却令人瞩目"（《重启》第72页）。可见，吴先生把改革的成就归功于私营经济。

——20世纪末：吴先生说，这时"'苏南模式的乡镇企业'优势不再，原因可能主要是在它们成长起来以后，和国有企业相似的缺点就日益显现"（《重启》第161页），因此，"市场社会主义类型的改革解决不了国有经济问题。"（《重启》第72页）1997年党的十五大"把非公有制经济确定为'我国社会主义市场经济的重要组成部分'"（《重启》第160页），开始了抓大放小的改革。"到21世纪初期，全国中小型国有企业，包括基层政府所属的乡镇企业已经全部改制，其中绝大部分成为个人独资或公司制企业。"（《重启》第162页）"总体来看，发生在21世纪之交的"放小"改制，对中国的经济发展起了极大的促进作用。在改制以后的短短几年的时间中，全国已经涌现出一大批具有很大活力的企业。同时，这些私有企业成为吸纳就业的主力，也为在抗击1997年发生的亚洲金融危机、减少失业人口做出了巨大贡献。"（《重启》第163页）"到20世纪末，中国已经涌现了3000多万户的民间企业。它们乃是中国出人意料的发展最基础的推动力。"（《重启》第237页）这些论述充分表达出，吴先生要把私营经济作为中国的经济基础。

《重启》对中国改革史回顾，让人产生了错觉，似乎改革实践证明公有制经济绝对搞不好，所以必须消解。殊不知，正是公有制经济对中国经济体制转向社会主义市场经济的改革，做出了最重要的贡献，其中包括不少工农群众以自己的"下岗"、背井离乡外出打工作为代价；相反，正是不少地方"私有化"错误的"改革"实践，使社会主义基本经济制度严重削弱，而产生了两极分化、产能过剩和腐败屡禁不止等不良后果。

六、《重启》把改革描述为推进私有化的战略

《重启》认为,俄罗斯通过大规模私有化快速实现了"新产权制度"(《重启》第153页),中国则是"经过了一个很长的过程逐步实现的"(《重启》第153页)[①];把中国改革进程纳入私有化轨道来阐释。人们可以清楚地看到,《重启》的所谓改革战略推行的就是私有化战略。

1.《重启》宣扬改革开始就准备搞私有化

吴先生说,改革初期的"增量改革"的战略,这是"构筑市场经济的产权制度基础"的"第一阶段","也就是说,不对国有经济(即所谓'经济存量')作根本改革,而是把工作的重点放在创造条件使民营经济(非国有经济)能够自下而上地成长起来。"(《重启》第153页),目的是"等到民营经济发展到相当的水平,能够在一定程度上支持社会的运转时,再来进行对国有经济的改造"(《重启》第154页);又说,1984年中共十二届三中全会《关于经济体制改革的决定》,"一项重要内容,就是要摸国有经济的'老虎屁股',进行国有企业的改革"(《重启》第154页)。这种说法误导人们,似乎改革初期发展非公有制经济目的,不是为了完善公有制为主体、多种所有制经济共同发展的社会主义基本经济制度,而是为了待条件成熟之后放手私有化。

2.《重启》宣扬党政高层在逐步接受私有化改革的主张

吴先生说,"在1996年第一季度,整个国有部门自1949年以来首次出现了净亏损,甚至出现了国有经济的全行业亏损";"'搞好国有企业'的努力都以失败而告终。在这种情况下,即使党政高层也不能不对'国有经济是公有制的高级形式和社会主义必须追求的目标'的说教持怀疑态度了"(《重启》第154页)。于是,1997年党的十五大"把非公有制经济确定为'我国社会主义市场经济的重要组成部分'"(《重启》第160页),指出"国有经济只应在'关系国计民生的重要行业和关键领域'中起主导作用"(《重启》第161

---

① 请读者注意,吴敬琏先生的"新产权制度"和以下引述的他所谓"民营经济"、"非国有经济"都不是指集体经济,而是吴先生对私有制的一种隐蔽的表述。

页);1999年9月,党的十五届四中全会对此进一步作了"更具体的界定","党的十五大关于有进有退调整所有制结构的决定的最重要的作用,就是使小型国有企业改制得以大面积地进行"(《重启》第161页)。不容否认,所谓"小型国有企业改制",也就是不少地方政府实际推行的"经理层购买"(MBO)的私有化。《重启》的这些描述,让人们感到似乎我国党政高层是在吴先生等"改革理论家"的引导下,对私有化"改革战略"已从被动逐步转向了主动。

3.《重启》把改革阻力归结于公有制的存在

吴先生说,21世纪初中国形成"半市场、半统制"经济(《重启》第7页),"包括政府机构和国有经济在内的国家部门(state sector)仍然在资源配置中起着主导作用"(《重启》第8页),"2004年以后,社会上开始出现了被媒体称为'再国有化'或'新国有化'的开倒车现象"(《重启》第9页)。他认为党的十六届三中全会之后,"改革进展缓慢",近年来"还出现了改革倒退的现象"(《重启》第233页):在土地产权制度上,"农民并没有获得承包地的永久使用权(在1949年以前通常叫做'田面权')"(《重启》第234~235页);国有经济"从竞争性领域退出的布局调整","距离党的十五大确定的完善所有制结构的改革还有不小的差距"(《重启》第236页);"改革还有很多'大关'没有过","其中最突出的问题:政府和国有企业仍然在资源配置中起着支配作用"(《重启》第241页);"当改革停顿下来,""国家资本主义的趋向就变得十分明显了"(《重启》第245页),"所谓国家资本主义,就是国家资本以政治权利为依托,与其他资本展开竞争,进而形成市场控制力的一套政治经济体制"(《重启》第257页)[①]。吴先生还说,"在不改变银行的基本制度的条件下,要实现银行经营的商业化状况,是根本不可能的"(《重启》第172~173页);"最不成功的可能就是社会保障领域的改革了"(《重启》第198页),因为在解决补偿问题上,每次"从国有资产中'切一块'的建议都会遭到社会保

[①] 这种解释,完全曲解了我国作为人民民主专政的国家,通过税收、控制等手段利用私人资本主义为人民服务的国家资本主义的科学含义。

障主管机关的反对,最后被搁置,使行政主管机关对社会保障基金的收缴、保管和发放全权处理的权力保持不变"(《重启》第208页)。可见,维护国有资产竟成了改革的阻力!但是,既然社会保障领域涉及全社会,那么,为何不提出同时切割私人资本呢?这里又要提出,吴先生的改革主张公平吗?其实,《重启》的意思是,现在"改革尚未到位",归罪于国有经济仍在起主导作用,农村集体经济基本性质仍然未变。国有经济改革遇到的问题和其他领域改革的"不成功",都是没有对国有经济进行彻底私有化造成的。

4.吴先生鼓吹改革最终攻坚对象就是国有经济和政治体制

吴先生说,改革的"障碍和难点,几乎都与政府和它拥有的国有经济有关。因此,如果不对政府自身改革,经济体制也难于改革到位"(《重启》第246页)。从政治体制看,来自"列宁—斯大林政治体制"这种"高度集权的'铁的专政'"(《重启》第247页),这种"'无产阶级专政体系'的政治体制和'国家辛迪加'的经济体制是相互衔接和相互支持的","作为核心力量的共产党及其领导人,则依靠无产阶级专政的整套体系来保持对'国家辛迪加'和整个社会的绝对控制"(《重启》第248页)。可见吴先生的政治体制改革矛头就是对准无产阶级专政和共产党的。从经济上看,"目前中国社会中存在的贫富悬殊问题,主要是由于机会不平等造成的,其中首要的因素是腐败","需要通过市场取向的改革和实现机会的平等来解决"(《重启》第290页),"当前社会上存在的种种丑恶现象,从根本上说是缘于经济改革没有完全到位,政治改革严重滞后,行政权力变本加厉压制和干预民间正当经济活动,造成广泛寻租活动的结果"(《重启》第294页),为此,"那些国有资本没有退出的企业","尽可能地引入非国有资本,实现股权多元化"(《重启》第238页)。显而易见,吴敬琏的改革战略就是经济上搞私有化,也就是走现代资本主义市场经济的战略。

国有经济不需要加强吗?

深化国企改革是大文章,国有企业不仅不能削弱,而且还要加强。

——习近平 2014 年 3 月 5 日在参加"两会"上海代表团审议时的讲话
（《解放日报》2014 年 3 月 6 日）

发展混合所有制经济,基本政策已明确,关键是细则,成败也在细则。要吸取过去国企改革经验和教训,不能在一片改革声浪中把国有资产变成谋取暴利的机会。改革关键是公开透明。

——习近平 2014 年 3 月 9 日在参加"两会"安徽代表团审议时的讲话
（新华社"新华视点"微博 2014 年 3 月 9 日）

国有企业特别是中央管理企业,在关系国家安全和国民经济命脉的主要行业和关键领域占据支配地位,是国民经济的重要支柱,在我们党执政和我国社会主义国家政权的经济基础中也是起支柱作用的,必须搞好……中央企业负责同志肩负着搞好国有企业、壮大国有经济的使命,要强化担当意识、责任意识、奉献意识,正确对待、积极支持这项改革。

——习近平 2014 年 8 月 18 日在主持召开中央全面深化改革
领导小组第四次会议时的讲话
（《人民日报》2014 年 8 月 19 日第 1 版）

坚持中国特色社会主义不动摇

——析吴敬琏修改基本制度的方法

杨承训

（河南财经政法大学教授，河南省经济学会会长）

自从我国改革开放总设计师邓小平1979年在全国理论务虚会议上提出四项基本原则以来，是否坚持社会主义制度就一直是我国马克思主义与新自由主义改革中争论的焦点。吴敬琏屡次提出"中国向何处去"的命题，实质就是对我国根本道路的挑战。为澄清这一最大的根本性问题，我们应当认真辨析吴敬琏所采取的种种方法。

一、用"经济手段"混淆基本经济制度

"中国向何处去？"是20世纪40年代毛泽东在《新民主主义论》一文中提出来的，当时已作出明确的回答：中国革命分两步走，新民主主义革命——社会主义革命。新中国成立后，毛泽东又做出明确的科学判断："只有社会主义才能救中国。"改革开放后，邓小平继承和发展了这一思想，提出走中国特色社会主义道路。以后，中国共产党的历次代表大会都重申了这个根本方向。70多年的历史进程表明，"中国向何处去"的问题，早已解决，无须再去讨论。

然而，吴敬琏却说这个问题还没解决。10多年前正是国有企业改革深入开展之时，他又提出来了，十几年之后的今天，他还说没有解决，说中国"站在十字路口上"。按照他的逻辑，是否坚持社会主义制度，中国走不走中国特色社会主义道路现在还没有解决，还要选择另外的道路，当然是资本主义制度。说"改革停顿"、"甚至倒退了"，显然是说私有化还不够，需要彻底

> **中国需要什么样的市场经济**

私有化才算解决了"中国向何处去"的问题。党的十八届三中全会报告指出,改革开放最主要的成果是开创和发展了中国特色社会主义,为社会主义现代化建设提供了强大动力和有力保障,强调必须在新的历史起点上全面深化改革,不断增强中国特色社会主义道路自信、理论自信、制度自信。这就说明我们前进的方向是清晰的,道路是光明的。作者的判断是对十八届三中全会精神的否定,是要根本改变中国的基本方向、基本制度、基本路线。而他的手法是用"市场化"这个名词来取代社会主义,说"只有重启改革议程,坚定不移地推进市场化的经济改革和法制化、民主化的政治改革才是唯一的出路"。① 他这里用了一个混淆概念的障眼法,以作为"经济手段"的市场取代基本经济制度。

为澄清这一问题,我们需要重新领会邓小平的论述:"计划多一点还是市场多一点,不是社会主义与资本主义的本质区别。计划经济不等于社会主义,资本主义也有计划;市场经济不等于资本主义,社会主义也有市场。计划和市场都是经济手段。社会主义的本质,是解放生产力,发展生产力,消灭剥削,消除两极分化,最终达到共同富裕。"② 这里邓小平再明确不过地划清了两类问题,即经济手段与基本制度本质的区别。市场经济(吴敬琏所说的"市场化")不是基本制度,而是一种经济手段,资本主义制度可以用,社会主义制度也可以用,它从属于基本经济制度。自称为"吴市场"的吴敬琏,故意把经济手段与基本经济制度混淆起来,也就是用"市场化"取代社会主义基本制度。人们都知道最市场化的就是资本主义。在我国,只讲市场化不讲社会主义那就是用资本主义取代社会主义。这是吴敬琏偷换概念大讲"中国向何处去"的用意。

再说改革,邓小平将改革明确定义为"改革是社会主义制度的自我完善"。③ 改革并不是社会主义所独有的,其他社会包括奴隶社会、封建社会、资本主义社会都有改革。笼统地讲改革而不讲改革的性质就容易使人迷失

---

① 吴敬琏:《重启改革议程——中国经济二十讲》序,生活·读书·新知三联书店2013年版。
② 《邓小平文选》第三卷,人民出版社1993年版,第373页。
③ 同上,第42页。

方向。而"社会主义制度的自我完善"的改革才是社会主义所独有的。我们所说的改革不同于现代资本主义各国的改革,而是坚持社会主义方向的改革。在这一点上,一贯打着改革旗号的吴敬琏讳莫如深,打着"改革"的旗号来实现他否定社会主义的宗旨,也是一种混淆概念的手法。

基于对不同改革的区别,邓小平也做了明确的论述。他说:"社会主义的一个含义就是共同富裕。'四个坚持'和改革开放是相互依存的。没有'四个坚持',就没有稳定,改革开放也是空的。"他又说:"总结历史经验,坚持四项基本原则十分重要,特别是坚持社会主义和党的领导,绝不能放松,否则我们非垮台不可。"[1]这就告诉我们,改革开放与坚持四项基本原则是不可分割的,四项基本原则是前提,改革开放是手段。离开了四项基本原则只讲改革,那就势必把改革引向歧途。吴敬琏从来就是淡化四项基本原则而大谈"改革"的,这是对党的基本路线的歪曲。所以,他讲的"改革"是另有企图的。

我们还应当认识,改革是一个长过程,它贯穿到社会主义社会的始终,而不是一蹴而就的事情。因此,改革一定会区分不同的阶段、不同的领域,循序渐进地展开。而吴敬琏却大讲"改革停顿了","甚至倒退了",这同样是对改革的歪曲。仔细研究,事情的本来面目是:他说的10年以前的"改革停顿",正是国有企业大规模改革之时,由于"抓大放小",90%的国有企业都改制了,外国称之为我国出现"私有化"(实际上是部分私有化)。而吴敬琏却说,从那时开始改革"停顿""倒退",意思就是私有化不彻底,应当把国有企业全部消灭(吴敬琏在另一文讲过)。这说明他的"改革"就是私有化,彻底改变中国的基本制度。鉴此,我们绝不能依他的意志去左右改革大方向。

二、用"市场化"偷换社会主义市场经济的概念

如上所述,市场经济是几种社会制度所共有的,它的性质由它依存的基本经济制度所决定。目前,世界上有资本主义市场经济和社会主义市场经济两种基本经济制度。然而,吴敬琏从来不讲两种市场的本质区别,却用

---

[1]《邓小平年谱》,中央文献出版社2004年版,第1312页、1295页。

中国需要什么样的市场经济

"市场化"取代社会主义市场经济,意在让我们走向资本主义市场经济。

吴敬琏并不糊涂,他用的是个障眼法。为了甄别两种市场的区别,我们还是需要认真研究邓小平的经典论述。邓小平说:"社会主义市场经济优越性在哪里?就在四个坚持。四个坚持集中表现在党的领导。这个问题可以敞开来说,我那个讲话没有什么输理的地方,没有什么见不得人的地方。当时我讲的无产阶级专政,就是人民民主专政,讲人民民主专政,比较容易为人所接受。现在经济发展这么快,没有四个坚持,究竟会是个什么局面?提出四个坚持,以后怎么做,还有文章,还有一大堆的事情,还有没有理清楚的东西。党的领导是个优越性。没有人民民主专政,党的领导怎么实现啊?四个坚持是'成套设备'。在改革开放的同时,搞好四个坚持,我是打下个基础。"①

这实际上是对社会主义市场经济的性质做了明确的规定。也就是说,市场经济必须在四项基本原则的框架下运行,即坚持社会主义制度,坚持人民民主专政,坚持党的领导,坚持马克思列宁主义、毛泽东思想、中国特色社会主义理论体系的指导。这可概括为四个结合:

第一,市场经济必须与社会主义基本制度结合。坚持公有制为主体,多种经济并存,坚持共同富裕,不能搞两极分化。离开了公有制单纯而笼统地讲市场化,势必改变基本经济制度,滑向资本主义经济制度。这个方向是社会主义市场经济的本质规定,而这恰恰是吴敬琏所要掩盖的。

第二,市场经济必须同人民民主政权结合。一是政治上受人民政权的规导,二是经济上受人民政府的宏观调控。吴敬琏讲市场化而不讲政府的宏观调控,恰恰是新自由主义的一个基本特征,连一些西方的经济学家都不如。事实上,任何一个市场经济如果绝对自由化而没有政府的管理和调控,那是无法运行的,现在西方宏观调控也越来越多,即使是吴敬琏所崇拜的美国,宏观调控的措施也是很严格的。社会主义则应当把宏观调控放在主导地位,防止和克服市场经济的种种缺陷,使市场有序运行,而不能搞乱。多

---

① 《邓小平年谱》,中央文献出版社 2004 年版,第 1363 页。

年来证明,我国经济的计划性和科学的宏观调控是保证社会主义市场经济顺利发展和运行的基本条件。没有或削弱宏观调控,市场经济就会紊乱,也不能保证社会主义优越性的充分发挥。邓小平屡次强调,"我们要发挥社会主义能够集中力量办大事的优势",使得我国在世界性重大工程的科技创新上取得飞跃性的进展。而吴敬琏却把"集中力量办大事"讽刺为中国计划经济体制模式的遗害。这说明,他对社会主义市场经济本质是不愿意深化认识的,希望走向新自由主义市场万能论的路子。

第三,市场经济必须和党的领导结合。党领导一切,同样也要领导市场经济,把握它的方向。邓小平在论证社会主义市场经济时,就明确地说:"我们在改革开放初期就提出'四个坚持'。没有这'四个坚持',特别是党的领导,什么事情也搞不好,会出问题。出问题就不是小问题。"①吴敬琏打着拥护邓小平的旗号,却从来不讲党对社会主义市场经济领导,最近又说什么"用民粹主义和民族主义的口号蒙骗大众,掀起强化国家权力和行政控制,从市场化、法治化、民主化倒退的风潮,造成了极为严重的后果。"②吴敬琏口口声声讲法治化,我国最根本的大法是宪法,宪法规定了党的领导地位,而他却置若罔闻,实际上否认共产党对社会主义市场经济的领导。

第四,市场经济必须和社会主义精神文明相结合。市场经济作为一种经济运行体,它也会产生强大的精神力量,因为参加市场活动的人是有精神的。资本主义市场经济是金钱挂帅,追逐利益的最大化;社会主义市场经济则把个人利益同社会利益、集体利益结合起来,受马列主义、毛泽东思想、中国特色社会主义理论体系指导,形成新型的市场文明和新型伦理,贯彻社会主义核心价值体系。吴敬琏对这一点是从来不提的,他反对用意识形态研究经济问题,用意在于纵容商品拜物教、货币拜物教泛滥流行,伤害社会主义体制下人们的灵魂。

吴敬琏用一般市场化去取代社会主义市场经济的概念有他的目的,那就是把社会主义市场经济蜕变为资本主义市场经济。在理论上,有这样一

---

① 《邓小平年谱》,中央文献出版社2004年版,第1363页。
② 吴敬琏:《重启改革议程——中国经济二十讲》,生活·读书·新知三联书店2013年版。

中国需要什么样的市场经济

种内在联系需要解释:资本主义市场经济和社会主义市场经济既有共性又有个性,而个性恰恰是决定市场经济性质的东西。正是这两性的矛盾统一,就产生了通融性和排异性。

共性是两种市场通融性的基础。现阶段主要有五点:一是机制相同;二是手段工具相同;三是存在大量私人资本(社会主义初级阶段);四是强大的国际市场影响力;五是意识形态的某些融通。个性则是排异的基础:其一,制度优势的主导作用;其二,利益的抗衡力量(社会主义国家具有人民共同利益的强势);其三,日益雄厚的物质基础,主要是公有经济的实力;其四,执政党和人民政权的坚强和主观能动性。二者的通融性往往是自发的,排异性则主要靠"自觉"的动力。目前通融性暂时占优势。如果中国的市场经济忘记了"社会主义",就必然滑向资本主义市场经济。吴敬琏往往大讲"市场化"却不讲"社会主义",不讲决定市场经济性质的那些因素,资本主义市场经济的因素就会无形中借机发酵,两类市场的通融性就会扩展资本主义个性吃掉社会主义个性,特别是世界传统的市场经济势力十分强劲,社会主义市场经济正如社会主义国家会"和平演变"一样,它也可能在一定条件下演变为资本主义市场经济。近几年的事实表明,我们有的地方、有的领域是基于"无为而治"向资本主义市场经济滑下去,这是很危险的。党的十八大再次强调,共产党人要受"市场经济的考验",就是因为资本主义市场经济的一些消极因素会借机挥发出来,侵蚀我国的基本经济制度、基本政治制度和党的肌体,那是非常危险的,是"和平演变"的酵母。所以,我国绝不能搞中国特色资本主义,不能把社会主义市场经济变成资本主义市场经济,而必须坚持中国特色社会主义制度,坚持特色鲜明的社会主义市场经济体制。这一点,决定中国的命运。吴敬琏所用的混淆概念的手法,就是用市场经济的共性否定社会主义市场经济的个性,使之滑向资本主义市场经济。

全面地看我国的改革开放是健康的,取得了很大的成绩,但是不可否认,我们在一定程度上也受了新自由主义思潮的影响,主要表现为过分强调市场化,一切都交给市场来解决,把"利润最大化"作为宗旨。从实践效果看,带来了一系列严重后果。例如,由于市场化过度造成的收入差距过大,有的地方出现了两极分化,而收入分配改革方案却迟迟不能拿出,缩小收入差距过大问题没有重大进展,并严重制约了内需的扩大和经济转型。再如,生态环境恶化也与过度市场化有关,使得不少地方的环境污染几近危机,而对这方面的改革是相当滞后的。一些地方对市场放任,市场秩序相当混乱,假冒伪劣产品充斥城乡,食品安全问题已经十分突出,洋垃圾拍卖屡禁不止。少数人投机倒把、操纵市场行为猖獗,不少地方高利贷盛行,黑恶势力欺行霸市,社会安全缺乏保证。与此相连,对于不法私商牟取暴利的行为缺乏控制,不仅少数人借侵占国有资产发大财,而且利用房地产市场几年间成为亿万富翁。对于反腐倡廉制度的改革也是比较弱的。这些当然有发展过程中的问题,也有不少是受新自由主义影响造成的。少数官员不仅同少数富豪结友,而且对新自由主义经济学家崇拜并给予这样那样的支持,动辄用他们所谓的理论"指导"改革。由于短期逐利行为层出不穷,造成低层次重复建设,许多行业产能严重过剩。这是很大的教训。现在我国为什么出现经济上这样那样的困难?最重要的就是吴敬琏们散布的完全市场化的恶劣影响。

三、用编造"事实"彻底否定社会主义中国

习近平同志在2013年1月6日的讲话中指出:"中国特色社会主义是社会主义,而不是其他什么主义,科学社会主义基本原则不能丢,丢了就不是社会主义。"[1]而吴敬琏不仅用市场化混淆取代社会主义和社会主义市场经济,并且编造了许多谎言,恶意诋毁、彻底否定社会主义。他把新中国前30年描绘成比旧社会还黑暗的社会(说中国人得到的是"无穷无尽的苦难,经历了一次大饥荒,夺去了成千上万生命的人间惨剧",是"榨取性"体制),而且基本否定改革开放30年,说什么改革"倒退了",用"权力寻租和贫富分化日益严重"加以形容,把现在的中国说成是最腐败的社会,整个地否定了中国特色社会主义下的人民政府。主要有下面几种手法:

第一,编造谎言,污蔑人民政权将"异化为彻头彻尾的腐败集团"。我们

---

[1] 习近平:《毫不动摇 坚持和发展中国特色社会主义》,载《人民日报》2013年1月6日。

> **中国需要什么样的市场经济**

党历来把腐败视为党的肌体上的脓疮,采取各种各样的坚决措施铲除腐败。当然,由于产生腐败的环境还存在,我们工作中还有缺点,腐败问题还正伤害着我们党的肌体,但这不是主要的。如果过分地夸大,使之成为全部,就改变了事物的性质。而吴敬琏抓住一点无限夸大,说中国成了"权力寻租"的社会,把共产党和人民政权说成是"腐败集团"。下面是他的一段论述:"腐败收入的规模与租金的规模成正比。于是,经济学家就用规模的大小来测评一国的腐败程度……美国经济学家 A·克鲁格(Anne Krueger)1974年所做的开创性工作。1988年以后,中国也有好些经济学家仿效克鲁格的先例,对中国的租金规模做了测算。其结果十分惊人,可是和大众的亲身感受倒是相当吻合的",测算结果是怎样的呢?书中接着说,"1989年经济学家胡和立的计算结果是,1988年中国租金综合为4569亿元,占国民生产总值的30%。1995年万安培的计算结果是,1992年中国租金占国民生产总值32.3%。这些计算结果令人震惊,因为 A·克鲁格1974年发表的文章《寻租社会的政治经济学》计算出印度和土耳其的租金总额分别占国民生产总值的比例为 7.3% 和 15%。而这两个国家是当时世界上公认的腐败国家,"[①]接下来他又说:"可以毫不夸张地说,腐败和垄断已经成为中国最大的问题,发展下去将把政府组织异化为彻头彻尾的腐败集团。"

仔细推敲这段文字,他就是要证明中国比世界上最腐败的国家还要腐败 2~4 倍,成为世界上最腐败的国家。这就是吴敬琏的判决。

此乃弥天大谎!号称"经济学家"的吴敬琏连经济学常识也不懂。按他的说法,1988年中国的租金4569亿元等于当年财政收入2357亿元的1.9倍,1992年的租金收入约为当年财政的1.88倍。就是说寻租(几乎等于贪污)把全部财政都占了还不够,还得再加一倍。试问,一个国家的租金和腐败如果超过了它的财政收入的近 2 倍,它的政府还能运转吗?如果两项加起来达GDP的45%以上,那整个国民经济还能够用几个钱去运转?再同全国职工工资总额或工业利润总额相比,这种租金都相当于前二者各自的 3

---

① 吴敬琏:《重启改革议程——中国经济二十讲》,生活·读书·新知三联书店2013年版,第287页。

倍。如果这是真的人们又怎样生活呢？企业又怎样扩大再生产呢？国家怎么能够又好又快发展呢？这种"租金"比例比中国半殖民地半封建社会的四大家族还要厉害得多，不是彻头彻尾的污蔑吗？这种租金平均每年比我国增加的 GDP 还多了 3～4 倍。这是可能的吗？谣言造的太离谱了，用任何一种经济学都说不通，可算作"谣言经济学"。如果按他的数据判断，那么中国现代化建设的一切成就、人民生活水平不断提高的绩效就都成了假的，已成为"彻头彻尾的腐败集团"的共产党和人民政府早该下台了。这种论证比之西方最敌视中国的高调有过之而无不及。

第二，他用"寻租"掩盖私人资本愈演愈烈的行贿活动。吴敬琏大讲中国有寻租的环境。不错，一方面，有些官员意志薄弱，资产阶级思想严重；但是还有另一面，就是有人去贿赂他们。吴敬琏只讲前一面，不讲后一面。人们记得，毛泽东在建国初期讲过，资产阶级要放"糖衣炮弹"，我们党内意志薄弱者经不起这种"糖衣炮弹"。这一分析是全面的、准确的、科学的。现在制造的"糖衣炮弹"要比建国初期不知要大到多少倍，主要来自私营企业。可以大略地计算一下，有行贿活动的私企，大体上占 50% 以上，他们从寻租中得到的利益最多，否则就不会行贿。这是腐败的主要土壤。吴敬琏只讲一头而不讲另一头，这说明他袒护那些不法商人的行贿劣迹。其说法不但是片面的，而且是有意的，把脏水泼到政府身上，而去美化那些不法私商。

第三，他把私人资本鲸吞国有资本的账都算在政府头上。吴敬琏是一贯主张私有化的，从来不吝惜国有资产的流失。现在为了把政府说成是腐败的政府也不惜拿出一些数据来给政府算账。例如，他说："虽然在世纪之交时已剥离了国有银行 14000 亿元的不良资产，但是 2002 年陆续重组上市以前，这些国有银行又长出了 18000 亿元的不良资产，原有的资本金全部归零。这种巨额亏空有相当一部分是与国有经济领域的腐败有关的。"[①] 到底这一部分国有资本跑到哪里去了？稍有记忆的人都清楚，世纪之交那几年正刮出卖国有企业的风潮，有些经济学家要求"零值资产"或"一元资产"出

---

① 吴敬琏：《重启改革议程——中国经济二十讲》，生活·读书·新知三联书店 2013 年版，第 286 页。

卖国有资产,损失了大约 2 万亿元以上,而这恰恰是私营企业发展最快最猛的几年。据摸底,私营企业中有 60％以上是吞占了国有资产而发迹的。我了解到,有那么几个暴富的私人老板,先有一个小厂吞并一个中等国有企业,而后吞并较大的国有企业,短短几年,资产扩展到几十倍。而对原来国有企业所欠的银行债务,他们一律勾销,甚至不惜动用"黑社会"进行威胁,同时拿出一部分小钱收买当地和银行的官员。这可以说是一部分私营企业的发家史。像这样在几年之内由一个小老板突然变成几十亿资产的大富翁在世界历史上也是少见的。吴敬琏对这样的事实缄口不谈,反而倒打一耙,把脏水完全泼到政府身上(少数官员借机贪污也是有的,但主要是私营企业主吞占)。可以说,这种重大损失正是新自由主义在中国的恶劣影响,吴敬琏们应当把这笔账老老实实算在自己头上。

第四,把过度市场化、部分私有化造成的两极分化加到公有制身上。吴敬琏一贯替富人说话,现在突然关心起两极分化来,说两极分化是"垄断"造成的,实际指的就是国有企业,此乃倒打一耙。我们可对两极分化做一点分析:(1)两极分化中最富的人是什么人呢?根据几个排行榜公布,最富的乃是私人资本。富到拥有几十亿元资产,有的达上千亿元。其中房地产私商比重最大,是吴敬琏所说的这十年中爆发形成的。这说明,私有化才是两极分化的根源。(2)而收入差距最大的是哪个领域?是私营企业内部,它的平均差距是 25～30 倍,而那些富翁和最穷的人比较则相差几万倍。对此我们曾做过比较,私人企业收入差距的权重在四因子中占 46.5％,比重最大[①]。(3)工资最低的是哪些企业?根据统计,私营企业的工人的平均工资为国有企业的 55％,也就是说它比国有企业低一半。如果按小时计算(私营企业一般无假日,每天工作 10 小时左右),工资大概相当于国有企业的 1/3。(4)劳动条件最差的是哪些企业?也是私营企业。一是长时间无社会保险;二是设法拖欠工资;三是无安全设施。私人煤矿事故最多,最近长春发生的私营屠宰场烧死 119 人,主要是因为他们把门封住,关闭了职工逃生之路。

---

① 杨承训:《深化收入分配制度改革》,载于《经济学动态》,2008 年第 1 期。

(5)职业病最多。据统计,我国遭受不同程度职业病的劳动者高达2亿人,40%的职业病患者没有获得任何赔偿。河南就曾经有开胸验肺的职工,现在奄奄一息。而诊断中,最大的难题又是需要患者本人和所在单位提供职业危害接触史等证明,这正是私营企业。我本人就接触过这样的事实。为此,《人民日报》专门发表一篇评论《"黑肺"吞噬了多少"红利"》。[①] 这些年出现了民工荒,有人说,中国到了"刘易斯拐点",实际上是表面现象,中国劳动力并不缺,而是因为沿海的私商给的待遇太差了,农民想方设法在本地打工。这也从一个侧面反映了两极分化的现象。事实说明,两极分化的真正原因正是过度市场化和私有化造成的。然而,吴敬琏现在却装出一副可怜百姓的样子倒打一耙,把责任推到公有制经济身上。实际上恰好公有制才是消除两极分化、消灭剥削、实现按劳分配、让劳动者当家做主的经济制度。

上述分析表明,吴敬琏为了歪曲、篡改、抹黑社会主义制度,不惜采取混淆概念、片面夸大、捏造事实等手法。如果说西方经济学中许多假定或者公理是以形式逻辑推理出来的,而吴敬琏则把它进一步扩大化,有的就是谎言。这算什么学问?!

概括起来说,以吴敬琏为代表的新自由主义就是这样四句话:"西方教条,市场迷信,私化宗旨,宪政模式",也就是他所讲的"市场化、法治化、民主化"的真正含义。吴敬琏们侃侃而谈,无非是把"市场化"奉为一尊无所不能的神灵,把自己又打扮成无病不治的神医,用各种各样的恶劣手法来歪曲社会主义制度。我们绝不可认为他们有多大的学问,有多大的责任感,实际上,连爱国主义都算不上。

(本文原载于《中华魂》2013年第9期,部分内容有改动)

[①] 《人民日报》,2013年5月31日第19版。

国企改革不能仅以微观效率为核心

侯若石

(中国现代国际关系研究院研究员)

中国的经济体制必须继续改革。毋庸置疑,国有企业新一轮改革是题中应有之义,改革的目标是邓小平同志一再指出的实现共同富裕。党的十八届三中全会丰富和发展了邓小平同志的这一思想,鲜明地提出,"坚持社会主义市场经济改革方向"。"以促进社会公平正义、增进人民福祉为出发点和落脚点"。"让发展成果更多更公平惠及全体人民"。"推动经济更有效率、更加公平、更可持续发展。"遵照党的十八届三中全会精神,实现共同富裕,不但要讲求效率,更要重视公平。在中国,一些持西方新自由主义经济思想观点的人片面强调企业的微观效率,对共同富裕三缄其口。吴敬琏先生在谈到国有企业改革时提出,"在全面深化改革中,如何提高国民经济运行的效率是一个最核心的问题",上一轮国有企业改革有一句名言——减员增效。由于仅仅以效率为核心,出现了两个偏差:一是借产权改革之名,廉价变卖国有企业,驱使大批职工下岗;二是借现代企业制度之名,纵容企业高管获取超高收入。由于出现偏差,一批获益者跻身于世界级富豪之列,工人丢了工作,沦为贫困人口,致使贫富差距拉大。新一轮国有企业改革即将开始。为纠正上一轮国有企业改革的偏差,在新的历史起点上全面深化改革,不断增强中国特色社会主义道路自信、理论自信、制度自信,有必要对以吴敬琏先生为代表的国有企业改革以微观效率为核心的错误观点进行批判。

一、警惕毁掉国有企业的企图

进入 21 世纪以来,关于经济体制改革的争论不断,确有愈演愈烈之势。

值得特别警惕的是,在国有企业改革问题上,一些知名经济学家否定社会主义市场经济的改革方向,宣传西方新自由主义经济思想。吴敬琏先生就是他们的代表人物。

1. 以共同富裕为名,否定国有企业存在的正当性

他多次重申,国有企业与社会主义无关论。他说,我就针对"国有制是公有制高级形式,是社会主义必须追求的目标"这个说法。我说这个定义是苏联教科书定义,这个定义是错的。我赞成邓小平的定义,邓小平说"社会主义的本质,社会主义的优越性在于逐步实现共同富裕"。所以是不是社会主义跟国有制的比重大小没有关系。他还说,我还是坚持我1997年给中央的那封信里的意见,社会主义与否跟国有不国有没什么关系。

我国《宪法》第六条明确规定:"社会主义经济制度的基础是生产资料的社会主义公有制,即全民所有制和劳动群众集体所有制。"这条规定清楚地指出了社会主义经济制度与社会主义公有制的关系,吴敬琏先生的国有企业与社会主义无关论已经违背我国宪法,也违背了我党关于国有企业地位的基本立场。

2. 以批判苏联的定义为由,制造国有企业与市场经济对立论

吴敬琏先生提出国有企业与市场经济对立论。他说,"如果按照苏联的定义,社会主义的最主要特点就是国有制的统治地位,这当然与市场经济是矛盾的,不能兼容的。如果是国有制占统治地位,根本连商品交换都不可能有,是不是?那更没有市场经济了。"他还说,"能否在国有制的基础上引入市场机制、建立市场经济呢?答案无疑是否定的。"

国有企业在社会主义经济中占主导地位并不是苏联的发明。按照马克思主义的基本观点,社会主义是比资本主义更高级的历史发展阶段,公有制是社会主义的基本特征。中国的市场经济体制具有社会主义性质,国有企业与这个制度是相容,而不是相斥的。这已经被改革开放30多年的历史事实所证明。

吴敬琏先生关于国有企业与市场经济对立的言论说明,在他眼里,社会主义可以不要国有企业,市场经济也可以抛弃国有企业。如此一来,在社会

主义市场经济条件下,中国的国有企业应该统统被消灭。

3. 以国有企业效率低下为借口,抛出国有企业有害论

他说,国有企业的逆势扩张和地位加强,对于中国经济的长期发展究竟是祸还是福?并不能由它们获得的短期盈利多少来评判,而要从这(它)对于市场制度完善和经济长远发展的影响来判断。至于国有企业的效率是否高于民营企业,则已经有中外研究机构所作的实证分析,对它做出了有翔实数据支持的否定性结论。他还说,"在现代社会里产权社会化必须采取多样化的形式,国有制不仅不是产权社会化的最好的形式,在大多数情况还可能是一种最差的形式。"

4. 伪造党中央精神,鼓吹国有企业退出论

吴敬琏先生认为国有企业是最差的,是在为毁掉国有企业大造舆论。他说:"按照1997年中共十五大对国有经济布局进行战略性调整的决定,实现国有企业从竞争性行业退出。"此后,在接受记者采访时,他继续说:"中共十五大以后,在所有制结构上提出一个说法叫'有进有退',也就是政府要退出一般竞争性领域,这是中央明确了的方针;到了2004年以后,不但没有推动,还来了个'国进民退'。"国家发改委宏观经济研究院夏小林研究员尖锐指出,中共十五大的有关"决定"和"有关方针",是竞争性领域国企有进有退,加强重点,可以发展。吴敬琏先生的"国有企业退出论"是对中共十五大国有企业改革重要决策的杜撰和篡改,是用冒充的中共中央决策决定国企的生存和发展定位。夏小林研究员揭露了一个令人震惊的事实,吴敬琏先生多处杜撰或篡改中央文件,歪曲中央关于国有企业改革的精神,误导舆论。借弗里德曼之口,意在实行私有化。

2013年10月,有记者向他提问:是不是要进行私有化改革才有可能建立现代企业制度?他说,什么叫私有化?弗里德曼1988年来中国,他在上海就讲私有化,到了北京,大概是快要离开的那次宴会上他就讲,"我想来想去,彻底的公有化就是私有化,彻底的私有化就是公有化。"所以这种概念讨论我不认为有太大的意义。为此我去查过《邓小平文选》,《邓小平文选》里就没有"国有"这个词。邓小平明明说过:"一个公有制占主体,一个共同富

裕,这是我们所必须坚持的社会主义的根本原则。"吴敬琏先生不可能没有读过这段话吧?

关于私有化,他闪烁其词,没有正面回答记者的问题。弗里德曼作为新自由主义经济学家极力主张实行私有化。他引用弗里德曼关于私有化的说辞,并没有持反对态度。为了把他的态度搞明白,我们要问这位学术泰斗:既然社会主义与国有企业无关,究竟与哪类企业有关?既然国有企业与市场经济对立,搞市场经济是不是必须铲除国有企业?既然国有企业最差,那么最好的是哪类企业?回答这些问题,答案只有两个选项:国有企业与私有企业。吴敬琏先生坚定地否定国有企业,那么他肯定的就是私有企业。按照他的逻辑,与社会主义有关的只有私有企业,与市场经济不对立的是私有企业,最好的也是私有企业。那么,社会主义市场经济体制只能由私有制主导了。吴敬琏先生从根本上否定国有企业,就是要在中国推行全盘私有化。

为了给自己的观点寻找理论根据,吴敬琏先生把国有企业的主导地位污蔑为国家资本主义的趋向变得十分明显,耸人听闻地说中国有演变为权贵资本主义的危险。他公开主张中国经济向更加自由开放的市场经济转变,企图要中国走上资本主义发展道路,而且是西方新自由主义经济学家主张的自由资本主义道路。

党的十八届三中全会通过的《中共中央关于全面深化改革若干重大问题的决定》指出,"国有企业属于全民所有,是推进国家现代化、保障人民共同利益的重要力量"。"必须毫不动摇巩固和发展公有制经济,坚持公有制主体地位,发挥国有经济主导作用,不断增强国有经济活力、控制力、影响力"。十八届三中全会之后,吴敬琏先生以《中共中央关于全面深化改革若干重大问题的决定》的解释者自居,到处演讲,多次接受采访,频频发表文章,对国有企业改革指手画脚,但绝口不提上述两段重要内容。吴敬琏先生根本不配作《中共中央关于全面深化改革若干重大问题的决定》的解释者,因为他关于国有企业改革以效率为核心的言论严重背离了社会主义市场经济改革方向。

然而,我们万万不可小视吴敬琏先生的主张,他的错误言论代表了某些既得利益者的立场。

十八届三中全会提出发展混合所有制之后,一个在中国富豪榜上名列前茅的大佬表示,"如果要混合一定是民营企业控股,或者至少我要相对控股"。此富豪反问道:"如果国有企业控股,不等于我拿钱帮国有企业吗?那我不是有毛病吗?不能干这个事。"还有一个知名的私人企业家公然提出,参与混合所有制改革的要求之一就是民营企业家能够进企业党委。可见,新一轮国有企业改革刚刚开始,就有人想吃掉国有企业了。

一个国有特大企业的老板在谈到资金所在公司的改革时说:"对于民资参股没有所谓的比例限制,取决于资金情况。"可见,新一轮国有企业改革刚刚开始,就有人想卖掉国有企业了。

无论是想一口吃掉国有企业,还是想彻底卖掉国有企业,目的无非是借改革之机毁掉国有企业,为少数人攫取暴利铺路。

二、提防为侵吞国有资产者翻案

正是由于上一轮国有企业改革出现偏差,习近平同志明确发出警告:"要吸取过去国有企业改革经验和教训,不能在一片改革声浪中把国有资产变成牟取暴利的机会。"

吴敬琏先生却大唱反调。他说,从过去的经验来看,很多民营企业家在参与国有企业改制中,背上侵吞国有资产的罪名,最后锒铛入狱。对于过去十年中出现的"国进民退"和民营企业家在参与国有企业改制中被判刑等问题,包括最为典型的"顾雏军案",他认为应该重新审视,以重树民营企业家信心。

上一轮国有企业产权改革造成国有企业资产流失的教训必须记取,大批工人下岗的现象不应重现,因此绝不能给侵吞国有资产的人翻案。

过去,土地、矿产资源和国有企业资产靠政府无偿划拨,它们是没有价格的。改革开放之后,实现了资源和资产的市场化,使用的方法是转让,其实就是买卖。在产权改革中,把大量国有资产民营化;将矿产等自然资源转到个人手中,在土地开发中把土地收益权变成个人所有,本来由国家和集体获取收入的资源直接产生了个人收入。这些人是谁呢?

《2002年中国私营企业调查报告》披露,在购买私有企业的业主中,自己是本企业负责人通过改制买下来的占61%。在接受调查的833个改制企业中,"原国有企业领导为主要投资者兼任厂长经理的占95.6%,原城镇集体领导为主要投资者兼任厂长经理的占96.7%,原农村企业领导为主要投资者兼任厂长经理的占97%。改制企业的资产总量中,业主个人拥有的资产比例占2/3。"该报告指出,"(原国有企业)职业管理人在监管制度失效或制度不完善时,利用企业经营管理中的信息不对称,侵占企业财产、挪用企业资金、泄露本企业商业秘密、私下从事与本企业相竞争的业务并转移本企业设备,挖走或挤走技术人员、转让订单等种种手法搞垮了相当一批国有企业。"这些人之所以故意搞垮国有企业,为的是压低国有企业出售价格,从中渔利。

一些民营企业家也是通过压低价格侵吞国有资产的高手,吴敬琏先生要为其翻案的顾雏军就是其中一个典型。

2002年9月,顾雏军的私人公司——格林柯尔资本有限公司在南昌经济技术开发区获得2378亩熟地,该公司一次付清476万元土地出让金。然而,当年11月,上述土地被估值为4.71亿元,折合美元5689万元,短短3个月,土地价值增长100多倍。格林柯尔资本公司把其中5100万美元作为实收资本。由此,该公司增资至7500万美元。国有土地被贱卖,巨额收入被顾雏军收进个人公司囊中。这是赤裸裸的侵吞国有资产的行为。这个案能推翻吗?

在国有企业改制过程中,通过低估企业资产,压低收购价格的例子并不少见。2006年,我帮助一个因国有企业改制下岗的朋友打了一场官司。他在这家企业工作时,租用了企业所有的宿舍。下岗后,这家已经私有化的企业把他告上法庭,缘由是他租用原企业的住房,被诉拒不归还。为了应诉,搞清楚该房产的所有权,我的朋友查阅了企业卖出前的资产评估报告,发现这套房子所在的整栋楼不在当年出售的国有资产评估之列。这意味着这家企业的高管收购企业时并没有为这套房子付钱,即没有购买该房产。那么,它不属于私有化后的企业,而是仍然属国家所有,这家企业根本无权要求我的朋友退还。法院判定我的朋友胜诉。该房产位于深圳市中心——华强北地区,现在起码值150万元。如果把这套房子所在整栋住宅楼计算在内,上亿元的国有资产被侵吞了。更有甚者,这家企业的高管变相低估企业资产价值,且数额巨大。他们采取了偷梁换柱的方法,把一块商业用地作为工业用地土地作价,价格从8.2亿元降到1.4亿元。少数人利用国有企业改制敛财之贪婪已经到了无以复加的地步。

上一轮国有企业改革把产权交易作为主要方式。按照市场经济体制最基本的原则,产权交易必须通过市场进行。首先,交换是在交易双方之间进行的。交易方和出售价格不是由政府确定,而是通过招标过程中的竞价。其次,在产权交易过程中,即使买方和卖方已经确定,还要制定交易程序,以保证市场等价交换原则的贯彻。

更明确地说,市场经济讲求的是交易,而不是抢劫。少数人背离市场交易原则,大肆侵吞国有资产,这就是抢劫。吴敬琏先生为他们喊冤叫屈,实际上是支持对国有资产的抢劫,而他却口口声声说要全面推进市场化改革。这是打着市场经济的旗号反对市场经济的平等交易原则。以"吴市场"著称的吴敬琏先生主张的是"反市场"的行为。

20世纪90年代,改革的方向是减少国企资产,即所谓国退民进,吴敬琏先生对此心安理得。进入21世纪,国有企业发展较快,即所谓国进民退,他则大肆兴师问罪,要再搞国退民进。他否认上一轮国有企业改革存在国有资产流失,声称要给侵吞国有资产的人翻案,为利用新一轮国有企业改革继续侵吞国企资产开绿灯,以实现全盘私有化。

三、阻止美国公司模式在中国泛滥

经济发展讲求效率,但不仅是企业的资本效率,还必须讲求社会效率。就生产而言,社会效率体现在全社会以较少的投入生产较多的产品,生产必须实现供给与需求的平衡。就分配而言,必须公平分配全社会的经济成果。私有制企业以资本效率为中心,实行利润优先原则,形成了资本效率损害社会效率的局面。对此,马克思在《资本论》中做了详尽而又有预见性的分析。从他指出的私有制企业的弊病中,我们可以得出两个结论:一是破坏供给与需求的平衡,因此经常发生经济危机。二是资本凌驾于劳动之上,造成全社会的经济成果分配不公平,贫富差距极为悬殊。

吴敬琏先生从所谓企业效率出发,得出国有企业最差的结论。私有制企业就是最好、最完美的吗?难道马克思关于私有制企业弊病的分析过时了吗?他经常往美国跑并与一些美国机构打得火热,不能说他对美国企业一无所知,但从来没听他谈过美国私人企业的弊病。这并不奇怪,因为他认为私有制企业是完美的,而且美国公司模式更完美。于是,吴敬琏先生把这个模式推荐给中国。

他说:"公司治理结构是指由所有者、董事会和高级执行人员(即高级经理人员)三者组成的一种组织结构。在这种结构中,上述三者之间形成一定的制衡关系。通过这一结构,所有者将自己的资产交由公司董事会托管;公司董事会是公司的最高决策机构,拥有对高级经理人员的聘用、奖惩以及解雇权;高级经理人员受雇于董事会,组成在董事会领导下的执行机构,在董事会授权范围内经营企业。"这是典型的美国公司治理模式。这个模式有三个问题:一是公司治理结构由所有者、董事会和高级经理人员三方组成,企业的其他参与者,例如,劳动者,到哪里去了?二是所有者、董事会和高级经理人员能相互制衡吗?三是在董事会授权下,高级经理人员负责企业经营。企业经营的权力是否过于集中?

早在20世纪30年代,美国经济学家伯利和米恩斯就看到了这些问题。他们指出,经营者往往会为了自己的私利而损害所有者和公司的利益。80多年过去了,美国的现代企业制度少有改变,公司治理问题越来越严重。21世纪初的美国公司财务丑闻和2008年金融危机说明,美国公司模式已经到了非改不可的地步。当中国的公司治理出现与美国类似的问题时,吴敬琏先生总是抱怨中国政府监管不力。美国政府的监管也没能制止美国公司以资本效率压制社会效率,问题在于这个模式本身就存在弊端。

2008年,从美国开始的全球金融危机极大地破坏了世界经济的健康发展。连美国国会和行政部门都在各自的调查报告中承认金融危机是私人大企业,特别是金融大企业一手造成的。吴敬琏先生恐怕没有读过这些报告吧?他如果读过,有胆量把真相说出来吗?

2008年爆发的全球金融危机说明,美国公司治理模式存在诸多弊病:

第一,公司高管的权力过大。美国金融业的成本不断提高,利润却在不断增加。几乎一半的金融业利润被高管收进囊中。2005年和2008年,高盛公司利润的44%和49%被高管收走;摩根士丹利利润的46%和59%被高管收走。

第二,利用金融创新,谋取不当利益。所谓金融创新实际上是制造金融风险的祸害。他们蓄意设计的所谓金融创新,相当一部分是为了逃避税收和回避监管。据统计,1988~2002年,为逃税而进行的金融创新占全部创新的比重达30%~40%。据美国国会调查,金融公司明知创新的金融交易手段对投资者有害,但只要对自己增加收入有利,他们不惜隐瞒其中的玄机,欺骗投资者。美国金融大企业制造了金融危机,高管的收入不减反增。2008年,花旗集团和美林公司各损失270亿美元,政府救助他们的资金高达550亿美元。管理层却毫不惭愧地照样拿奖金,两家公司的奖金分别高达53.3亿美元和36亿美元。2008年,美洲银行的利润减少70%,管理层照样拿180亿美元的巨额奖金。

第三,官商勾结损害社会效率。近年来,金融业一直是美国总统和国会选举的最大的捐款人。尽管发生了严重的金融危机,金融等部门的捐款有增无减。在2008年的总统和国会选举中,捐款总额高达24.2亿美元。在金融界的政治捐款和游说活动的作用下,2002~2007年,发行次贷的金融企业收买国会议员,支持次贷扩张的法案,国会通过了有利于这些金融企业的法规和政策,为2008年金融危机埋下伏笔。

金融大企业的利润侵蚀了社会财富,金融危机的损失由全社会承担。少数人得益,损害了社会利益,凸显了资本效率与社会效率之间的矛盾。借助高额利润,金融业的高层管理人员获取的超额收入并非来自为社会创造的价值,而是来自于创造风险。2008年全球金融危机的教训说明,资本主义私有制的弊病在于资本效率损害社会效率。社会主义公有制的优越性在于实现社会效率。在中国,如果实行全盘私有化,共同富裕的目标就成了空中楼阁。

事实说明,现代企业制度的公司治理结构,尤其是美国模式,远远不能医治私有制企业的弊病。

在发达国家,公司治理有两个体系。吴敬琏先生所说的只是其中一种——被称作外部体系的英美公司治理体系。在这种体系中,公司的股权高度分散,股东难以控制经理的行为,治理的方向是监督和激励经理人,以便防止股东的利益被经理人侵害,其他的企业参与者的利益与公司治理无关。这种以资本效率为核心的公司治理结构漠视社会效率,理所当然的排斥劳动者和其他企业参与者。

另一种被称作内部体系的公司治理体系广泛存在于英美以外的国家。在这种体系中,股权集中在少数人手中。大股东能够直接监督经理人,公司治理要解决主要的问题是大股东剥夺其他投资者。最典型的是德国模式,即公司的股权集中在少数股东(主要是机构股东)手中,治理的方向是限制大股东的权利,防止小股东利益被剥夺。在这个体系中,为了更有利地监督大股东,劳动者和其他企业参与者(如贷款银行)是公司董事会的必要成员。

吴敬琏先生为什么格外钟爱美国模式,对德国模式绝口不提?资本主义市场经济体制有两种模式,美国模式被称作自由市场经济,德国模式被称作社会市场经济。吴敬琏先生信奉新自由主义经济思想,因此极力主张照搬美国模式。

在建立和发展社会主义市场经济的过程中,中国当然要借鉴资本主义市场经济(包括美国模式)的一些做法,但必须坚持走社会主义道路。第一,必须以马克思主义为指导。第二,绝不能照抄照搬,而应该取其精华,去其糟粕。第三,注意发现资本主义经济孕育的社会主义因素,并为我所用。如果照搬美国模式,即便能提高效率,我们的改革也不配称为改革,而是倒退。

四、坚持国企改革的社会主义方向

习近平同志说:"国有企业不仅不能削弱,而且还要加强。"遵照习近平

中国需要什么样的市场经济

同志的指示,坚持国有企业改革的社会主义市场经济方向,不应是一句空话,对国有产权私有化和公司治理的美国模式不能停留在批判层面。只有实实在在地增强国有经济活力,吴敬琏先生的以资本效率为核心的所谓改革主张才能不攻自破。

在西方国家,公司治理模式不断变化。早在20世纪30年代,美国就有经济学家认为,企业的私人产权只是一种资格,而社会要求企业保护劳动者和消费者的利益。除了股东之外,其他的企业参与者是企业特殊资产的提供者。公司的治理应被视为处理所有对企业贡献特殊资产的利益相关者之间关系的制度安排。近年来,突破资本效率至上的公司治理结构的局限性,建立利益相关者模式,已经提到各国公司制度改革的日程。一些国家已经在公司法中规定了企业的利益相关者在公司治理中的作用。在由发达国家组成的经济合作与发展组织制定的《公司治理指导原则》中,专门有一章规定了利益相关者参与公司治理的有关内容。越来越多的公司实行这种新的治理模式:劳动者、消费者、企业所在地区的居民、贷款者和供应商都要参与公司治理。这个模式要求企业严格履行社会责任。这似乎不是新话题,但在实践中真正履行社会责任的企业少之又少。

关于企业社会责任,在一次做央视《对话》节目时,笔者与大连万达的王健林有过一次争论。他坚持认为,企业社会责任就是企业从事社会慈善事业。我提出,企业社会责任是一种公司治理模式,贯穿于企业的产品或服务生产的全过程,慈善是公司生产过程之外的行为,与企业社会责任的内涵无关。央视《对话》节目表达了王健林的主张,舍弃了我的观点。看来,贯彻企业社会责任绝非易事。

在新一轮国有企业改革刚刚起步之时,一个值得注意的动向是,在国有企业产权上打主意的很多,如何在改革中保护劳动者则鲜有人谈及。贵州省一位副省长指出,改革能否顺利进行的关键在于能不能有效维护职工合法权益。守不住这一底线,改革将只能停留在口号上、文件中,甚至会产生新的"包袱",引发"旧病"。必须坚持以人为本,围绕维护职工合法权益想办法、出思路、定政策,这是当前推进国有企业改革的底线。

社会主义市场经济体制要比资本主义市场经济体制更强调企业社会责任,否则还谈什么社会主义?在中国,落实公司治理的利益相关者模式,贯彻企业社会责任,应该以激发劳动者积极性,充分发挥劳动者的作用为核心,企业才有经济活力,国有企业更是如此。企业社会责任已经明文载入中国的公司法,但没有实施细则,难免成为一纸空文。在实践中,企业漠视劳动者利益是常见现象。建议有关部门在制定企业社会责任实施细则并与公司治理挂钩,结合劳动法和劳动合同法等有关法律,增强劳动者在公司治理中的地位和作用,强化劳动者在企业的权力。

另一个值得注意的动向是,对国有企业改革热情很高,对整顿市场秩序重视不够。其实,建立健康的市场秩序与进行健康的国有企业改革密切相关。国有企业改革必须建立在健康的市场秩序的基础上。市场秩序不仅包括反垄断和杜绝不公平的商品交易(如制止生产和销售假冒伪劣商品),还包括解决平等交易原则与追逐自私利益之间的矛盾。市场经济原则是用价格信号指引的平等交易,交易双方进行的是等价交换。根据市场平等交易的原则,交易的结果达到交易双方各自利益(自利)的均衡点,交易的结果应该是公平的。但是,在交易中为了自己的利益要讨价还价,人们追逐自私性,损害了对方的利益,交易结果势必偏离这个均衡点,它就变成不公平了,于是产生了市场经济中的平等交易原则与追逐自私利益之间的矛盾。市场经济是在不断解决这对矛盾的过程中发展的。现代化大生产要求生产的连续性和交易的连续性,因而要求企业所有者、经营者、劳动者以及其他与企业利益相关的参与者之间的协调与合作。如果肆意损害其他参与者的利益,生产和交易难以顺利进行。在这个意义上,抑制自私性能够带来效率。如果把市场平等交易的结果看作交易双方互利而得到的公平,把追逐自私的结果看作追逐者独得的效率,就产生了社会经济活动中的公平与效率的矛盾。公平是双赢或多赢的结果,而独得的效率是一种零和游戏,是牺牲他人利益获得的,因此会损害社会效率。

国有企业改革在市场框架内进行,同样存在市场经济中的平等交易原则与追逐自私利益之间的矛盾。为克服矛盾,无论是产权改革,还是公司治理结构改革,都要实现生产要素交易的公平性。在产权改革中,确保资本交易的公平性,防止国有资产流失,坚决维护国有企业的主导地位;在公司治理结构改革中,确保资本与劳动交易的公平性,防止劳动者利益受损害。遵循市场平等交易原则,正确处理改革过程中涉及的各种社会经济关系,尽最大可能防止资本效率损害社会效率。

结论:国有企业改革应该以纠正收入分配不公为核心

纠正收入分配不公是一个系统工程,国有企业改革是其中重要一环。

上一轮国有企业改革是在收入分配比较平等的条件下进行的,而新一轮国有企业改革是在收入分配不平等程度加剧、极少数富人控制大量财富的条件下开始的。上一次改革之前,我们没有预计到改革可能产生严重的收入分配不平等;这一次,我们应该未雨绸缪,着力于纠正收入分配不公,绝不允许少数人"在一片改革声浪中把国有资产变成牟取暴利的机会"。

吴敬琏先生批判所谓国家资本主义和权贵资本主义,信奉的却是新自由主义,是最坏的资本主义。他主张国有企业改革以效率为核心,实际上是以资本效率为核心。他从国有企业最差论出发,在所有制上大做文章,意在实现私有化;他吹捧美国的公司治理模式,为的是维护资本的利益,把劳动者排斥在公司治理结构之外。他为侵吞国有资产的人翻案,维护图谋不义之财的少数人的利益。他以鼓吹市场机制闻名,但提出的主张却是反市场的。他以党的十八届三中全会精神解释者自居,骨子里却违背党中央的基本精神。按照他的主张改革国有企业,只能导致收入分配更加不公。他只讲市场的作用,不讲更好地发挥政府的作用。批评吴敬琏先生的错误主张,坚持国有企业改革的社会主义市场经济的大方向,才能最终实现共同富裕的目标。

析吴敬琏私有化的经济改革主张

李济广

（江苏技术师范学院教授）

2013年1月，吴敬琏、马国川出版了对话式《中国经济改革二十讲》一书，借助名人效应和议题的重要性，3万册"旋即销售告罄"，5月以《重启改革议程——中国经济改革二十讲》（以下简称《重启》）为书名再印3万册。与此同时，数百种纸质媒体、论坛和网站转发了吴敬琏"重启改革议程"的主张。虽然包括本人在内的不少论者对书中的绝大部分观点曾经进行过详细的反驳，但鉴于这些观点影响非常大，而且像吴敬琏先生所说的那样涉及中国的前途和命运，我们仍然不得不对这本书的主张予以进一步的辨析。

一、吴敬琏经济改革主张的内涵及其性质

吴敬琏认为，中国正站在新的十字路口上，为了避免社会危机的发生，必须重启改革议程，"推进市场化、法制化、民主化的改革，建立包容性的经济体制和政治体制，实现从威权发展模式到民主发展模式的转型"。改革的目标是建立"在规则基础上运转的现代市场经济，我把它称为法制的市场经济"[①]。这一改革目标十分诱人，以至于标准的正面媒体都对他赞赏有加，但问题是，这个"现代市场经济"的具体内容是什么？

吴敬琏认为，之所以应当重启改革议程，是因为初步建立起来的市场经济体制还很不完善。"这种不完善主要表现为国家部门（包括国有经济和国家党政机构）仍然在资源配置中起着主导作用……（1）国有经济……仍然控

[①] 吴敬琏、马国川：《重启改革议程——中国经济改革二十讲》，生活·读书·新知三联书店2013年版，第5页。以下引用该书内容，仅注页码。

制着国民经济命脉,国有企业在石油、电信、铁道、金融等重要行业中继续处于垄断地位;(2)各级政府握有支配土地、资金等重要经济资源的巨大权力;(3)现代市场经济不可或缺的法制基础尚未建立,各级政府和政府官员拥有很大的自由裁量权,他们通过直接审批投资项目,设置市场准入的行政许可、管制价格等手段对企业的微观活动进行频繁的干预。"

　　就第一条而言,已有很多学者证明了国有经济已基本不存在经营性垄断和行政性垄断,但其实吴敬琏所说的国有经济垄断以及"半统制"主要不是指经营性垄断和行政性垄断,而如上所引主要指"国有经济……控制着国民经济命脉",或者说指国家所有权在某些领域仍然占主导地位:"国有经济……仍然控制着国民经济的所有'制高点',国有企业在石油、电信、铁道、金融等重要行业中继续处于垄断地位。"(《重启》第241页)所以,打破国有经济垄断的意思就是要国有经济"退出",即"国有资本……从非关系国民经济命脉的领域(俗称竞争性领域)退出,就成为国有经济改革的关键。"(《重启》第236页)吴敬琏、马国川没有明确列出哪些领域是国有经济可以存在的非竞争性领域,但我们知道,不能竞争的领域几乎没有,像公认的自然垄断性行业自来水供应都可以让私营企业甚至外资企业参与竞争,照此类推,供电也可以竞争,烟草业也可以竞争,而重要的军工行业已经允许私营企业进入,最关系国计民生的是种植业,而种植业是竞争最充分的行业。也就是说,国有经济退出竞争性领域与退出一切经济领域没有明显区别。就第二条而言,政府支配资金的意思如果是指支配财政资金,那是理所当然的,当然财政预算也应当发扬民主,而银行的资金政府并不能支配。在社会主义社会,国家根据情况控制土地使用权、转让权和收益权,是公有制社会制度的必然要求。实际上,在几千年封建社会的绝大部分时间里,政府都掌握着土地的最终所有权和支配权,当今国际上各国也都努力控制土地所有权或土地改革权。吴敬琏反对政府掌握支配土地的权力,显然是主张取消土地国有产权。就第三条而言,在产能过剩、投资率过高、企业投资冲动过大、资源紧张、环境恶劣的情况下,投资的计划性调节审批是非常需要的,必要的市场准入也不可少,对供电、药品、火车票等实行一定的价格管制也有利于稳定生产和人民生活。当然,"干预"方法要科学。

实际上,吴敬琏所说的反对"政府干预",更多地是反对国有经济的存在,他把国有经济的存在渲染为就是政府干预:"欧美模式则是成熟的市场经济国家所共有。反映这种经济类型运动规律的现代经济学认为,政府的基本职能是提供公共产品,而不是在市场上提供私人产品,过多的政府干预会妨碍市场的有效运作并且滋生腐败。"(《重启》第243页)这句话意味着,政府提供私人/经济物品就是政府干预;但政府只提供公共产品就等于国有企业退出一切(而非仅仅为竞争性)经济领域。不仅如此,吴敬琏说公共产品就是非竞争非排他的行业,而实际上,教育是完全可以排他、可以竞争的,不是公共产品,科技创新的主体通常认为是企业,对于医疗,吴敬琏明确认为应当以私营为主体,而社会保障也是可以排他的,所以,按公共产品的逻辑,在社会领域,公有事业单位也只能在非常狭小的空间去活动。吴敬琏认为市场化必须取消国有经济的观点也可以从他的另一提法中看出来:"他们要求提高国有经济的比重和加强国有经济对国民经济的控制。这种种说法,意味着要求从市场化改革全面倒退。"(《重启》第160页)显然,他认为市场化就得彻底私有化。吴敬琏多年来呼吁取消政府资源配置的权力,主要就是以国有制是垄断,国有经济是政府干预、是非市场化,国家掌握土地产权是政府配置资源等为理由,要求取消国有经济。

对于农业,吴敬琏、马国川认为:"农民对土地承包期的延长并不意味着实现了'耕者有其田'。按照现行法律规定,农村土地归农民集体所有。"(《重启》第234页)"农民获得的只是承包期内的土地使用权,而不是永久的而且有权自行处置的土地使用权(即作为土地所有权最重要部分的'田面权')"(《重启》第92页),这会产生诸多弊病。按他们的意思,打破集体所有制,才能实现"耕者有其田"。吴敬琏也清楚,使用权和处置权是所有权的最重要部分(实际上,农民也掌握了全部收益权,并非仅仅掌握田面权而是掌握了实际的田底权),所以,给农民永久的使用权以及吴敬琏所说的转让权,从经济意义上的所有制概念讲,那和私有化没有区别。正像吴敬琏所说,"包容性的体制,这种体制的特点是:保障私有财产(私有制)、创造公平的竞争环境、鼓励投资和科技创新。"(《重启》第 301 页)即无须存在公有制。

当代社会私有制经济以资本主义经济为主体,彻底私有化就是资本主义化,但吴敬琏为了防止别人说他反对社会主义,他说:"一个国家是否具有社会主义的性质,并不是由国有经济所占份额决定的……只要共产党采取正确的政策有效地防止了财富分配的两极分化,我们国家的社会主义性质都是有保证的。"(《重启》第 159 页)认为在一个私有制的社会里,能够有效避免财富分配的两极分化,这不符合基本的常识;共产党讲的"科学社会主义",基本内涵就是公有制。正像党的十八届三中全会所说,公有制为主体、多种所有制经济共同发展的基本经济制度,是中国特色社会主义制度的重要支柱,也是社会主义市场经济体制的根基。

二、吴敬琏否定公有制的依据及其虚假性

吴敬琏为了否定公有制的合理性,提出了大致十点依据,都是不能成立的。

——吴敬琏认为,马克思的"社会大工厂"模式不现实。吴敬琏说,马克思在论证社会主义取代资本主义的历史趋势时,认为"资本主义积累过程本身,就蕴涵着形成极少数垄断企业乃至唯一的垄断企业的趋势……社会主义革命只不过是剥夺剥夺者……整个社会就成了生产资料公共所有制基础上的大工厂",(《重启》第 20 页)但资本主义国家"企业大型化并没有成为生产社会化的唯一趋势……整个社会也难以变成几个乃至一个垄断性的'大工厂'。"(《重启》第 22 页)其实,马克思、恩格斯并没有说整个社会将变成一个大工厂,只是说一个部门集中的极限是融合为一个单一资本,而且马克思、恩格斯一再指明,公有制经济的具体管理形式是不能预先确定的。"自由人联合体"也不一定是全社会一个大工厂。当然,资本主义市场经济由社会统一组织生产不可能,不等于社会主义/共产主义统一计划生产也不可能。马克思、恩格斯谈到社会化,是为了说明,由于社会化的产品为资本家个人所占有,资本家就要追求剩余价值,在竞争中拼命扩大生产规模,而社会化生产为生产的迅速扩大提供了可能;社会化的产品/剩余价值为资本家

个人所占有,使人民的消费能力小于社会生产能力;两方面结合造成生产过剩,引发经济危机,证明资本主义所有制不利于国民经济的顺利发展,要求实行生产资料公有制。

——吴敬琏认为,公有制经济带来过极大危害,不利于发展经济。吴敬琏认为,"在改革开放前的30年中,中国拥有一个较之当下更强势的政府和一统天下的国有经济,为什么中国人得到的却是无穷无尽的苦难",(《重启》第3页)"像2009年用海量投资和贷款把GDP的增长速度拉高到9.1%,这恐怕是任何其他国家的政府所不能做到的。"(《重启》第14页)他还认为,民营经济越多的地区,经济发展越快。实际上,大量数据早都证明,中国前30年经济发展速度在世界上遥遥领先,只是由于人口增长速度过快,并且集中财力建设现代国民经济体系,生活水平提高速度比较慢,但绝非"无穷无尽的苦难",且为后30年生活水平快速提高奠定了基础。2009年的海量投资也与西方错误的宏观调控理论误导有关,西方乱调控导致债务危机的国家也不少。虽然几十年经济建设出现许多挫折和失误,但这些挫折不是公有制的必然产物,而是决策民主性、科学性不够的结果,而民主决策才是公有制的内在要求。虽然公有制经济的企业效率不比私有制经济低,产品质量比私营企业好,但比较不同经济成分的经济绩效,关键是看国民经济总体发展的速度、平稳性和可持续性。苏联和中国在存在很多体制弊病的情况下,仍然取得举世公认的国民经济高速发展绩效,不可辩驳地证明了公有制度的经济优越性。近年公有经济发展速度不如私营经济,是许多地区只讲大力发展民营经济,而不采取措施大力发展公有制经济的结果。

——吴敬琏认为,全民所有制经济或国有经济无法实行市场经济。马国川、吴敬琏认为,"在'全民所有制经济'即国有经济的范围内,没有不同的产权主体,也就不可能有不同产权主体之间的市场交换。"(《重启》第153页)西方的产权概念主要包括使用权、收益权和转让权;产权在交易过程中是可以分解的。[①] 当然,把产权解释为财产的所有权、占有权、支配权、使用

---

① 杨瑞龙:《产权的含义、起源及其功能》,载于《天津社会科学》1995年第1期。

权、收益权和处置权,解释成马克思的产权观也一样。全民财产的所有者可以是全民总体,但使用权、收益权和转让权的分解就产生了不同的产权主体,虽然随着分解的加深,全民性会减弱;目前,国有企业之间的产权边界十分清晰,国有企业市场交易已是再清楚不过的事实,怎么可能形不成市场交换呢?

——吴敬琏认为,国有企业和国有控股企业无法改善治理。吴敬琏认为,"在国有独资和绝对控股的企业中建立有效的公司治理,即便不是完全不可能,难度也极大。"(《重启》第238页)例如,商业银行在治理结构上存在"形似而神不似"的问题。国有资产所占比例过高。(《重启》第174页)当年吴敬琏先生曾极力推荐西方公司制"现代企业制度",不仅没有给党的领导在企业中以合理的治理位置,更抛开了所有者——人民群众的治理权力。当吴敬琏看到效果不佳时,不是提出公有制经济的治理应当让所有者到位,加强制约机制建设,而是要求更换所有者。但实际上,西方私有制的公司治理早已成为马其诺防线(南开李维安语)。余菁回顾了美国公司治理体制的形成与演变历程,结合西方学者的诸多研究指出,伴随美国公司治理体制的不断演变,公司控制权已经从所有者手中转移到了内部的经营者和外部的监控者手中。通过种种看似公平的公司制度以及在此基础上衍生出来的繁荣似锦的经济活动,巨额财富涌向了美国社会中一小撮精英分子。[①]

——吴敬琏认为,公有制不能带来平等,私有化可以有平等。吴敬琏引证说,改革开放前的中国社会并不真的平等,1956年国务院颁布的工资标准,干部最高收入和最低收入之差达到了36.4倍。干部还有住房、医疗、勤务员、警卫、秘书、汽车等。(《重启》第289页)这里有个技术性错误,他引证的数据出处为28倍,而不是36.4倍。而事实是,在那个年代,干部和工厂工人的最低工资标准都是30多元,机关中20元的月工资只是学徒性的勤杂人员工作标准。当时最高工资标准约590元,而毛泽东等党和国家最高领导人主动降薪,实际执行的是404.8元,只有极个别民主党派知名人士领

[①] 余菁:《美国公司治理:公司控制权转移的历史分析》,载于《中国工业经济》2009年第7期。

高标准的工资。最高领导人与级别最低的干部,差别只有十余倍。而且,1956年的工资标准只是当时执行,1957年至1960年领导干部3次降薪,以后为了限制不平等的"资产阶级法权",再也没有执行过,就是提拔为国家领导人,也是几十元的工资,另有生活补贴一二十元。当然,高级干部的住房和医疗条件比一般人好得多,而勤务警卫秘书和汽车,并不能算做收入差距。腐败也存在,但显著小于其他国家。更关键的是,这些问题与所有制没有必然联系,与所有制直接相关的是大资本所有者几百亿财富与雇用工人几万家产甚至负资产之间的巨大不平等。

吴敬琏认为,市场化改革不是造成贫富分化的罪魁祸首,"奥肯所说的与效率有着交替关系的平等,指的是结果的平等。至于机会的平等,则大体上同效率有着相互促进的关系……因此,两者应当是可以兼得的。事实证明,目前中国社会存在的贫富悬殊问题,主要是由于机会不平等造成的,其中首要因素是腐败。"(《重启》第290页)这里颇有偷换概念之嫌:我们谈"贫富悬殊"就是谈结果是否平等。资本主义市场经济的一个基本机制是,由于价值规律与剩余价值规律的作用,机会平等的竞争会产生剥削和贫富悬殊。机会平等固然好,但资本主义的机会均等没有社会主义的机会均等好,而且仅仅有了机会均等还不够,对人类更有意义的是结果方面消灭阶级的平等。只有公有制基础上的共同富裕,也就是按劳分配的机会均等,加一些按需分配的结果均等,才是真正公正的社会制度。

——吴敬琏认为,国家只能提供公共产品,财政只能是公共财政。吴敬琏说:"在大多数国家,国有企业之所以存在,是因为他们能够提供私人企业所不能提供或不愿提供的公共物品。"(《重启》第160至161页)实际上,政府"能够"提供公共物品不等于不能够提供竞争性物品。再者,大多数国家怎么办,我们就得怎么办,那就等于说现存的就是合理的。大多数国家是私有制资本主义国家,其中一些还要让中国支援呢,发达的国家,陷入欧债经济危机的,失业率百分之十几甚至百分之二十几,陷入金融经济危机的美国虽然失业率不到10%,但占领华尔街运动中,大量的"99%"发帖诉说自己在居住、医疗、学生贷款等方面之难。马克思主义者正是认识到公有制是通向人类福利最大化的最佳途径,才决意组织起来,推翻被强大的剥削阶级控制的政权,建立公有制社会主义制度。因此,资本主义制度是社会主义革命的对象,而不是共产党人效仿的楷模。

吴敬琏一句话曾经极大地误导了很多人的思想:"有限的国家财力支撑不了庞大的国有经济的'盘子',因此,国有企业应当从竞争性部门中退出。"这里明显的错误是,长期以来,国有经济贡献了财政收入的主要份额,是支撑财政的骨干力量,怎么能说是国家财力支撑国有经济呢?即便把国有企业财产也算作国家财力,那么,一般而言,某个企业自己能支撑下去就持续发展,无法自我持续支撑,就可关停并转,也不需要财政持续补贴来支撑。同时,国有制是基本经济制度,不能为了临时增加财政资金就大卖国有企业,或将国有股划归社保基金。

——吴敬琏认为,国家所有制是垄断、是行政干预。已有不少论文对此进行了澄清。

——吴敬琏认为,集体所有制不利于发展农业生产。阐述这一观点错误的文章也不少。

——吴敬琏认为,国有制是腐败的根源,会导致权贵资本主义。下文谈及。

——吴敬琏认为,国有制导致政治上的专断。下文谈及。

三、吴敬琏政治改革主张与经济改革主张的关系及其论证的错误

吴敬琏、马国川政治改革的主张主要是为经济上的私有化服务的。《重启》在谈到政治体制改革问题时说,"市场经济改革遇到的阻碍和难点,几乎都与政府和它拥有的国有经济有关。因此,如果不对政府自身改革,经济改革也难以改革到位",而"有些人推崇这样一种'中国模式'……在政治上坚持党政机关对社会的全面掌握和国有经济对重要行业和支柱行业的强力控制。"(《重启》第246页)他们认为,改革前中国经济体制是"'党国大公司'。这种经济体制的政治上层建筑当然就是列宁所说的'无产阶级专政体系'了。"(《重启》第247页)而改革进展不大,(《重启》第254页)需要进一步摒

弃"党在国上""以党治国"体制(《重启》第 249 页)。从中可以看出,吴敬琏、马国川政治改革的主张的主要目的是反对党和国家等上层建筑掌握生产资料即取消国有企业。

吴敬琏认为,目前的体制可能"不断强化政府对市场的控制和干预,不断扩大国有部门的垄断力量和对经济的"控制力",演变为政府控制整个经济社会发展的国家资本主义体制"。(《重启》第 245 页)吴敬琏所说的"国家资本主义",不是人们通常理解的"国家'资本主义'",而是"'国家资本'主义",即"国家所有制"的贬义代名词,因为吴敬琏说:"所谓国家资本主义,就是国家资本以政治权力为依托,与其他资本展开竞争,进而形成市场控制力的一套政治经济体制。"(《重启》第 258 页)吴敬琏反对国家掌握资本的重要原因是,"在中国的历史背景和缺乏民主政治的现实条件下,国家资本主义极有可能向权贵资本主义,即……官僚资本主义转化","各级政府日益强化的资源配置的权力和对经济活动的干预,扩大和加强了寻租活动的制度基础,使腐败迅速蔓延和贫富差距日益扩大。"(《重启》第 258 页)

吴敬琏的观点混淆了"公有制"与"存在某些问题的某种不科学的公有制经济管理方式"的区别。国有经济腐败现象严重的基本原因在于诸多监督制约的具体制度不科学(李济广:《国有经济预防腐败监督制约体制改革策论》,载于《上海大学学报(社会科学版)》2013 年第 3 期)。通过发展民主政治、民主经济和制度防腐,完全可以防止国家所有制演变为权贵资本主义,"极有可能"并不等于无法避免。吴敬琏多年来发表观点的一个主要方法是详细叙述改革的历史,然后说改革还不到位,需要进一步市场化等。对腐败也是如此。他举了一些例子,说过去市场化改革还没有到位的情况下,通过行政权力配置资源的体系和市场配置资源的体系搅在一起,腐败开始流行起来。如企业改制时,在权力的运用没有受到严格的监督和约束的情况下,某些拥有权力的人就有可能利用这种不受约束的权力侵吞公共财产,企业改制时所有者没有负起自己的责任,所有者不在位。(《重启》第 284~286 页)既然如此,对症下药,不让行政权力和市场权力搅在一起,让权力的运用受到严格的监督和约束,让所有者负起责任,让所有者到位,问题不就解决了吗？为什么非得私有化、去党化呢？吴敬琏还说："由于政府官员握有太大的权力和太多的资源，又没有建立起能够监督官员和约束权力的制度，腐败仍然变得越来越猖獗。"（《重启》第 292 页）既然腐败有两个前提条件——政府官员握有太大的权力和太多的资源，又没有能够监督官员和约束权力的制度——只要去掉"又"一个条件，腐败不就可以解决了吗？

吴敬琏还把增长模式转型存在的"体制性障碍"主要归结为"各级党政领导而不是市场机制仍然在资源配置中起着基础性作用"。（《重启》第 273 页）而现实是，大多数人认为中国市场化在很多领域已经过度，需要进一步市场化的领域其实已很少。

吴敬琏批评共产党及其领导人依靠无产阶级专政保持对经济方面的"国家辛迪加"和整个社会绝对控制，是暴力的政权。他批评"1871（巴黎公社）—1917（十月革命）的道路……是大灾难和大倒退"；"革命的理想主义转变为反动的专制主义"。（《重启》第 295 页）他肯定韩国、马来西亚、印度尼西亚以及中国台湾等资本主义国家和地区的"民主体制"。（《重启》第 302 页）吴敬琏还以列宁的话为证："无产阶级专政，实质上只是无产阶级中有组织和有觉悟的少数人专政"，"苏维埃的（即社会主义的）民主制和实行个人独裁之间，根本没有任何原则上的矛盾。"（《重启》第 256 页）

吴敬琏的观点曲解了马列主义社会主义国家管理理论。列宁说的少数人专政，指的是中央的领导权威和领袖权威，这种领导权威是夺取革命胜利、建立社会主义制度的保证。对今天而言，强有力的中央领导和主要领袖的充分权威，也是对抗利益集团、顺利推动改革、遏制腐败不公的有力前提。美国有大量的人看不起病，奥巴马想成立一个国有保险公司与私有保险公司竞争，以改变看病很难、看病最贵的低效状况，但却难以推动。希腊实行极端多党制，结果社会管理能力极差，财经纪律也差，黑社会横行，不纳税的"影子经济"占国内生产总值的 1/4 至 1/3①，完全无力应对债务危机，希腊前总理将其称之为民主治理的危机。另外，列宁讲专政和独裁，绝非不要民

---

① 高连奎：《世界如此危机》节选，上海三联书店 2013 年版。

主。列宁说工作时间要服从独裁者的意志,无非是强调生产的统一指挥,他同时提出要经常开群众大会讨论工作条件,即要发扬民主。马克思、列宁、毛泽东都特别重视民主。仅以列宁为例,他反复强调比资本主义民主更高级的民主——人民直接民主,要"使所有人都来执行监督和监察的职能,使所有人暂时都变成'官僚',因而使任何人都不能成为官僚",①实行"包罗万象的工人监督",②"真正实现大多数人享受的民主制度,使大多数人即劳动者实际参加国家的管理",③"建立由群众自己从下面来全面管理国家的制度",④"只有当全体居民都参加管理工作时,才能把反官僚主义的斗争进行到底,直到取得完全的胜利"。⑤ 今天,基层人民直接民主、经济民主、社会民主、各级政府的权力制衡和民主监督,与党中央和最高领袖的有力领导结合起来,完全可以使公有制经济健康发展、充分遏制腐败。

但吴敬琏反对实行"直接民主制","中国所要选择的民主,只能是宪政民主……宪政的要义在于,要求任何行政权力的主体都要受到一定的制约,不允许任何至高无上、不受约束的权力主体存在"。(《重启》第 303 页)在这里,人民民主尤其是人民的直接民主被排除,另一方面,党的领导不见了,而这正是"宪政"、"法制的市场经济"要旨之所在。所以,吴敬琏所说的法治化指的主要是去党化,民主化也主要是精英民主。应当说,"制约"、"宪法"是必要而重要的,但第一,不能抽象地谈论宪法而不看宪法的具体内容和实质。在一个吴敬琏推崇的私有制社会里,法律必然首先维护剥削阶级利益,"制约"社会的必是金融寡头,"宪法"不会给受雇者群众真正的民主。第二,仅有"制约"、"宪法"是不够的。"宪法"不会自动保证经济建设顺利发展。今天,宪法中的社会主义内容需要社会主义政党当仁不让,组织人民群众加以维护与扩展,为人民群众平等的政治、经济权利奠定前提。

多年来,大量学术期刊在讨论经济问题时要求国有经济"退出",早已成

---

① 列宁:《列宁专题文集·论社会主义》,人民出版社 2009 年版,第 395 页。
② 列宁:《列宁全集》第 32 卷,人民出版社 1985 版,第 301 页。
③ 列宁:《列宁选集》第 3 卷,人民出版社 1995 版,第 722 页、第 770 页。
④ 列宁:《列宁全集》第 29 卷,人民出版社 1985 年版,第 287 页。
⑤ 列宁:《列宁选集》第 3 卷,人民出版社 1995 年版,第 722 页、第 770 页。

为流行的话语,这是对四项基本原则的根本否定。但吴敬琏说:"对执政党来说,多种所有制经济的共同发展才是共产党执政的可靠基础。"(《重启》第299页)不过在他的改革目标中,已经没有公有制经济从而也没有所谓的多种所有制经济的共同发展,"共产"党已没有"共产"可以领导,在他的改革要求中,执政党对经济、司法、社会都不能干预,执政党已是不能治国的"执政党"。

最后指出,在吴敬琏先生的改革呼吁中表示了对腐败专断等弊端的强烈关注,但他对腐败专断及权贵资本主义的关注与我们反腐败的目的和途径完全不同。他的出发点是实行彻底的私有化,他认为,腐败专断是在社会主义国家发生的,所以社会主义不如资本主义好。而我们认为,坚决贯彻马、列、毛、邓所阐述的公有制事业的管理原则,完善社会主义,是应对这些问题的更好选择。

重新重工业化不等于粗放增长和走旧型工业化道路

简新华 余 江

(简新华:武汉大学经济发展研究中心原主任、教授、博士生导师;
余　江:武汉大学经济发展研究中心博士)

从1999年开始的7年多时间内,中国工业发展出现转折性变化,无论是在产值、投资、利润增长方面,还是在比重上,重工业都超过了轻工业,出现了重新重工业化的趋势。与此同时,产生了严重的煤荒、电荒、油荒、气荒、运荒,资源短缺加剧,环境压力加大,经济增长的就业弹性系数下降。如何正确认识和评价这种情况,中国现在应不应该重新重工业化即二次重工业化,是否已经进入了一个重新重工业化的发展阶段,是什么因素引起的,以重化工为主导的经济增长会不会给中国带来危险,重新重工业化的道路应当怎么走,怎样克服工业重型化中资源、环境和就业的制约,有效地推进重新重工业化? 这些是关系到能否正确认识中国经济发展目前所处阶段、走势、面临的任务和应当采取的对策、影响到中国能否最终实现工业化的重大问题,现在成为激烈争论的热点问题。经济理论界对这些问题的看法出现了较大的分歧,形成了肯定和否定的两派对立的观点。我们是中国重新重工业化的赞成者,已在《中国经济问题》2005年第5期发表的文章《论中国的重新重工业化》中,从正面比较全面、系统地论述了中国重新重工业化的表现、原因、意义、特点、困难、约束和趋势,提出了克服工业重型化面临的资源、环境和就业制约的道路和对策建议。

中国在2000年至2020年全面建设小康社会阶段还要不要大力发展重工业,至少在2000年至2010年的中国经济增长应不应该以重工业为主导?

> **中国需要什么样的市场经济**

我们坚信:现在如果不再次大力发展重工业,中国的装备制造业就不能振兴、基础设施和城市建设的任务就完不成、农业机械化就实现不了、轻工业的技术和装备就难以提升、实力雄厚的现代化国防就无法形成,全面建设小康社会阶段基本实现工业化、城市化的目标也就不可能达到。但是,近两年来德高望重的吴敬琏研究员多次发表演讲和文章,坚决反对中国现在发展重工业,认为重工业化就是经济增长的粗放化,就是坚持走已经过时的旧型工业化道路,违背转变经济增长方式和走新型工业化道路的要求。仔细拜读吴敬琏研究员的大作,特别是发表在《学术月刊》2005年第12期和2006年第1期上的连载长文《思考与回应:中国工业化道路的抉择》,对其反对中国重新重工业化的看法和论证,深感疑惑,实难苟同。虽然吴敬琏研究员关于改变经济增长模式、走新型工业化道路、用信息化带动工业化、加快技术进步、节约资源、提高效率、加快服务业特别是生产性服务业的发展、完善社会主义市场经济体制等方面的主张,都是我国现在的既定方针,我们是非常赞同的,但这些都不能成为中国现在不应该发展重工业的理由,尤其是在反对中国重新重工业化的论证中存在不少误解和偏差,甚至概念模糊、理论混乱。最突出的是把重工业完全等同于资源消耗型、环境污染型产业,把重工业的发展看成必然是粗放增长、外延扩大、旧型工业化道路,需要予以澄清。我们与吴敬琏研究员的分歧,主要不在应该怎样发展重工业,而是中国现在应不应该发展重工业。本文特提出以下商榷意见,就教于吴敬琏研究员和经济界的同仁,以求得对中国重新重工业化的原因、意义和道路的正确认识,以给我国制定中长期经济社会发展规划提供有益的理论参考。不当之处,在所难免,诚盼吴先生批评、指正。

一、霍夫曼定理是已被历史证明的工业化发展的客观规律

霍夫曼定理是中国重新重工业化的赞成者的重要理论依据,吴敬琏研究员认为不足为据,提出"这个'定理'是根据先行工业化国家工业化早期和中期的经验推演而来的",属于"旧型工业化道路"(早期经济增长模式)理论,"霍夫曼关于工业化后期阶段重工业将成为国民经济中的主导产业的预

言都没有实现",我国现在"不能按他的理论走(属19世纪时期的粗放增长型理论)"。我们觉得吴敬琏研究员对霍夫曼定理的认识和评判,值得商榷。

1. 霍夫曼关于工业化阶段的划分并不包含工业化的全部过程

霍夫曼通过对1931年以前各个工业化国家的统计资料的分析,根据资本品生产与消费品生产的变化情况,把工业化过程划分为三个阶段,依次为Ⅰ消费品工业占优势阶段、Ⅱ资本品工业相对增加阶段、Ⅲ消费品工业与资本品工业平衡而且存在资本品工业渐占优越地位的趋势。① 一般而言,按照产业结构变动趋势的不同,工业化的全过程也可以划分为三个大的阶段,即工业化的初期、中期、后期。初期是以轻纺工业为主导的轻工业化阶段、中期是以重化工业为主导的重工业化阶段、后期是以服务业为主导的发达工业化或服务化阶段。这是符合工业化发展实际的大多数人的看法。由于历史的局限,霍夫曼只是考察了到当时为止的工业化过程,他划分的Ⅰ阶段就是工业化的初期,Ⅱ阶段、Ⅲ阶段则属于工业化的中期。他并没有揭示工业化的全部过程。因为,1931年以前,各个工业化国家的工业化都还没有完结,都还在继续,也还没有一个国家成为我们今天所说的进入了后工业社会的发达工业化国家。吴敬琏研究员认为霍夫曼关于工业化阶段的划分包含工业化的全部过程,其中的Ⅲ阶段就是一般而言的工业化后期,显然这是对霍夫曼定理的误解。

2. 霍夫曼定理已被历史证明,不是未被证实

正是由于吴敬琏研究员把霍夫曼划分的工业化过程的Ⅲ阶段看成就是一般而言的工业化后期,而霍夫曼的工业化过程的Ⅲ阶段以重化工业为主导,一般而言的工业化后期以服务业为主导,所以他断言"霍夫曼关于工业化后期阶段重工业将成为国民经济中的主导产业的预言都没有实现"。这也是值得商榷的。实际上,霍夫曼定理是从各个工业化国家的调查统计中得出的结论,是实践经验的总结,是已被历史证明的工业化发展的客观规律。工业化过程中的产业结构演进趋势是先轻工业化或以轻工业为主导

---

① 张培刚:《农业与工业化》(上卷),华中科技大学出版社2002年版,第98页。

(工业化初期),再重工业化或以重工业为主导(工业化中期),最后进入以服务业为主导的发达工业化(工业化后期)。这是主要发达国家工业化的实践证明了的一般规律。霍夫曼定理揭示的正是工业化初期工业结构轻型化、中期工业结构重型化的趋势。的确,霍夫曼定理总结的只是1931年以前工业化的经验,没有发现发达工业化阶段(工业化后期)产业结构将以服务业为主导,但霍夫曼定理也没有说进入重工业化阶段以后永远都要以重工业为主导,而且揭示了工业化中期以重工业为主导的必然趋势,不能因为霍夫曼定理没有说明服务化的趋势,就完全否定霍夫曼定理的正确性。

3. 霍夫曼定理是关于工业化过程中工业结构变动趋势的理论,不是关于经济增长方式和工业化道路的理论

吴敬琏研究员把霍夫曼定理划归为"旧型工业化道路"(早期经济增长模式)理论,是"西方先行工业化国家的早期增长模式和苏联的优先发展重工业的实践"影响的产物。这种看法不仅是对霍夫曼定理的错判,而且存在理论混乱。霍夫曼定理明明只是关于工业化过程中工业结构变动趋势的理论,这是发展经济学和产业经济学的共识,为什么硬要说成是"旧型工业化道路"(早期经济增长模式)理论呢?这是因为他认为,工业化早期的"经济增长是靠大量投资发展资本密集的机器大工业,特别是重工业来支撑的",这种经济增长模式是"粗放增长型"、"旧型工业化道路","按这种模式进行的工业化叫做'旧型工业化'",而霍夫曼定理提出工业化过程中工业结构变动存在重工业化的趋势,所以"属19世纪时期的粗放增长型理论"。这里,吴敬琏研究员实际上是把重工业化与"旧型工业化"、"粗放增长模式"、"旧型工业化道路"等同起来,把工业化道路、经济增长模式与工业类型、产业结构看成了一回事。但是,工业化道路、经济增长模式与工业类型、产业结构是不同的概念,虽然有联系,但也有区别,是绝对不能混淆、更不能画等号的。这种概念模糊、理论混乱,我们下面还要专门澄清。

4. 吴敬琏研究员对先行工业化国家的发展和工业化阶段的划分不符合历史事实

首先,吴敬琏研究员把先行工业化国家的发展分为四个阶段,即:(1)产

业革命前的阶段;(2)第一次产业革命发生到第二次产业革命前的阶段;(3)第二次产业革命以后的阶段;(4)20世纪50年代以后的信息化阶段。非常明显,他遗漏了一个极其重要的阶段——第二次产业革命发生和进行的时期,即工业化实现的决定性的关键阶段。这是不应该发生的疏忽!恰恰这个时期是工业化过程中以重化工业为主导的时期,看不到这个时期的存在,自然就会否定工业化必然要经历一个以重化工业为主导的阶段。而且,第二次产业革命时期是19世纪40年代至20世纪50年代,所以"第二次产业革命以后的阶段"也就是"20世纪50年代以后的阶段",吴敬琏研究员划分的(3)阶段与(4)阶段实际上是一个阶段。另外,他还认为第一次产业革命发生到第二次产业革命前的阶段是"19世纪",这也不符合历史实际,第一次产业革命时期应该是18世纪60年代至19世纪40年代。[①] 正是由于这种疏忽和失误,又发生了对先行工业化国家工业化过程认识的偏差。

一般来说,主要发达国家在工业化的初期,大致上也就是第一次产业革命时期,虽然重工业也有相当的发展,但基本上都是以轻纺工业为主导;在工业化的中期,大致上也就是第二次产业革命时期,基本上都是以重化工业为主导,完成了工业化的任务。第二次产业革命的主要内容和标志是电力、内燃机、新炼钢法、石油化工、汽车、电器制造等,基本上都属于重化工业。这些都是大家公认的历史事实。但是,吴敬琏研究员却认为第一次产业革命发生到第二次产业革命前的阶段是以重化工业为主导,这既否定了有一个以轻纺工业为主导的阶段的存在,又没有看到以重化工业为主导的阶段是第二次产业革命时期,也没有看到第一次产业革命时期是以轻纺工业为主导,不符合主要发达国家工业化发展的实际。

二、应当正确理解重工业发展的内涵

1. 重工业并不必然是资源消耗型、环境污染型产业

吴敬琏研究员反对中国现在发展重工业,提出的一个重要依据是,重工业是资源消耗型、环境污染型产业,资本密集型的重化工业要大量的自然资源

[①] 简新华、魏珊:《产业经济学》,武汉大学出版社2001年版,第176~186页。

来支撑,中国现在自然资源短缺、生态环境脆弱,大力发展重化工业不合时宜,走进了岔路,会给中国带来危险。我们认为,这种看法是不全面的、不准确的。

所谓重工业是指生产生产资料的工业,主要包括装备制造业(机械设备制造业)和原材料、能源及化学工业。的确,重工业是资本和技术密集型产业,需要大量的投资和更高的技术,其中的原材料、能源及化学工业会消耗更多的自然资源,传统的重化工业会造成更多的环境污染。但是,并不能因此就认为重工业必然是资源消耗型、环境污染型产业。因为,重工业中有资源消耗多、环境污染重的部门,也有资源消耗不多、环境污染不重的部门,特别是采用现代方法发展的重工业,则是资源节约型、环境保护型的重工业。例如,重工业中的装备制造业并不一定要消耗大量的自然资源,而中国重新重工业化的重点是振兴装备制造业,不是原材料工业,可以相对降低资源消耗;采用环保技术和设备防治污染的、运用循环经济的方式发展的新型重工业,不会造成更多的环境污染,这也是中国现在发展重化工业的要求。

2. 重工业的发展并不必然是粗放增长、外延扩大

吴敬琏研究员也把重工业化与"粗放增长模式"等同起来,认为重工业的发展必然是粗放增长、外延扩大,以重化工为主导的经济增长是粗放型增长,是不可持续的、过时的发展模式。其实,产业类型与增长方式是两个不同的概念,产业结构与增长方式也是两个不同的概念,都不能混淆。重工业是产业,以重化工为主导是产业结构的特征,粗放增长与集约增长是增长方式,同一产业可能采取不同的增长方式,产业类型与增长方式类型并不一一对应,不能认为重工业必然是粗放增长,轻工业、服务业或高新技术产业必然是集约增长。像农业和轻工业生产一样,重工业生产也有粗放增长和集约增长两种方式,既可以外延扩大,也可以内涵扩大,并不一定就是粗放增长、外延扩大。如果说农业和轻工业可以主要依靠科学技术进步、加强经营管理、提高劳动生产率,采用集约方式增长,实现可持续发展;重化工业也一样可以主要依靠科学技术进步、加强经营管理、提高劳动生产率,采用集约方式增长,实现可持续发展。新一轮的重工业化主要应当采取的恰恰是集约增长和内涵扩大,大力发展循环经济,实行清洁生产和节约高效增长。只

要走新型的重工业化道路,中国的重新重工业化带来的不会是危险,而是工业化的最终实现。

此外,工业化的发展阶段也不与经济增长方式演进的阶段一一对应。不能认为,在工业化过程中,初期轻工业化阶段或者后期服务化阶段的经济增长,就必然是集约型的高效增长;中期重工业化阶段的经济增长,就必然全是粗放型的低效增长。在工业化过程中的各个阶段,都会存在粗放型增长与集约型增长两种方式,只不过随着科学技术的进步和管理的科学化,集约型增长越来越成为主要的方式。

3. 中国现在发展重工业不是要走"旧型工业化道路"

吴敬琏研究员还把重工业化与"旧型工业化"等同起来,认为中国现在发展重工业就是走"旧型工业化道路",这又是一种混淆和误解。工业化阶段和主导产业与工业化道路更是三个不完全相同的概念,重工业化是工业化中期经济增长以重化工为主导的趋势,工业化道路则是指实现工业化的原则、方式和机制,至少应该包括产业、技术、资本来源、工业化发动方式、工业增长方式、工业化实现机制、城市化模式、国际经济联系8个方面的选择。① 产业选择只是工业化道路的内容之一,不同的产业选择也不是与不同的工业化道路一一对应的,不是说选择以重化工为主导就是走"旧型工业化道路"、选择以服务业或者轻工业为主导就是走"新型工业化道路",不能认为只要是发展重化工就是走"旧型工业化道路",还要看一国的工业化是否到了以重工业为主导的发展阶段,是以什么方式发展重工业等。如果一国的工业化已经到了以重工业为主导的发展阶段,又是以集约方式发展重工业,选择以重化工为主导就属于"新型工业化道路"的内容。

三、重新重工业化是中国经济发展的必由之路

1. 中国重新重工业化绕不开、跨不过,反对重新重工业化只会延误中国工业化、城镇化、现代化的进程

先轻工业化,后重工业化,从而实现工业化,再进入发达的工业化,是多

---

① 简新华、向琳:《论中国的新型工业化道路》,载于《当代经济研究》2004年第1期。

数国家工业化的普遍规律,重工业化至少是比较大的国家工业化的必经阶段,是不可超越或者绕过的。没有重工业化的发展,西方国家和日本不可能成为发达国家。正如刘世锦所言:"至少到目前为止,我们还找不到这样的先例:一个大的经济体没有经过重工业加快发展阶段而进入了后工业社会。"[1]中国作为一个后发的国家,在工业化进程中,由于国际环境、经济结构、理论认识偏差和苏联工业化模式的影响,走了一条特殊的工业化道路。工业内部结构变化大致经历了三个阶段,即建国初期至改革前的重工业优先发展→改革开放时期的轻工业发展→新世纪开始的重新重工业化。虽然工业化一开始就优先发展重工业,由于违背了工业化发展的普遍规律,所以迄今为止,中国还没有实现工业化,最重要的是还没有完成重工业化的任务。什么是重工业化的任务?即建立起强大的装备制造业和原材料工业,实现农业机械化和轻工业的技术改造,基本完成基础设施和城市的建设。要完成这些任务,就必须二次重工业化。如果按照吴敬琏研究员中国现在不应该发展重工业的观点和其他反对重新重工业化学者的主张,绕过、跨越重化工业化阶段,就不能实现重工业化,也就不能振兴装备制造业、提升轻工业技术和装备、实现农业机械化和现代化、基本完成基础设施建设、加快城镇化的步伐,也就不能最终实现工业化、城镇化、现代化,只会延误中国工业化、城镇化、现代化的进程。

2."微笑曲线"并不能证明中国现在不能发展重工业,发展重工业并不排斥服务业特别是生产性服务业的发展

吴敬琏研究员运用施振荣先生提出的现代制造业的"微笑曲线"理论,说明我国应该加快服务业特别是生产性服务业的发展,是很有道理的。但是,"微笑曲线"并不能证明中国现在不能发展重工业、只能主要发展服务业,更不能说明发展重工业就只是停留在产业链的"中游",不需要向"上游、下游"延伸。实际上,重工业与轻工业一样,也有所谓上、中、下游,重工业本身除了产品制造,也要研究、开发、设计,还要供应、销售、运输、融资;重工业

---

[1] 刘世锦:《正确理解"新型工业化"》,载于《中国工业经济》2005年第11期。

的发展,不只是发展属于中游的加工、组装、制造,也要发展属于上游的重工业产品的 R&D、设计,还要发展属于下游的为重工业生产服务的渠道、品牌、物流、金融。的确,在现代经济、技术条件下,产业链的上、下游环节,附加值更大,盈利率更高,中国可能更落后,更需要大力发展。但是,这不能成为反对发展重工业的依据。因为,属于上、下游的重工业产品的研发、设计、安装、内部运输、品牌、直销等环节,主要还是属于重工业本身的组成部分、内部的环节,增强这些环节也是发展重工业的重要内容。在这些方面,发展生产性服务业与发展重工业是一致的,甚至是一回事,根本不矛盾。实际上,中国现在发展重工业,不仅是要发展重工业的中游环节,也要重视发展重工业的上、下游环节。即使是已经成为独立产业的物流、金融等服务业,其生产性服务中也包含有为重工业服务的部分,发展重工业不仅不会对为重工业服务的服务业有害,相反还会增加对重工业服务的市场需求,从而促进为重工业服务的服务业的发展,为什么偏要把两者完全对立起来呢!

3. 中国现在不可能以服务业为主导

在中国经济发展现阶段的产业选择上,吴敬琏研究员在反对发展重工业的同时,实际上是主张中国应该以服务业为主导。他提出的依据主要有几点:一是种种因素决定中国现在不能以重工业为主导;二是服务业在20世纪初就已经超越整个工业而成为最主要的产业部门,现在更是处于主体地位,现代经济增长都应该以服务业为主导,中国也不能例外;三是现代服务业效率更高,也更有利于中国解决就业问题。

的确,服务业特别是现代服务业效率更高,更有利于中国解决就业问题;当今世界,许多国家尤其是发达国家都以服务业为主体,但是,并不能因此就认为,现在所有的国家(包括中国),不论其社会经济发展处于什么阶段,都必须以服务业为主导;这些都不足以成为中国现在必须以服务业为主导的充分理由,也就是说中国现在还不可能主要依靠服务业来带动整个国民经济的增长,中国现阶段应该以重工业为主导。

为什么中国现阶段应该以重工业为主导而不能以服务业为主导呢?因为中国现在处于工业化中期,工业化中期以重工业为主导是必然趋势。为什么工业化中期以重工业为主导是必然趋势？因为没有重工业化的发展，工业化的任务完不成，农业机械化和城市化无法实现。而且，没有工业化任务的基本完成、农业机械化和城市化的基本实现，产业结构的演进也不可能进入以服务业为主导的阶段。只有基本实现工业化、农业机械化和城市化，劳动生产率才能大幅度提高，一方面，物质生产领域的劳动力才能大量减少，才可能有更多的劳动力转移到服务领域就业；另一方面，国民收入才能大量增加，人口才能大规模集中居住，也才能形成对第三产业的巨大需求，第三产业也才可能发展成为主导产业。第三产业必须以工业化和城市化的发展为基础，不可能跳过重工业化阶段，直接由以轻工业为主导转向以服务业为主导。

第三产业为主导是有条件的，服务业不是想发展就能发展，想成为主导就能成为主导的。第三产业的发展必须以一定数量的人口集中居住和人均收入达到一定水平为前提条件，只有城市化和人均GDP达到一定水平以后，服务业才能加速发展，也才能真正成为社会经济增长的主导产业。发达国家第三产业的比重占整个国民经济的70%～80%，与其城市化率也达到70%～80%是相对应的。中国第三产业发展落后，尽管学者、官方近年来一再呼吁大力发展第三产业，可就是不能快速发展起来，其原因不是由于人们不重视，主要在于中国城市化发展严重滞后、工业化的基本任务也没有完成、人均收入水平还比较低，还没有形成对第三产业的巨大的市场需求。中国的当务之急是，选择正确的重工业化道路，再次重工业化。

这里需要指出的是，吴敬琏研究员在文章中提出了几个数据资料证明其观点的正确性，但这些数据的可靠性和准确性值得怀疑。从他提出的英国和美国工业化过程中就业结构和三次产业产值比重变化情况的数据来看，存在两个问题：一是20世纪30年代末产业三分法才确立，才有可能进行第三产业的调查统计，也才可能有相关数据，因此吴敬琏研究员依据的图表中的20世纪30年代末以前的数据只能是估算出来的，很难保证准确、可靠。二是按照吴敬琏研究员文章中提供的数据，美国从1799年到1900年工业产值的比重，最低只有13%，最高也仅28%；服务业产值的比重，最低也有43%,最高则达50%,始终大大高于工业产值的比重。1799年到1900年属于美国工业化的初期和中期,是工业化快速推进,工业在国内取得优势地位并跃居世界首位的最主要的阶段,①这种工业产值的比重这么低、服务业产值的比重始终处于主体地位的数据太没有道理,实在叫人难以相信。按照这种数据,1799年到1900年不应该属于美国的工业化时期,而应该称之为美国的服务化时期。

4. 从总体和长期来看重新重工业化有利于就业问题的解决

吴敬琏研究员反对中国现在发展重化工业,提出的一个重要理由是,重化工业是资源密集和资本密集型产业,创造就业岗位的能力很低,在中国就业形势很严峻的情况下发展重化工业,只会使就业问题变得更严重,给中国带来危险。我们认为上述看法似是而非、存在片面性。的确,重化工业发展相对轻纺工业发展来说,本身不能创造很多的就业机会,但不能因此认为重化工业发展必然会加剧就业问题。相反,中国现在发展重化工业,不仅在短期内有利于就业问题的解决,从长期来看将会产生更多的就业机会。因为:

第一,重化工业发展本身会增加就业。重化工业的发展,虽然不能像轻纺工业发展那样带来更多的就业岗位,但多少也会增加一些就业。不发展重化工业,也就不会产生由重化工业的发展所带来的就业机会;而且,重化工业的发展能够为轻工业、农业、服务业的发展,基础设施和城市建设提供更好的条件,从而带动整个国民经济更快地发展,使经济总量增大,也会产生更多的就业岗位;另外,重化工业的发展还会使重化工业产品的出口能力增加,有利于增加机电产品等重化工业产品的出口,就业也会相应增加。近几年中国经济发展的实践也证明了这一点:2003年中国国内生产总值增长9.1%、轻工业增长14.6%、重工业增长18.6%;2004年国内生产总值增长达9.5%、轻工业增长14.7%、重工业增长18.2%;2005年国内生产总值增长达9.9%、轻工业增长15.2%、重工业增长17%。重工业增长最快,机电产品出口也大幅度增加,摆脱了20世纪90年代"通货紧缩"的态势,整个国

---

① 吉尔伯特·菲特、吉姆·里斯:《美国经济史》,辽宁人民出版社1981年版,第163、355、448页。

民经济快速发展,与此同时,城镇就业人员不仅没有减少,近三年反而分别增加 859 万人、980 万人、970 万人,局部地区甚至出现了"民工荒"现象。

第二,重化工业发展促进轻纺工业发展也会增加就业。由于重工业是资本和技术密集型产业,轻工业主要是劳动密集型产业,重工业对劳动力的吸纳能力低于轻工业,如果重工业增长的同时导致轻工业增长下降,会使就业总量减少。但重化工业与轻纺工业之间并不一定是此长彼消、此消彼长的关系,重化工业的发展并不必然意味着轻纺工业不发展,相反,近几年中国重工业高速增长的同时,轻工业也快速增长,自然也会增加就业。在轻工业产品已经能够满足城乡居民的需求、生产能力甚至出现了相对过剩的情况下,轻工业之所以还能快速增长,除了轻纺工业产品出口也大幅度增加之外,还有一个重要因素是重化工业的发展为轻纺工业的进一步发展提供了更有利的条件。应该说我国已经基本实现轻工业化,但总的来看,轻工业发展的水平仍然较低,技术装备不先进,劳动生产率也不高,物质消耗较多,不少轻工业产品品种少、质量差、档次低,亟待优化升级,特别需要发展重工业,提供更先进的技术设备,改造和武装轻工业。要想从根本上改变在国际分工中,中国处于产业链的低端、作为世界"加工厂"、搞"贴牌"生产,劳动力"卖苦力"、替外国打工、仅赚微薄加工费的地位,进入产业链的高端,提高加工度,增加附加值,增强国际竞争力,提高经济效益,也必须发展重工业,用更多更先进的设备和技术改造和武装落后的制造业。而且,轻工业规模的扩大,也需要重工业提供更多的机械设备、能源和原材料,也要求重工业发展。近几年中国重工业的高速增长,正好适应了这种要求,为轻工业的发展创造了更好的条件,从而促进了轻工业的发展。从长期来看,如果不发展重化工业,轻纺工业的技术装备得不到更新改造,国际竞争力得不到提高,轻纺工业产品出口就会下降,生产就会萎缩,就业就会减少。由此可见,重化工业发展,对轻纺工业的发展不是有害,而是有利;对就业问题的解决也不是有害,而是有利。

第三,重化工业发展为服务业的发展提供更好的条件,将会创造更多的就业机会。的确,第三产业是劳动密集型产业,发展第三产业能够带来更多的就业机会。但是,如前所述,只有人口大规模集中居住、国民收入达到相应的水平,才能形成对第三产业的巨大需求,第三产业也才能快速发展,成为主导产业,从而更好地解决就业问题。然而,只有基本实现工业化、农业机械化和城市化,劳动生产率才能大幅度提高,国民收入才能大量增加,人口才能大规模集中居住,也才能形成对第三产业的巨大需求,第三产业也才可能发展成为主导产业。中国第三产业发展之所以落后,其原因不是由于人们不重视,主要在于中国工业化的基本任务还没有完成、城市化发展也严重滞后,还没有形成对第三产业的巨大的市场需求。随着中国重新重工业化任务的完成、城镇化的实现、基础设施建设的基本完成,第三产业的比重必将大幅提高,必将带来更多的就业机会。

以上说明,现在中国重化工业的快速发展,不仅不会加剧就业问题,更不会给中国带来危险,反而能够最终完成工业化和城镇化任务,更好地解决就业问题。

5. 中国的比较优势已经发生变化,具备了发展重工业的资本条件

吴敬琏研究员提出,"中国的资源禀赋的基本情况是:'人力资源丰富,自然资源短缺,资本资源紧俏和生态环境脆弱。'在这样的条件下,中国显然应当尽量发展既是低资本和其他资源投入,又能发挥人力资源优势的产业。然而在'重型化'导向下,许多地方却集中物力财力去发展资源密集和资本密集的重化工业。这就变成了扬短避长,必然造成了一系列消极后果。"我们认为,这种看法不完全符合实际。

的确,"经济学的常识告诉我们,正确配置资源的首要要求,是要根据自己的资源禀赋的状况扬长避短和发挥优势",按照比较优势选择产业结构,积极参与国际分工和贸易,能够更有效地发展本国经济。但是,一国的比较优势并不是一成不变的,相应的产业结构也要发生改变;而且"根据自己的资源禀赋的状况扬长避短和发挥优势",也只是选择产业结构和制定经济发展战略的重要原则之一,并不是唯一的依据,还应该包括产业结构演进的规律、经济发展所处的阶段、国内外的经济发展条件等多方面的因素。长期以来,中国资本严重短缺、技术相当落后,比较优势只有劳动力充足价廉。但

> ▶ 中国需要什么样的市场经济

是经过近30年的高速发展,中国的比较优势已经发生变化。虽然劳动力仍然具有优势,但已经在减弱,这可以从两方面得到证明:一是近两年"民工荒"的出现和内需扩大的困难,说明工资水平再也不能压得太低了;二是劳动密集型产品的出口面临越来越多的摩擦和障碍,扩大越来越困难,所以现在中国不能主要只是发展劳动密集型产业了。而且,资本严重短缺的局面已经改观,甚至拥有了一定的优势。我们作出此判断的主要依据是:中国现在的城乡居民储蓄存款余额近15万亿元,存贷差额高达9万多亿元,每年引进外资5亿至600亿美元,外汇储备8000多亿美元,银行存款实际上是负利率,中国的海外投资快速增长,2002年只有9.83亿美元,2005年猛增到69.2亿美元,3年增长7倍多,有学者预计,5年后,中国企业每年的海外投资总额将达到150亿到200亿美元。① 面对这些情况,现在还能说中国的资本仍是严重短缺吗!中国现在不是有项目找不到资本,而是有资本找不到有利的投资场所。中国现在的实际情况是,资本既不那么短缺,也不那么昂贵,资本密集型产业也有了一定的优势,已经具备了加快发展重工业所必需的资本条件。另外,自然资源短缺、生态环境脆弱,也不能作为反对发展重工业的理由。因为,按照自然资源短缺、生态环境脆弱就不能搞工业"重型化"的逻辑,像日本这样自然资源严重短缺、生态环境曾经相当脆弱的国家,就永远不应该发展重工业。但历史事实恰恰相反,日本正是在自然资源短缺、生态环境脆弱的条件下,大力发展重工业,实现重工业化之后,才成为发达的工业化国家。自然资源短缺、生态环境脆弱的困难,可以通过选择正确的经济增长方式和工业化道路予以有效克服。

6. 重新重工业化主要不是政府调节的产物,而是市场调节的结果

吴敬琏教授认为,所谓中国的二度重化工业化,不是市场调节的结果,而是各级政府调节的结果。其实不然,中国现在之所以出现重新重工业化趋势,主要是由以下原因引起的:

一是消费结构的升级。消费结构的变化是引起产业结构变动的最主要

---

① 雷达:《富国纷纷看上中国资金》,载于《环球时报》,2006年2月20日。

的因素,按照国际经验,人均GDP达到1000美元以后,社会消费结构将会由温饱型向发展型、享受型升级。汽车、住房需求的大幅度增长,用于生产汽车、住房的重工业产品的需求也必然大量增加,从而极大地带动钢铁、机械、化工、水泥等重工业部门的发展。

二是基础设施的建设。发达国家的历史经验表明,基础设施建设,既是实现工业化的前提,也是工业化的重要任务。与发达工业化国家相比,我国的基础设施建设还存在很大差距。基础设施建设需要大量的重工业产品,必然带动重工业的发展。

三是城镇化进程的加速。城镇化是工业化的必然伴侣,同时也是工业化的促进器。我国现在已经进入城镇化加速发展时期,城镇数量的增加、规模的扩大,新一轮城镇建设高峰的出现,对钢材、水泥、能源、电力和相关机械设备的需求急增,导致重工业发展的加速。

四是轻工业的优化。我国轻工业产品已经能够满足城乡居民有购买力的需求,生产能力甚至出现了相对过剩,但总的来看,技术装备还不先进,劳动生产率也不高,物质消耗较多,不少轻工业产品品种少、质量差、档次低,亟待优化升级,特别需要发展重工业,提供更先进的技术设备,改造和武装轻工业。

五是农业的技术改造。农业的发展在实现工业化方面起着关键性的作用,工业化过程也是农业生产产业化、机械化的过程,改造落后农业的一个重要渠道是工业部门向农业部门提供先进的农业机械装备。中国现在农业机械化的水平还不高、产业化程度低、许多农业生产技术还比较落后,迫切需要发展重工业,生产更多、更先进的机器设备武装和改造还相当落后的农业,有力推进农业现代化。

六是装备制造业落后面貌的改变。装备制造业是重工业的核心组成部分,先进的装备制造业是发达工业化的基本标志之一。中国的装备制造业相当落后,仍然依赖进口,每年大约要花1000亿美元进口设备,花1000亿美元进口零部件,每年进口设备的花费远远超过外商对华直接投资。这种状况已经严重影响工业化水平的提高,急需改变。

七是国际制造业的转移。国际制造业转移的规律是,先前是转移劳动密集型产业、轻纺工业,再是资源消耗型、环境污染型的产业(其中相当部分属于重化工业),而现在转移的是资金和技术密集型的重化工业。国际产业转移也为中国以装备制造业为核心的重工业发展提供了机遇。

正是在这多重因素的作用下,形成了巨大的重工业产品的市场需求,导致重工业产品价格的上涨,从而推动重工业的快速发展。由此可见,中国的重新重工业化主要是市场调节的结果,而不是政府调节的产物。虽然在近几年重工业发展的过程中,各地政府也起了促进作用,也可能为了所谓"政绩"、增加地方财政收入等,采取了一些不是十分恰当的措施,但绝不是主要推动力量,其作用也不全是错的。现在大家公认中国家电制造业主要是在市场推动下发展起来的,但也不要忘记20世纪80年代,也出现过各地政府大力支持,甚至直接投资搞家电生产的现象,没有人因此说中国家电制造业主要是靠政府的作用发展起来的。这里必须说明的是,我们也反对政府作为主要的投资主体、采用行政的方法去发展重工业,但并不能因此就从根本上反对发展重工业。

(本文原载于《学术月刊》2006年第5期)

改革开放不需要讲政府作用吗?

在市场作用和政府作用的问题上,要讲辩证法、两点论,"看不见的手"和"看得见的手"都要用好,努力形成市场作用和政府作用有机统一、相互补充、相互协调、相互促进的格局,推动经济社会持续健康发展。

使市场在资源配置中起决定性作用和更好发挥政府作用,二者是有机统一的,不是相互否定的,不能把二者割裂开来、对立起来,既不能用市场在资源配置中的决定性作用取代甚至否定政府作用,也不能用更好发挥政府作用取代甚至否定使市场在资源配置中起决定性作用。

——习近平2014年5月26日在中共中央政治局第十五次集体学习时的讲话

(《人民日报》2014年5月28日第1版)

改革既要尊重市场规律,又要发挥政府作用

周新城

(中国人民大学教授、中国社科院马克思主义研究院特聘研究员)

党的十八大指出:要"全面深化经济体制改革",而"经济体制改革的核心问题是处理好政府和市场的关系,必须更加尊重市场规律,更好发挥政府作用"。① 这就指明了今后进一步深化改革的基本途径。

当前,学术界就深化改革问题进行了热烈的讨论。照理,研究深化经济体制改革的问题,应该在"必须更加尊重市场规律、更好发挥政府作用"这两个方面下功夫,不可偏废,然而在讨论过程中,却出现了迷信市场自发作用、否定政府调控(其中突出的是否定计划的作用)的论调。例如,吴敬琏在《中国经济改革二十讲》中说,30年的改革形成了"半统制、半市场"的体制,因为还存在国有经济、政府还干预经济。中国的出路只有一个:彻底的私有化、彻底的市场化。中央一家大报刊登文章,提出"在市场经济体制下更容易遵循经济规律,在计划经济体制下更可能违背经济规律";市场的自发作用在"冥冥之中符合了经济规律",而计划经济"从一开始就违背了价值规律",必然要被淘汰;政府自觉利用价值规律来调控经济,总是"以违背价值规律而告终。"② 这就是说,市场经济是最好的,计划经济是最坏的;只能听任市场自发地起作用,不能有政府的任何干预,这就是改革的方向。出现这些观点,其实也不足为怪,它不过是盛行一时的新自由主义思想的老调重弹,只是在2008年世界金融危机爆发、新自由主义在世界范围内遭到谴责的情

---

① 《中国共产党第十八次全国代表大会文件汇编》,人民出版社2012年版,第19页。
② 李义平:《为什么市场经济更容易遵循经济规律》,载于《人民日报》,2013年8月7日。

况下,我国却出现新自由主义的反弹,真是撞了南墙也不回头。然而这种迷信市场、否定政府作用的"市场原教旨主义"是会对我国改革产生误导的,应该予以澄清。

我们应该怎么对待市场经济和计划调控(这是发挥政府作用的主要手段之一)呢?我国的改革是不是像某些学者说的那样,证明市场经济是最好的、计划经济是最坏的,调节经济是不是只能用市场这种手段,不能用计划这种手段?能不能说,政府不应干预经济?

任何一个社会要正常进行生产,就必须把社会总劳动(包括活劳动和物化劳动)按照一定的比例分配到各个部门和企业里去,也就是说,必须按照生产力发展的需要,合理地配置生产资源。资源合理配置,是经济学在研究经济运行层次问题时的重要课题。

那么,怎样才能做到合理配置资源呢?资源配置的手段是各式各样的,运用哪些手段以及怎样运用这些手段来实现资源合理配置的目的,这个问题,必须根据当时的具体经济条件来回答,不能简单地说,哪种手段就是最好的,可以到处运用;哪种手段就是最坏的,不能运用。总结我国社会主义建设的经验,在这个问题上,应该从实际出发,什么领域、什么时候适合运用什么手段,就运用什么手段,一切都服从于发展生产力的需要。

新中国成立后,我们在实现生产资料所有制社会主义改造、确立社会主义基本制度的同时,在经济运行机制方面,建立了一种高度集中的、国家自上而下用行政办法有计划地管理国民经济的体制。这种体制,在当时的历史条件下是必要的,曾经起过历史的积极作用,总起来看是适应生产力发展的需要的。大家知道,旧中国是一个半封建半殖民地社会,经济十分落后,工业基础极其薄弱,重工业几乎是空白。无产阶级取得政权以后,迫切需要建立社会主义的物质技术基础,对整个国民经济进行技术改造,这就需要大力发展工业,尤其是需要从无到有地建立重工业。在落后的经济技术条件下,要实现社会主义工业化,必须把有限的人力、物力、财力集中起来,保证重点工程的建设。高度集中的计划经济体制是符合这种需要的。20世纪50年代上半期我国经济得到迅速恢复和发展,尤其是迄今仍是我国国民经济骨干的156项工程的顺利建成,也充分证明了这一点。脱离当时的历史条件,用现在的、已经变化了的条件来评价、进而否定计划经济体制,是违反客观规律的,也是不正确的。但是,不可否认,这种体制的确存在弊病。概括起来说,主要有两个问题:一个是在国家与企业的关系问题上,国家管得过多,统得过死,企业成为国家机关的附属物,没有自主权,束缚了企业的积极性;一个是在计划与市场的关系问题上,无论是宏观经济还是微观经济,都是用指令性计划来指挥,计划无所不包,完全否定市场调节,排斥市场机制的作用,把经济管死了。随着经济的发展,这种经济体制已经开始束缚生产力的发展,客观上提出了改革的要求。我国自十一届三中全会来的经济体制改革历程,是朝着不断扩大市场调节的范围,相应地不断缩小计划直接管理的领域这个方向进行的。党的十四大总结了10多年改革的实践经验,进一步明确提出,"我国经济体制改革的目标是建立社会主义市场经济体制,以利于进一步解放和发展生产力"。① 这是完全正确的。

但是,在社会主义市场经济体制的条件下,也不应该排斥计划经济。应该指出,邓小平从来没有否定计划经济,他是把计划经济、市场经济当作发展生产的方法、调节经济的手段,既然如此,合适就用,不合适就不用。哪个时期、哪个地方适合用计划经济,就用计划经济;哪个时期、哪个地方适合用市场经济,就用市场经济。他从来没有说过,只能用一种手段,绝对不能用另一种手段。他指出:"计划和市场都是方法嘛。只要对发展生产力有好处,就可以利用。"②"计划和市场都是经济手段。"③他主张"计划和市场都得要"。④ 他说:"我们过去一直搞计划经济,但多年的实践证

---

① 江泽民:《论社会主义市场经济》,人民出版社2006年版,第11页。
② 《邓小平文选》第3卷,人民出版社1993年版,第203页。
③ 同上,第373页。
④ 同上,第364页。

中国需要什么样的市场经济

明,在某种意义上说,只搞计划经济会束缚生产力的发展,把计划经济和市场经济结合起来,就更能解放生产力,加速经济发展。""多年的经验表明,要发展生产力,靠过去的经济体制不能解决问题,所以,我们吸收资本主义中一些有用的方法来发展生产力。现在看得很清楚,实行对外开放政策,搞计划经济和市场经济相结合,进行一系列的体制改革,这个路子是对的。"①他主张不要再讲计划经济为主了,但没有讲过不要计划经济。在 1989 年政治风波以后,他仍然强调:"我们要继续坚持计划经济与市场调节相结合,这个不能改。"②

可见,邓小平同志是主张计划经济与市场经济这两种方法、两种手段都应该用,一切从发展生产力这一实际需要出发,而不拘泥于某一种方法、某一种手段。他认为计划经济的优点是可以做到全国一盘棋,集中力量,保证重点,但只搞计划经济,就"把经济搞得死死的"。市场经济的优点是经济可以搞活,"不搞市场经济、连世界上的信息都不知道,是自甘落后",③但是,市场经济也有自身的弱点和消极方面。邓小平在总结多年经验后指出,"实际工作中,在调整时期,我们可以加强或者多一点计划性,而在另一个时候多一点市场调节,搞得更灵活一些。以后还是计划经济与市场调节相结合"。④根据邓小平这些重要意见,党的十四大明确指出:社会主义市场经济体制下,仍要注意发挥计划和市场两种手段的长处,把两者结合起来,"计划与市场两种手段相结合的范围、程度和形式,在不同时期、不同领域和不同地区可以有所不同"。⑤

我们建立社会主义市场经济体制,使市场对资源配置起决定性作用,这是由市场这种资源配置方式的优点所决定的。市场机制,一是可以在价值规律支配下,促使企业不断改善经营管理,提高劳动生产率,降低物资消耗,提高资源使用效率;二是可以在供求规律的支配下,把有限的社会资源配置

---

① 《邓小平文选》第 3 卷,人民出版社 1993 年版,第 148、149 页。
② 同上,第 306 页。
③ 同上,第 364 页。
④ 同上,第 306 页。
⑤ 江泽民:《论社会主义市场经济》,人民出版社 2006 年版,第 12 页。

到社会所需要的部门中去,做到产销对路;三是可以在竞争规律的支配下,促使资源流向经济效益高的企业中去,从而提高整个社会资源的配置效益。市场配置资源的这些优点,已被我国经济体制改革的实践所证明。我国的改革一再表明:凡是市场在配置资源方面的作用发挥得比较充分的地区和省份,经济发展速度就快,经济效益就好,经济实力就强,只有使市场对资源配置起决定性作用,才能真正做到经济增长率高且又经济效益好。这是我们提出建立社会主义市场经济体制的实践依据。

但是,我们在强调市场对资源配置起决定性作用的同时,清醒地看到市场本身也有其缺陷,这主要表现在以下几个方面:一是市场调节具有短期性。市场通过价格的涨落所反映的社会需求是近期的社会需求,因而它不能进行长期的调节。二是市场调节具有滞后性。只有某个部门出现了供过于求或供不应求的情况,才能促使企业退出或进入这个部门,这就不可避免地会造成资源的浪费。三是市场调节具有不确定性。市场只能通过价格的涨落为企业指明社会需求的方向,因而容易造成生产的盲目性。四是市场调节缺乏全局性。市场调节是受企业的局部利益驱动的,难以协调局部利益和整体利益的关系。此外,在有些领域,市场调节是无效的,这就是西方经济学中所说的"市场失灵区"。例如,公共事业和基础设施建设等,市场是难以调节的。

正由于市场调节具有上述种种缺陷,因此在社会主义市场经济条件下,还必须由政府对经济进行宏观调控,还需要运用计划手段,把计划与市场结合起来。江泽民明确指出:"市场也有其自身的明显弱点和局限性。例如,市场不可能自动地实现宏观经济总量的稳定和平衡;市场难以对相当一部分公共设施和消费进行调节;在某些社会效益重于经济效益的环节,市场调节不可能达到预期的社会目标;在一些垄断行业和规模经济显著的行业,市场调节也不可能达到理想的效果。"因此,他说:"这就要求我们必须发挥计划调节的优势,来弥补和抑制市场调节的这些不足和消极作用,把宏观经济的平衡搞好,以保证整个经济全面发展。"他还指出:"在那些市场调节所力不能及的若干环节中,也必须利用计划手段来配置资源。同时,还必须利用计划手段来加强社会保障和社会收入再分配的调节,防止两极分化。"①

加强国家的包括计划手段在内的宏观调控,也是由我国的具体国情决定的。我国是社会主义国家,我们的生产目的是为了满足人民的物质文化需要,实现共同富裕。社会主义制度的本质要求我们以人为本,统筹城乡发展、统筹区域发展、统筹经济社会发展、统筹人与自然和谐发展、统筹国内发展和对外开放,实现全面、协调、可持续发展。所有这些,单靠市场的自发调节是不能解决的,必须把国家宏观调控与市场调节相结合才能实现。我国还处在社会主义初级阶段,仍然是,并将长期是发展中国家,因而宏观调控更为重要。江泽民指出:"我们是一个发展中的社会主义国家,生产力相对落后、整体素质不高,经济发展又很不平衡,特别是我们没有搞社会主义市场经济的经验。我们的国情和目前所处的经济发展阶段,要求我们必须搞好国家宏观调控。"②加上我国正处在体制转轨的时期,原有体制的弊病没有完全消除,新体制还不完善,市场机制尚未能有效发挥作用,需要有一系列涉及经济基础和上层建筑的改革措施和政策调整,从总体上协调好各方面的利益关系,这也决定了必须加强和改善国家的宏观调控。当前宏观调控的一项任务就是规范和完善市场,为建立起一个健全的、竞争有序的、遵守信用的市场体系提供保证。

所以,无论从长远看,还是从当前看,我们都要把政府的宏观调控(包括计划这种手段)与市场对资源配置的决定性作用结合起来。政府的调控作用(包括运用计划这种手段)是社会主义市场经济体制的一个重要内容。正如江泽民指出的:"国家宏观调控和市场机制的作用,都是社会主义市场经济的本质要求,两者是统一的,是相辅相成、相互促进的。要改革传统的计划经济体制,必须强调充分发挥市场在资源配置中的基础性作用,不如此便没有社会主义市场经济。但是,同时也要看到市场存在自发性、盲目性、滞后性的消极一面,这种弱点和不足必须靠国家对市场活动的宏观指导来加以弥补和克服。"③

可见,党的十四大在提出建立社会主义市场经济体制时,就明确了两

---

① 《江泽民文选》第1卷,人民出版社2006年版,第201页。
② 江泽民:《论社会主义市场经济》,人民出版社2006年版,第118页。
③ 同上,第159页。

条:一是离开市场对资源配置的基础性作用,不能叫社会主义市场经济体制;二是离开国家的包括计划经济在内的宏观调控,也不能叫社会主义市场经济体制。两者缺一不可。

习近平同志在党的十八届三中全会上对《关于全面深化改革若干重大问题的决定》(以下简称《决定》)作说明时,强调指出:《决定》提出要使市场对资源配置起决定作用,然而绝不是说市场就起全部作用了。"发展社会主义市场经济,既要发挥市场作用,也要发挥政府作用,但市场作用和政府作用的职能是不同的"。[1]

人们经常提出一个问题:既然计划经济和市场经济两种手段都要用,那么,为什么在经济体制改革的目标的表述中却没有出现"计划经济"的字样,而是提"社会主义市场经济体制"呢?

一种经济体制,是叫市场经济体制,还是叫计划经济体制,只是表明经济运行的基础性机制是什么,对资源配置起决定性作用的手段是什么,并不是说只要某一种手段,完全排斥另一种手段。现代资本主义国家实行的都是市场经济体制,但它们并没有否定计划的作用,资本主义也有计划控制,日本就有一个企划厅嘛。我国新中国成立初期实行的是计划经济体制,但也不等于市场这种手段就完全消失了,陈云在20世纪50年代中期就提出过"国家计划为主,自由市场为辅"的原则,这一原则在一个时期里也曾付诸实施过。党的十四大提出的社会主义市场经济体制,是说要使市场"对资源配置起基础性作用"(党的十八届三中全会进一步发展为"使市场对资源配置起决定性作用"),并不是说只要市场经济这一种手段,完全抛弃计划经济这另一种手段。

党的十四大前夕,江泽民在解释为什么会从"计划与市场相结合的社会主义商品经济"、"社会主义有计划的市场经济"、"社会主义市场经济"这三种提法中,选择后者作为新的经济体制的提法时说:"有计划的商品经济,也就是有计划的市场经济。社会主义从一开始就是有计划的,这在人们脑子

---

[1] 《人民日报》2013年11月16日。

▶ 中国需要什么样的市场经济

里和认识上一直是清楚的,不会因为提法中不出现'有计划'三个字,就发生是不是取消了计划的疑问。"① 这清楚地表明,社会主义市场经济并不排斥计划性,从一定意义上说,它就是有计划的市场经济。

显然,迷信市场的自发作用、否定政府调控的观点,既不符合邓小平理论,也不符合我国建立社会主义市场经济体制的实践。

(本文原载于《中华魂》2013年第11期,部分内容有改动)

---

① 《江泽民文选》第1卷,人民出版社2006年版,第202页。

与吴敬琏先生商榷几个问题

——股市、住房、火车票及其他

韩 强

（南开大学经济学教授）

我对吴教授是很尊重的,实事求是地说,对吴教授在2000年发表在《南方周末》的《股市不能太黑》那篇文章,我至今记忆犹新。对于吴教授2001年在中央电视台批评股市不规范的节目,我也非常支持。并且写了不少文章说明"像赌场"与"是赌场"是不同的概念,关键是批评股市不规范。现在,我仍然认为,近几年的股市下跌,与吴教授个人的观点无关。应该反思的是A股市场为什么不规范。

以后的几年,吴敬琏教授谈话中的某些观点,让人感到云山雾罩。所以,我提出几个问题与吴教授商榷。

一、关于解决股权分置

吴敬琏教授与《金陵晚报》记者黄燕的谈话说：

吴敬琏：股权分置改革我是2002年提出来的。但我觉得没有办法发表更新的意见。因为那个时候各方也许比较容易达成一致,各方面的利益都可能得到照顾,又经过了这么多年了,这个事情怎么弄法呀？我确实想不出更好的办法！

记　者：第一批股权分置改革的4家上市公司中,有3家通过了方案,一家未能通过,最终有两家得以复牌交易,您觉得这两家成功股改的上市公司,对后面有借鉴意义吗？

吴敬琏：这两家公司的股改成功具备某种程度上的意义。现在似乎有一些人对流通股东进行鼓动，要求更大的补偿。

记　者：现在来自方方面面的声音都要求得到非流通股东给予更大的补偿，您觉得这样的现象正常吗？

吴敬琏：证监会已经把股权分置改革的决定权交给了流通股东了。流通股东处于优势地位，那么当然他们可要求更多的补偿。但这样的结果对于非流通股东和流通股东，是不是公正的？

老实说，我真的不知道怎么补偿。

因为从2001年到现在，这个股权已经变化这么多了，谁受了损失，你补偿给谁？按照什么标准补偿啊？现在这个是权利不对等的。现在方案通不通过权力完全在流通股手里，这是证监会交给他们的权力。

记　者：您觉得证监会将股权分置改革方案的通过与否权力交给流通股东，这不是一件好事吗？

吴敬琏：权利要平等、对等。为什么流通股东的权力要大于非流通股东呢？

最早上市的国有企业的非流通股溢价很高，对于当时买了流通股的人确实有很大的损害，那为什么在股权分置改革的方案谈判中间，权力却在一方呢？

我认为现在股权分置改革真的没办法去算得清什么方式进行补偿是完全合理的。

记　者：既然您现在认为没办法，那么您2002年提出股权分置改革时的思路是否能放在现在呢？

吴敬琏：在2002年时，我说大家都让一点，只要大家向前看，共同来解决股权分置改革。但现在不是大家让一点的情况，现在是"一面倒"的情况，在"一面倒"的情况下，恐怕解决起来就麻烦得多。因为现在从非流通股这边基本没有人说话，情况就很复杂。

记　者：但非流通股东还是可以一定程度上表达自己的观点，如在推出股改方案时,要求100%非流通股东同意这个方案,才能推出方案,最终非流通股东也要参与股改方案的投票。

吴敬琏:但非流通股东最终是谁呢,是全体人民。可是代表非流通股东提出意见、投票的,还是经理人,那可不是这位老板或经理的钱呀,可是对全体老百姓来讲,这可是我们自己的钱呀。①

这里,我们详细地引用吴教授的话,是为了保持吴教授观点的完整性,有三个问题需要说清楚:

1. A股的高溢价发行是最大的不公平

在解决股权分置的2005年,我国A股市场已经发生了结构性的变化。上市公司不仅有原来的国营企业,还有相当一部分民营企业。这两种公司的股权结构都是非流通股占主导地位,也就是非流通股的数量远远超过流通股。但是,非流通股成本是以净资产值计算的,流通股成本是以发行价计算的,当然这是溢价发行造成的(发行是允许溢价的,关键是溢价是否合理)。A股市场有一个特点:就是券商承销与上市公司结合,溢价是相当高的。我们把A股与H股的发行价比较一下,就会发现:一些大型公司往往采取先在中国香港对国际投资发行H股,一两年后在内地发行A股。H股的发行价只是稍微高于这家公司每股净资产值;A股的发行价,远远高于净资产值。如果把港币与人民币折合一下,你就会发现:实际上,A股发行后,上市公司的净产权值大为提高了,也就是说这个提高来自A股。因为对于一家公司来说,无论是港币和人民币都是相互可以折算的。

从分红和表决上来看,无论是流通股,还是非流通股;无论是A股,还是H股,都是同权的,也就是说,在同样的分红和表决中,流通股付出的成本要远远超过非流通股。所以,我曾经多次提出,比股权分置更重要的是利用内地与中国香港两个市场,造成的高溢价发行A股是最大的不公平,因为居民是不允许买H股的。因为,一家公司不可能在一两年业绩就成倍的上升,高溢价发行A股,不符合公开、公平、公正的原则。道理很简单,如果

---

① 黄燕:《吴敬琏:千点托市不应该补偿流通股股东不公正》,载于《金陵晚报》,2005年7月29日。

允许内地居民买H股,谁还会买高溢价发行的A股?

2. 吴教授的"流通股股东处于优势地位"混淆了概念

吴教授说:"流通股股东处于优势地位","非流通股东最终是谁呢,是全体人民"。这就混淆了概念,现在A股市场既有民营的,也有国营的。民企上市公司的非流通股是发起人的,不是全体人民的,如果说非流通股是全体人民的,那么民企的大股东愿意吗?这岂不成了剥夺私人财产吗?这符合法律吗?所以只能说国有控股公司的国家股、国有法人股是全体人民的。另外,还有一些法人股已经被民企购买,也是购买者私人的。

吴教授所谓的"流通股股东处于优势地位",实际是把13亿人民与3900万(2005年,按深沪股市双向开户计算)股民对立起来,3900多万股民涉及3900多万个家庭,1亿多人,难道这1亿多人就不是人民了吗?难道3900多万股民买了流通股,他们就不是人民了吗?从法理上说,3900多万股民是双重股东,他们既是自己所持有的股票的股东,也是国有非流通股的股东,国有资产也有他们一份。

吴教授用"非流通股东最终是谁呢,是全体人民",一方面剥夺了民企上市公司的非流通股的私人股权,另一方面又剥夺了3900多万股民对国有股的那一份权力。这在逻辑上是混乱的。

3. 直到现在,A股流通股仍然处在劣势地位

尽管股权分置的改革已经完成,但是A股流通股仍然处在劣势地位,因为H股低发,A股高发的情况仍然在继续。最典型的是中国石油公司:

2000年3月30日,中国石油正式对外宣布,公司H股发行价为1.28港元/股,市盈率只有10.93倍。

2007年9月20日,中国证监会宣布,4天后发审委将召开发审会审核中国石油A股IPO申请。中石油的H股的股价开始飙升,4天后,中国石油顺利通过发审会时,中国石油H股股价已从之前的10港元左右顺利突破到了12港元。此后,中石油H股依旧继续高涨,一度攀升至20港元附近

（中石油发行 A 股后，又下跌），随着 H 股的水涨船高，A 股发行价最终敲定为 16.7 元，是 H 股发行价的 10 倍之上。人们不禁要问：什么样的公司能在 4 年内业绩增长 10 倍？

无论是中国石油在 H 股的股票还是在 A 股的股票都是同股同权的，分红比例并没有差别。也就是说，A 股的投资者为中石油净资产值的增加，做了巨大的贡献，但是在投票表决权和分红权上却与 H 股相同。

中石油 A 股 2012 年的最低价是 8.44 元与 16.7 元的发行价相比几乎打对折，与 H 股的发行相比仍然高出 6 倍多。不仅如此，还有几家银行股引进国际战略投资者，几乎都是略高于净资产值的价格，但是回归 A 股时却是比较高的价格。

事实胜于雄辩，所谓 A 股的蓝筹股实际是圈钱者，是不平等的设计让 A 股投资者受到损害的制造者。所以，A 股没有蓝筹股，只有 H 股才有食利者。

我们还看到：自 2011 年发行的中小板、创业板股票，发行价高得离谱，这些绝大多数是所谓的"民企"，在少量发行流通之后，实际的非流通数量很大，实际上是用高价得来的钱增加了全部股票的净资产值。而所谓的三年后"解禁"，实际上已制造了新的股权分置。这些，打着"高风险、高收益"旗号的股票，除了在上市的当天，或者一两天之内，使认购者得到较大的差价之外，没有给广大投资者带来任何的"高收益"，反而带来了"高风险"。上市不久，业绩就变脸。

在美国，中小企业上市，要经过低层次的地方市场，经过优胜劣汰，才能逐步进入相关的主板市场。在中国 A 股市场上，所谓中小板，创业板下一步到位直接进入主板，没有前期的优胜劣汰，出现一批业绩变脸公司，形成了巨大的风险。

二、房地产市场的征地问题

在 2007 年两会期间有记者报道：在全国政协经济组的小组讨论上，著名经济学家吴敬琏表示，解决住房问题的根本办法是提高人民收入水平，但

中国需要什么样的市场经济

近期最好办法是建廉租房。同时,城市化过程并不是房主自己创造的价值,因此城市拆迁补偿不应按市场价进行,可以对买进价和卖出价开征资本利得税。

在城市拆迁补偿方面,吴敬琏认为按市场价格进行补偿是不合理的,因为城市化是全民的成果,其利益不应该完全给房主,应建立城市化基金,将这些收益按照一定的规定来分配。另外,可以对买进价和卖出价的差额开征资本利得税。

对于社会上"每个人都应该有自有住房"的说法,吴敬琏不以为然。他说:现在其实中国的自有住房率比美国都高,我建议提高低收入者的收入水平。不是由政府去掏钱,而是改变机制。建低价房、廉租房是最主要的办法。对于政府调控房价,吴敬琏认为可能不大有效。因为住房这个商品有两重价值:一是住,二是投资。现在社会上货币过多,投资买房就把房价抬高了,而消费买房的人收入又买不起。如果调控房价,可能无效,而且这些钱就要流到别的消费领域,使物价上涨。[①]

在中国发展高层论坛 2013 年年会上,吴教授说:所谓农民的土地私有化,这个主张讲的就是使用权的私有化,因为在中国市场经济发达地区,从来都是把所有权跟使用权分开的。苏南浙北地区过去一直是这样,所谓的私有化是永久的使用权。

另外,土地产权制度除了农民的土地权利不能忽视之外,还有另外一个问题,城市土地是国有的,这是我们 1982 年《宪法》加上去的一条规定,以前没有这个规定,为什么城镇化造成运动?就是利用土地差价,城市土地是国有的,所以当一个土地要变成工商业用地或者住宅用地、城市用地的时候,政府要征购,而这个征购价格和土地批租价格中间有很大的差距。这些年来,大概从这个差价得到的收入有不同的估计,最低的估计 30 万亿元,这是个很大的问题。为什么城中村发生了大问题?就是农民不愿意用征购价格卖给政府。像深圳这样的城市,如果把城中村都能利用起来,土地是完全够

[①] 《吴敬琏称城市拆迁不应按市场价补偿 所得应纳税》,载于《信息时报》,2007 年 3 月 6 日。

的,但是因为这样一个分割的产权制度,就造成农民不愿意把土地让出来。他们现在正在做一些实验,如做一些产权安排,做出一种共赢的公司来开发城中村,把它建设成为能够给工商业,能够给城市里面的中产阶级所用的住宅区,这种实验我们希望能够得到实现。①

  首先说明,我同意建设低价房、廉租房,这是政府的社会责任。我也同意征购土地的共赢。所以,在这两点上,我与吴教授没有分歧。还要说明两点:一是土地的升值,确实不是由于原住户,增值来自"级差地租,这也不是地方政府创造的,也不是盖房子之前,开发商创造的。有些城市是历史很长的城市,是历史积累促进了土地升值。只要在城市土地上居住的居民租房或者经过国家法律批准盖了房,他就付出了代价,应该允许他们参加市场的计价还价的竞争,而不能用"全民"的名义剥夺他们的总价权,这才真正符合市场经济的竞争原则。二是把征购农民的土地"建设成为能够给工商业,能够给城市里面的中产阶级所用的住宅区",这又是为什么?原来的农民住到哪里去?为什么只建"城市里面的中产阶级所用的住宅区"不建设廉价房、公租房?为什么不建设适合农民工居住的房屋?

  我与吴教授真正的分歧在于,我认为,吴教授没有抓住本质问题:地方政府的"土地财政",才是房价居高不下的根本原因,而且高企的房价,又为地方GDP的快速增长提供了最有利的条件。同时产生了高空置率,占用了大量的银行资金,蕴含着金融的高风险。下面我们详细分析高房价形成的过程:

  中国内地的房地产商,经常是自有资金缺乏,是靠银行贷款来经营,所以银行扮演着输送资金的角色。不仅如此,而且买房贷款也来自银行,真正用自己的钱一次性买房的人并不多。特别是工薪阶层,在"今天花明天的钱"的鼓动下,贷款买房也成为一种时尚。好像银行的钱不花白不花,先贷了款再说。

  买房者只是开发商和银行的中间环节,贷款者付给开发商,开发商再向

---

① 吴敬琏:《这些年政府赚取土地差价至少30万亿》,载于新浪财经,2013年3月23日。

银行还建房的预先贷款,这样开发商就解了套,变成了买房者和银行的关系。也就是说,开发商是用银行的贷款建房,再用买房者的按揭款还银行,做着低成本、高利润的买卖。

也许有人说银行不知道这个风险吗?当然知道,但是不这样做,银行的居民储蓄款也没有什么好的出路。这真像是饮鸩止渴。因为房地产正火着呢?因为内地并没有出现过东京那样的房地产大崩盘,也没有出现过中国香港的房地产低迷的事情。虽然有过20世纪90年代的海南房地产烂尾楼,但是那似乎与现在无关,所以才有任志强的说法:"不用预测,历史证明所有的房价永远都是上涨的。"

开发商—银行—买房者—银行—开发商,这个循环,好像是很全了。其实不然,要盖房就要有地,地从哪里来?从地方政府的审批那里来。所以,卖地成了地方政府搞活经济的一大法宝,地卖出去了,有了钱,就可以修马路、盖办公楼、盖商场、投入开发区,这些都是政绩,特别是增加GDP,这可是最快的经济增长率。为了房地产开发对市内居民就要搞搬迁,于是就有强制性拆迁,清理钉子户,对近郊农民的土地也是不放过。

"拆迁"已经成了一个很刺激人的字眼,而且你到各大城市看一看,到处是工地,甚至盖了没有几年的楼也要拆,因为要盖大商场、写字楼,要当国际大都市。这就是地方报纸上常出现的"超常规发展"、"跨越式发展",这一超,一跨,GDP就翻跟斗似的上涨,又被称为"大气魄"、"大手笔"。

所以真正的循环是:地方政府土地—拆迁者—开发商—银行—买房者—银行—开发商—地方政府GDP。

我们知道,吴教授是坚决反对权力左右市场的,认为市场应该通过竞争,形成合理的价格。但是,从我们看到的高房价过程,明显地看出,地方政府权力在其中的作用。

那么,房地产现在的情况如何?大家看到的只是表面现象,房价在涨。但是大家不知道的是空置率和开发商的负债累累。有一个办法,可以粗劣地、直观地知道空置率。

这就是叶檀说的黑灯率,就是晚上9点之前,你到那些新的小区,特别是离城市比较远的小区去看看,有多少单元是黑灯的,这就是空房。可能是买房者的投资性房产,也可能根本就是空房。现在报刊上已经有不少关于空置率的报道,2012年《华夏时报》的报道最详细:

数据显示,截至2012年10月,全国待售面积约为3.2亿平方米,超过2011年年底的2.7亿平方米,并一直维持在高位。房企去库存压力仍然很大,个别房企按2012年的销售速度,所需时间甚至要达到10年。

全联房地产商会荣誉会长聂梅生认为,待售面积过多,会使企业将资金积压在上面,无力增加土地储备。

在全联房地产商会第三次会员大会上,聂梅生向记者表示:"自今年6月份以来,全国商品房待售房面积一直维持在高位,并且有上升的趋势,这是需要警惕的。"

据业内人士介绍,一般来说,待售面积包括通常所说的库存,是企业全部可售面积的总和。

据国泰君安报告显示,目前市场的存货继续攀升,总体去库存化情况略差于2008年和2011年年末。2012年上半年行业的去存货化周期为2.6年,高于2008年第三季度的2.4年、2011年年底的2.5年。值得注意的是,一线城市的去库存化情况明显好于二线城市。报告显示,一线城市为2.4年,二线城市则达到3.7年。

事实上,在本轮调控中,北京楼市成为率先下跌的城市,但是,最近的成交数据表明,北京等一线城市楼市率先回暖反弹,而一些二三线城市的销售则持续低迷。

聂梅生表示,这是因为二三线城市房企积累的待售住宅太多,在这一轮刚需释放完之后,就会出现乏力的现象。

一位代理销售山东某三线城市楼盘的北京业内人士对记者说:"当地的房子很难卖,请我们过去,我们也是束手无策,因为市场确实不好。如果三线城市无法吸引外来人口买房,房子基本就卖不出去。在这里几个月的时间,销售都不见起色。"

据上海易居研究院数据显示,由于受到调控影响,不少开发商转战三线城市,最近两年,三线城市的库存一直在上涨。最近5个月,三线城市的库存一直以每个月环比2%的速度在增长。以三四线城市为主战场的恒大地产显然也遇到了类似问题。恒大董事局主席许家印在公开场合表示,恒大在三四线城市营运环境遇到困难,公司不得不改变策略转战二线城市。显然,三四线城市销售周期的拉长,影响了房企的去库存化速度。实际上,高空置率是房地产行业的生产过剩,大量的空房占用了银行资金,风险是很大的。

三、春运火车票问题

在2007年《信息时报》的同一报道中:还有春运火车票问题,吴教授说:

铁道部往年在"春运"的时候票价上浮,今年春节铁道部决定不上浮,传媒是一片叫好,从农村来的打工的同志也特别高兴,但是结果好像不太好。"你们家有没有认识的农村来的?你问问他们就知道了。"连夜的排队买不着票,另外票价高涨,黄牛党横行,结果是付出了排队成本。除了票贩子,还有"后门批条子"的也很厉害。这个事情有两个方面的原因:一个是实质方面,另一个是程序方面。

他说,《报告》里提到,"铁道部针对委员们,就是政协委员们一直关注的取消'春运'期间客运票价上浮问题作出了积极努力,逐步使提案、建议落到实处。"实质性问题是,多数经济学家大概不赞成这种办法,认为导致价格扭曲,不大符合市场经济的原理。价格扭曲的结果造成资源配置的低效,而且并没有使得我们意图上希望得到好处的人得到好处,因为造成了人为的稀缺。这样就使,第一,排队的时间增加了;第二,票贩子猖獗;第三,有权力的人可以寻租,寻租活动增加。

有人说,你们都是西方的经济学家,我们不吃这一套,我们要合理价格、公正价格。当然,政府的一切工作都要为了人民的利益,这个不能动摇,但是必须注意人民的利益有长远的、有短期的,片面地强调眼前的、直接的利益,有时候会损害长远的利益和间接的利益。①

　　这里,什么是"人民长远利益"？吴教授并没有解释。我们认为,人民的长远利益,首先是关注民生,让人民享受经济发展的成果。从这个观点看,火车票不涨价,能不能做到,如果能做到,当然是不涨才好。补贴农民工,实际上是要维持住火车票的涨价。也就是说,一方面维持涨价,另一方面又不让农民增加负担。应该准确地说吴教授的观点,主要是为了"市场经济的原理",火车票问题只是一个借题发挥而已。

　　按照吴教授的观点,还有一个问题,对于普通的工薪阶层要不要给予补助？是2007年火车不涨价,才引起票贩子猖獗吗？还是在这之前就有票贩子猖獗？我们知道,不仅春节,平时在全国大城市中票贩子就一直在活动,特别是在北京,我们多次在电视节目中看到北京火车站打击票贩子。其实,对于坐火车的农民工和普通工薪阶层来说,心里都明白,即使火车票涨价,也无法防止票贩子,甚至会出现更猖獗的活动。因为春节是在有限的时间内,交通紧张。不仅铁路,公路运输也紧张。各种票贩子能放过这大好的发财机会吗？市场竞争不仅有供求关系、价格因素,还有时机因素。

　　有没有办法在不涨价的前提下,又防止票贩子活动？其实,早有社会学专家提出火车票实名制,像飞机票一样。这样,不仅能防止倒票,而且有利于维护安全。从2012年火车票实名制的实行,已经初见成效,这才符合"一切工作都要为了人民的利益"。

四、权力与市场

　　2013年,吴敬琏在亚布力论坛上说:"我们现在不知道从什么年代起就开始在文献上出现了这样的字样,就是我们的市场是所谓社会主义市场经济,这个市场制度是在党政领导的驾驭之下的,以至于出现这样矛盾的词儿,如说权力控制的市场经济,权力控制的市场经济还叫市场经济吗？它就不叫市场经济了。因为它的价格信号是扭曲的,它又不可能有效地配置资源,也不可能形

---

① 《吴敬琏称城市拆迁不应按市场价补偿所得应纳税》,《信息时报》,2007年3月6日。

▶ 中国需要什么样的市场经济

成一个兼容的激励机制,所谓兼容的就是说每一个经济行为者对社会的贡献和他取得的报酬是一致的,这就是兼容的,否则就变成不兼容的。"①

我认为,现在中国的市场经济,确实存在着行政权力干预市场的情况,但不是"权力控制的市场经济",因为只要市场形成了,想用权力控制整个市场,就很难做到,因为市场是客观存在的。同时我们还看到,出现的问题,有些是市场本身的问题,确切地说,一些企业存在的问题。

例如,奶粉行业,不断出现的问题,已经使一些消费者对国产奶粉失去了信心,洋品牌乘虚而入,甚至我国香港特区不得不对内地客发出限购令。且我国香港地区还大幅提高了房地产市场的非本地购买者的税收,这也是权力经济的手段干预市场,难道我们就可以说它不是市场经济?

从管理学的角度说,政府应该管理市场,应该用经济的手段管理,同时应该对破坏市场企业依法惩处。吴教授也说过,市场经济应该是法制经济。我很迷惑的是:为什么会失控?

吴敬琏教授说:"之前国有银行,我们搞了许多年,资本金变成了零,甚至负数,这样一个银行让投资者怎么信赖呢?第一个进来的人需要承担风险,后来的投资者才会随后进入,价格才会越来越高。""国人容易有民族情结,很容易情绪化,这是可以理解的,但是如果过于情绪化,就容易出问题。要解决国有银行的问题,就要仔细地把问题的症结弄清楚。"②

这里我们首先要说明,国有银行上市之前已经过资产剥离,资本金不是零,其资产不仅仅是账面的,而且对一个国家金融系统来说具有战略意义。然后我们从 A 股与 H 股比较来看这个问题:如果在香港上市的银行股没有贱卖,那么 A 股市场银行发行股票就是贵卖了,因为都是银行股为什么内地发行价要高几倍?如果内地发行价正合适,那么到香港发行就是贱卖了,为什么比内地发行价要低几倍?

我们再请当年的中金公司首席经济学家吴敬琏说一说,中石化 A 股发

---

① 视频:《吴敬琏批社会主义市场经济自相矛盾》,载于新浪财经《2013 年亚布力中国企业家论坛第十三届年会》,2013 年 2 月 22 日。
② 《吴敬琏不赞同国有银行贱卖论称国人容易情绪化》,载于《新京报》,2005 年 12 月 10 日。

行价 4.22 元人民币，H 股发行价 1.6 元港币。价格差一倍半，究竟是 H 股贱卖，还是 A 股贵卖？当时的社保基金也是以 4.22 元人民币进入的 A 股，被套了很长时间。现在社保基金虽然解套了，但是却眼看着 H 股赚钱，这又是什么问题？由于 H 股与 A 股发行的时间不同，出现价差，这是当然的事情，但是时间的差距并不大，H 股是在 2009 年 9 月发行，A 股是在 2001 年 8 月发行，时间的间隔不到 2 年，价差却是 2 倍以上，显然是不公平。

还有，中国海洋石油总公司（以下简称"中海油"）收购美国石油公司受到美国某些国会议员的阻挠，为什么吴教授不说美国国会议员情绪化？却一味指责中国"国人容易有民族情结"，难道美国人就没有民族情结了？

我们请尊敬的经济学家吴敬琏教授看一看这些报道：

据《华尔街日报》披露，雪佛龙已在国会活动，设法阻止中海油对优尼科提出的竞购。而在雪佛龙的发动下，美国四十余位国会议员已向布什总统递交公开信，以国家安全和能源安全的名义，要求政府对中海油的并购计划立即进行严格审查。①

2005 年 7 月，中海油收购美国石油巨头优尼科引起了美国新闻媒体的恐慌，他们大肆渲染中国经济威胁论，害怕美国会沦为从属国。《纽约时报》7 月 31 日撰文指出，这些报道是短见而无知的，美国人不应害怕中国，反而应向中国学习。②

其实，任何国家都要考虑国家经济安全和金融安全，俄罗斯也是不允许中国的石油公司去收购尤甘斯的股票。为什么中国人就不需要考虑金融安全。谁都知道上市公司是公开信息的，特别是对大股东没有秘密可言。

就在某些人指望国际投资者帮助中国的银行进行改造时，媒体报道：

中国银行早于 2005 年 8 月份出售 10% 股权予苏格兰皇家银行、美林及李嘉诚慈善基金等，但有报道指，美林已暗地里将部分股份转让予两家在我国香港有办事处的对冲基金，看来美林集团也不是什么战略投资者，只不过

---

① 《优尼科推迟发布表决公告中海油收购案悬而未决》，《中华工商时报》，2005 年 7 月 18 日。
② 《畏华论纪人忧天学中国才是正道》，载于《国际金融报》，2005 年 8 月 1 日。

是战术投机者,赚了一把就跑,这与中国内地的券商没有什么两样。

相比较而言,中国人士只说国有银行被贱卖,还没有什么"外国威胁论",却被吴教授指责为中国"国人容易有民族情结"。这是不是双重标准?

学术讨论,是不能用双重标准的,为什么吴教授要指责"国人容易有民族情结",难道美国人就没有民族情结了?

五、关于"自由的市场经济"

吴教授说:我想起了弗里德曼,他在1988年访问中国的时候有一段话……他在备忘录和中共中央总书记的谈话里面解释了,这么一段话,单单利用市场是不够的,单有私有化也是不够的,真正需要的是自由私人市场,这里自由的含义是对国内外的资源进行公开竞争,他接着在解释的时候就说了,他以前当过印度财政部长的顾问,印度有私有化,可是没有竞争,所以印度的经济在那个时候发展得非常不理想,我们知道印度的改革是从90年代才开始的。所以我想弗里德曼这样的大师,他是从一些最基础的经济学原理来分析问题的,所以他能够看得很深,把这个问题看得很深。①

这里,吴教授并没有自己直接给"自由市场经济"下定义,他用的弗里德曼的观点。这里,我要说的是:弗里德曼的定义,如果用来概括自由竞争阶段的资本主义市场经济是可以的。但是对于经过垄断阶段的资本主义,特别是当代的资本主义就不那么适当了。因为从形态上说,资本主义经过工业商品经济,已经进入到金融市场经济。

1980年前后是主要发达国家由工业商品经济转向金融市场经济的过渡阶段,其标志性的事件,就是1985年的"广场协议",日元大幅升值。

20世纪80年代初期,美国财政赤字剧增,对外贸易逆差大幅增长。美国希望通过美元贬值来增加产品的出口竞争力,以改善美国国际收支不平衡状况。"1985年9月22日,美国、日本、联邦德国、法国以及英国的财政部长和中

---

① 视频:《吴敬琏批社会主义市场经济自相矛盾》,载于新浪财经《2013年亚布力中国企业家论坛第十三届年会》,2013年2月22日。

央银行行长(简称'G5')在纽约广场饭店举行会议,达成五国政府联合干预外汇市场,诱导美元对主要货币的汇率有秩序地贬值。美元的贬值,意味着日元升值。当时日本人非常高兴,到美国去买资金,甚至有人认为能'买下美国'。"

20世纪80年代,日本的经济强大到可怕程度,日本疯狂地购买欧美企业资产。索尼耗巨资34亿美元购买"美国的灵魂"的好莱坞哥伦比亚公司;松下斥资61亿美元购买环球电影公司;三菱重工出资8.5亿美元购买"美利坚标志"之称的纽约洛克菲勒中心51%的股份。日本国内充斥着乐观,对未来无限的幻想的情绪之中。

在日本来美大举投资之初,美国对外国投资为欢迎态度。1983年9月9日,里根总统发表了《国际投资政策声明》,这是美国历史上首次由总统发布的欢迎外国来美投资的声明。据统计,从1986年到1991年,日本的海外投资总额高达4000亿美元,成为全球最大的对外直接投资国。日本流入美国的外国直接投资呈现爆炸式增长。从20世纪80年代早期的每年10亿美元迅速飙升,到1990年达到高峰,仅此一年就超过180亿美元。

在1991年出版的《即将与日本发生战争》一书中,作者明确指出,"冷战"后美国的头号敌人就是日本。与此相呼应,美国媒体也普遍刊载"日本威胁论"、"日本异质论",宣称比苏联更可怕的是日本的经济侵略。美国《华盛顿邮报》报道说,在美国的战略家中,已有不少人认为,第三次世界大战将是一场经济战争。自认为西方盟友的日本成了"冷战"后西方世界的共同敌人。

1992年1月,当时的中央情报局罗伯特·盖茨局长在面向全美国的电视新闻中说:"到目前为止,中情局的活动重点是放在监视苏联上的,今后要尽全力将收集情报和开展谍报活动的目标转向与美国进行经济以及技术竞争的国家。"克林顿还交给《日本是第一》一书的作者、哈佛大学的艾兹拉·伯肯鲁教授一个任务,令其研究如何不让日本成为第一。美国前国务卿詹姆斯·贝克说,决不能让日本成为冷战后的赢家。①

---

① 刘丽娜:《日本当年"买下美国"的前车之鉴》,载于《经济参考报》,2011年9月1日。

>> 中国需要什么样的市场经济

可是,日本人并没有、也不可能意识到日元大幅升值的后果。90 年代日本出现了股市热和房地产热。同时,日元升值导致了出口下降,再加上房地产泡沫的破裂,很快就陷入经济危机。可以说,从 1990 年以后,日本经济上停滞不前,这次危机是世界上罕见的。

我之所以详细地转述这个过程,是要告诉大家:西方国家进入了一个新阶段——金融市场经济,金融市场对工业商品市场已经具有了相对的独立性。所以,弗里德曼的"自由私人市场"的定义不适用于"金融市场经济"这个新阶段。日本之所以迅速地从巅峰上跌下来,并不是在商品竞争中失败。而是败在金融市场,导火索就是日元迅速升值。从"广场协议"开始,一切都是"自由"地进行着,而且还经过了协商。日元升值后,美国容忍了日本购买美国资产,没有干涉,你能说"不自由"吗?当时日本和西方主要是私有制,你能说"不私人"吗?结果是什么?日本"自由"地走进了经济停滞不前,美国只用了几年就变成金融大国。金融市场经济的特点是泛指数化、泛期货化,出现了大量的金融衍生品。我们明显地看到实体经济与虚拟经济的关系。

美国成为金融大国、强国只几年时间,金融的神奇力量令人惊叹,但是它也没有意识到一个硬币的两面,金融市场的杀伤力是很大的。其标志性事件,就是从 2008 年开始的两房债券危机,再加上欧债危机。所以,世界面临一个新形势;如何对金融市场进行调控。因为经济危机是从实体经济开始,表现为商品过剩的危机,典型的例子就是美国 20 世纪 30 年代的大萧条。那时的金融市场是经济的晴雨表,出了问题,可以马上从商品经济找到原因。那时的宏观调控是针对两个领域同时进行,金融市场是从属的。现在不同了,现在是从金融市场开始,这也就是最近美国首先对"两房"国有化,先救金融市场,然后,再促进生产和消费领域。因为出问题的是金融领域,一些大企业只是不景气,本身并没有出问题。现在,美国国会争论的是发债上限,要不要再搞 QE4,如何调整税收,如何调整货币政策。

所以,现在我提出新观点,金融市场必须进行宏观调控,而且具有相对独立性,如果以"创新"的名义,让各种金融衍生品泛滥,像"两房"债券那样的危机还会出现。各国都要注意自己和整个世界金融市场的联系和变化。把防止和化解金融危机放在重要的地位。

在工业商品经济向金融市场经济转变的过程中,西方国家还发生了一个变化,这就是产权结构的变化,其表现就是大量的上市公司进入金融市场。在美国,上市公司被称为"公众公司"。在主板上市的公司,必须有上万的公众股。如果你解剖一家公司的产权结构,就要引入一个新的概念——集合产权。

关于建立集合产权的新概念,我是这样分析的:以股份公司为例,某公司的股票是2亿股,大股东掌握30%的股份——6000万股,其他1.4亿股是公众股,与股票对应的是公司的经营实体。这里,股权是产权的象征,公司是所有购买的人的共同资产,同时每个人的产权又是明确的,用什么明确呢?以持股的数量来明确。但是,这里有一个问题,产权明确并不等于公司里的一切设备、原料和产品可以量化到每个人,实际资本在运行过程中是不可分割的,你不能说某个机器是我的,某个计算机是我的,或者某一部分产品是我的,因为我买了股票,这个公司有我一份。因为现代企业是整体经营的,只有整体经营才能进行统一管理,才有竞争力。这样实际形成的是产权明确的集体所有制,任何人不能以某个实物是我的,来干扰公司的经营活动。因为你说某个实物是我的,他还可以说这个实物是我的,甚至还可以有人说,这个实物是大家的,这个实物,大家人人有一份。所以股份公司的实体是不能量化到个人的,因为当初大家都是用货币买的股票,而不是每个人买了实物,然后再凑在一起组成的公司。也就是在"货币资本通过交换去雇工人、买原料、购机器、建厂房,然后通过生产变成产品,产品通过流通变成商品,商品经过交换再变成货币,形成资本的增值"的整个过程中是保持着整体经营的模式。

你想退出公司,卖掉你的股票就可以了,但是现代股份公司不允许像林家铺子那样抢东西。安然公司出了问题,它可申请破产保护进行重组,也可以进行破产清算,但是谁也不能说,我买了安然公司的股票,我要把它的输油管道锯一块来归我所有。这样做是破坏公共设施,是不允许的。

正是在这个意义上,我认为股份制公司是动态的混合的集体所有制(也可以叫有范围的私人共有制),因此它必须尊重每个股东的权益。因为公司的资产是全体股东的,所以谁要退出,只能卖出自己股票,不能把公司的生产资料直接拿走一部分,这实际又是对每个股东的限制,体现了个人服从集体的原则。同时大股东要首先承担风险,如果决策失误,损失10%,1万股损失1000元,那么100股只损失10元,从百分比来看是公平的。同时为了保证每一个股东的利益,小股东有对损害自己的利益的董事会决议、股东大会决议进行上诉的权力。这些都是现代企业制度的体现,也就是我们所说的公开、公平、公正。

股份制在一定意义上是一种合作制,它要求全体股东,不论持有股票的多少,必须采取合作的态度,有意见可以在股东大会上充分表达,一旦形成决议,就要执行。如果有人要百分之百地认为某一部分股票是绝对私有的,不允许其他人使用自己的股票所对应的那部分资产,那么他同样也没有权力使用别人那部分资产,所以他最好不要加入股份公司,最好自己开工厂、办商店,以保证绝对"私有"。反过来说,参加股份公司必须抱着合作的态度。

六、关于东亚经济

吴敬琏教授在接受哈佛大学四年级学生陈婉欣的采访时,对东亚经济,特别是日本进行了评论,他说:

第二次世界大战后出现了新的例子,比较突出的例子是日本,《日本为什么成功》就讲了儒教是可以支撑日本的经济化的……但是很不幸,我们东方国家改革非常困难,包括日本在明治维新脱亚入欧。另外一个例子是新加坡,新加坡大致上是福建省的移民组成的,但是在英国殖民时代把西方的法制框架引进来。所以它是一个很特别的威权主义的法制国家……威权主义的政府还是可以有效地支撑经济发展。①

对于东亚"四小龙"和日本经济的快速起飞,曾经是20世纪90年代的热点。我认为,日本并不是威权主义的国家,而是政府主导经济,准确地说,应该是政企协商。我认为,吴教授以前的评论,还是很精彩的。

在《政府与市场作用的消长》中,吴教授指出,整个20世纪上半期,无论是在东方还是在西方,无论是在社会主义国家还是在资本主义国家,无论是社会主义国家所有制、计划经济,还是救治资本主义经济危机的凯恩斯主义,虽然政府干预的程度有很大不同,但是在强调政府代表公共利益组织和管理经济职能这一点上,颇有异曲同工之妙。于是列宁提出的占领"制高点"(中文译为"命脉")成为各国普遍的原则。但是世界各国的教训,都以无可争辩的事实揭示出:只有在保证市场公平、有序动作的同时,恰当地发挥政府的作用,通过市场和政府这双看不见和看得见的手的巧妙结合,才能创造繁荣的经济、富裕的生活。②

在《高清晰电视之争》中,吴教授先简述了1990年日本在世界上首次演播了模拟技术的高清晰度电视(HDTV),但是两年之后被美国的数字化HDTV超过的情况,指出直到1994年日本才放弃曾经注入大量资金的模拟式HDTV,但是数字技术使美国成为20世纪90年代IT产业的霸主。接着,作者进一步分析了在超大型大规模集成电路和数字化电信技术的两次竞争中,日本政府和美国所起的不同作用。

20世纪80年代是日本产品一路凯歌高奏的时期,在超大型大规模集成电路赶超的时候,日本采取了由政府主导型的技术发展模式,并由政府和八大厂家组成一家公司进行技术攻关。在技术上取得突破以后,再将相关的专有技术出售给制造厂家进行大规模生产,这种技术和竞争相结合的办法取得了很大的成功,不仅在超大型集成电路的制造技术上很快超过了美国,并且在相当一段时间内成为超大型集成电路制造业的霸主。但是同样一种

---

① 吴敬琏:《不能再走威权主义发展道路》,载于新浪财经《2013年亚布力中国企业家论坛第十三届年会》,2013年2月22日。

② 吴敬琏:《政府与市场作用的消长》、《制度重于技术》,中国发展出版社2002年版,第110页。

中国需要什么样的市场经济

"政府主导"进行攻关的办法却在后来的电信技术的发展上遭到失败。日本在这场竞争中花费了18年的努力和大量的投资全部都付诸流水。即使到现在日本与美国在网络技术上的差距仍然很大。原因在于日本对技术革新保持强有力的"行政指导",通常先由有关当局在深入研究的基础上预选,对技术路线乃至技术标准作出规定。而美国的应用却由不同的企业和个人以千军万马各显神通的方式进行,谁最先取得成功,有关当局就将他(它)的技术标准确定为产业标准。日本的方法虽然有利于集中统一地使用人力、物力,却束缚了人们的创新活力。美国的方法虽然看着杂乱无序,却极有利创新精神和积极性的发挥。①

应该说,这些论述都是很精彩的,但是,有一点需要搞清楚,日本在高清晰度电视的竞争中失败,根本的原因是思维方式出了问题。东亚国家大都受中国传统思想影响,不仅有儒家,实际上儒、道、佛思想都有影响。这些思想有一个共同思维方式,重直觉、轻理智,常常忽视逻辑推理的作用。日本采用模拟式思路成本很高,他们并没有、也没有想到换一种思路,无论是政府,还是企业的技术人员,都没有想到这一点,而是不断地沿着图像模拟的思路追求高清晰度。最后,不但在高清晰度电视上失败了,而且在整个IT产业上被美国的数字化思路甩在后面。

由此可见,对于世界各国的经验,我们应该采取分析的文法,从正反两方面总结,吸取其中的优点,克服其中的缺陷,根据中国的国情,进行创造性的综合创新,走中国自己的道路。

---

① 吴敬琏:《高清晰度电视之争》《制度重于技术》,中国发展出版社2002年版,第100页。

资本权力与市场秩序:"竞争性市场"之刍议

张凤超

(华南师范大学经济与管理学院教授)

近年来,围绕经济体制改革进程中存在的各种矛盾和问题,以及新一轮改革的基本方向和实践路径,一些所谓"主流经济学家"频频发出"诤言"。他们化身公正、道德、自由、民主的代表,以针砭垄断、腐败、收入差距等现实问题为逻辑起点,以质疑国有经济和国有企业的优势地位为逻辑进路,以建立"好的市场经济"为逻辑归宿,极力引导和影响社会主义市场经济理论的定位和发展。近期引起较为广泛学术关注的"竞争性市场"观点,如吴敬琏教授提出的"在经济体制方面,进一步改革的核心问题,仍然是建立和健全竞争性的市场体系",[①]正是上述逻辑范式的产物。这种从我国经济体制进一步改革的"顶层设计"层面出发,并镶嵌了自由民主、平等竞争、法治规则、权力约束、产权保护等诸多"文明的核心价值"愿景的市场构图,无疑向整个社会展示了无比生动的价值召唤,似乎十分符合发展社会主义市场经济的目标主旨。

其实,"竞争性市场"的观点之所以引发质疑,并非简单指向将其作为理想自由、公平、美好状态的秩序设定,而是在于相关学者针对市场权力和垄断组织的貌似理性的批判,竟然暗含着选择性失明和曲解的立学方式,即认为构建平等竞争市场的主要威胁来自政府与国有企业,"从中国的现实情况看,对平等竞争市场的威胁主要来自两个方面:第一,国有企业对一些重要

---

① 吴敬琏、马国川:《重启改革日程——中国经济改革二十讲》,生活·读书·新知三联书店2013年版,第297页。

产业的垄断;第二,政府对市场的过度干预。"①我们无从知道,面对国际垄断资本大行其道的全球市场现实生存样态,何以罔顾国际垄断资本的扩张性行为方式和全球性权力版图,采取抽离最基本、最关键的市场结构要素的方式设计市场竞争秩序？依靠残缺的具体条件所抽象出来的理想秩序模式,又何以从根本上解决我国社会主义市场经济发展进程中的具体问题？

可见,所谓的"竞争性市场"与党的十八届三中全会《决定》中阐释的"建设统一开放、竞争有序的市场体系"截然相反,它仍然圭臬于新自由主义的自由化、私有化、市场化、全球一体化思想窠臼,并使整个市场秩序论丧失了时间向度和历史向度,秩序变迁失却了可能,从而导致公平竞争成为永不可及的奢望。况且,被赋予自由、平等、均衡等信仰意味的理想化市场经济模式在历史上也几乎没有存在过,"事实日益令人信服地证明……关于自由竞争必将带来普遍和谐和人民的普遍福利的学说完全是撒谎",②"无论如何,也没有资格被定为一种促进长期经济增长的有效模式"。③ 这种对"自由市场"的"中国特色式"解读和构想,无非是一个湮灭历史和现实的"市场乌托邦"。

一、市场秩序的塑造准则:资本流动框架下的竞争行为约束

吴敬琏教授认为中国的改革要分三步走,如今仅仅走了第一步,需要重启改革议程,"将构建竞争性的市场体系放到未来的总体规划和路线图里"④,这是因为,"在行政权力主导下,一个国家虽然也能够在一段时间内取得某种程度的经济成就,但终究会因为法治不行而落入坏的市场经济"。"所谓好的市场经济是建立在公正、透明的游戏规则之上的,即法治的市场经济"。⑤ 显然,吴敬琏教授将实现完全竞争市场视为改革的目的,并且认为

---

① 吴敬琏、马国川:《重启改革日程——中国经济改革二十讲》,生活·读书·新知三联书店2013年版,第297页。
② 《马克思恩格斯选集》第3卷,人民出版社1995年版,第364~365页。
③ [意]杰奥瓦尼·阿锐基著:《漫长的20世纪——金钱、权力与我们社会的根源》,江苏人民出版社2001年版,第384页。
④ 吴敬琏"市场的灵魂在于竞争",载于《金融时报》,2013年2月25日,第2版。
⑤ 《经济学家吴敬琏谈市场经济体制改革30年》,人民网,2008年12月3日。

只有取消政府干预和国有经济才能实现这一战略目标。如果针对一个边界闭合的市场空间,不存在任何外部竞争力量影响的假设条件下,完全竞争的市场秩序构建主旨似乎无可厚非,但是,我国的市场却恰恰处于开放状态,是国内外众多竞争主体共同参与的多元、复杂的竞争系统。党的十八届三中全会《决定》指出:"全面深化改革,必须立足于我国长期处于社会主义初级阶段这个最大实际,坚持发展仍是解决我国所有问题的关键这个重大战略判断。"因此,脱离市场开放国情和市场竞争实践的改革理念无疑是一种异化的主张。

市场秩序的研究始于市场样态的识别,以及市场特定物质内容与内在行为关系的分析。现实市场从来不是一个空洞的、静止的、孤立的、非辩证的概念,而是一个社会的、物质的、开放的,并与时间性相伴随的实体空间。纵观市场的发展历史,每个国家和地区的资源禀赋、地理位置,以及既定的社会生产模式都存在差异,内含于这个社会化生产架构的特殊性质也决定了市场封闭状态下的某种相对性,使不平衡发展逐渐成为资本积累于空间和时间中的规律特质,[1]由此创造了多样化的市场空间格局,以及一个嵌套的市场发育等级制度。开放条件下的各国、各地区市场化发育程度的差异,为资本流及其主导下的商品流、技术流、劳动力流、信息流提供了全球化的有效空间梯度。在发达资本主义国家市场接近饱和乃至已经完全饱和、激烈竞争使得盈余资本无法继续找到盈利性出口的状况时,追求资本利润最大化的市场行为必须藉由进入新地盘的市场扩张和新市场关系的建构寻找新的营利手段。我国自改革开放以来,在政府主导的渐进式市场化进程推动下,市场导向的资源配置方式和经济运行机制得以建立和完善,全球出口第一、贸易第二的"中国市场"成为我国经济新的比较优势。但是,在市场需求的研究与开发、市场相对优势的强化与推广、市场价值创新能力的培育与提升、市场运行规律的适应与把握、市场运作绩效的优化与管理、市场运营秩序的制定与监管等方面,我国市场发育程度均远远落后于发达资本主义

---

[1] 大卫·哈维著,王志弘译:《新自由主义化的空间》,群学出版有限公司2008年版,第70页。

国家。基于这种市场空间成长状况的差异性,发达资本主义国家内部饱受空间束缚和竞争压力的资本,受逐利本性驱使,大量向我国这种低成本、高利润的市场空间转移,尤其是我国各级政府给予它们的土地使用、税收等许多超国民优惠政策,越发刺激了国际资本跨越空间障碍涌入我国的投机性和敏感性。截至2012年年底,世界500强公司中已有约490家在我国投资,跨国公司在华设立的研发中心、地区总部等功能性机构已经达到1600余家。

即便宣扬自由竞争,并采取看似善意的市场行动,以资本自由流动为基础的世界市场一体化,也不意味着平等和有效的市场交换关系的确立,相反地,却注定是不公平和非对称性的。这是因为市场过程得以延续的基础是权力地位,而市场交易信息的控制、市场运行制度的安排,以及贸易谈判特权的分配,均取决于资本的力量,可以说,开放的、成长的市场空间无时无刻不受到跨国资本的控制。全球化进程表明,与国际资本流动相伴随的一定是所谓高效的市场私有化和自由化浪潮,所有进入我国等新兴市场的跨国资本不可避免地推动市场向着有利于形成垄断竞争的方向改造,从而榨取垄断租金。当然,这一切都基于隐秘的表达和渗透,如不断强化发达国家的市场经济是一个可以仿效的文明标尺和自由灯塔,全面展开消费观、生活方式、价值观、文化形态以及政治和金融制度的优越性的植入、传播和进攻,穷极所能地发挥资本所具有的粉碎、分割及区分的能力,[①] 达到征服和操纵新市场获取剥夺性积累的目的。我国沿海地区的生产、分配、交通、电讯、房地产和服务业部门,都深刻烙上了跨国资本的印记,我国近5年累计实际利用外资已达5528亿美元。跨国资本进入中国的目的当然不是为了帮助中国,它们控制高端技术、营销体系,以及中国的合作伙伴,并要求后者负责政府公关、劳资关系、招聘、公共关系和运营。可以说,一种跨国资本所主导的旨为更多利润的"劳动分工"格局已经形成。"自由竞争是私有制最后、最高、

---

① 大卫·哈维著;胡大平译:《希望的空间》,南京大学出版社2006年版,第39页。

最发达的存在形式,"①照此以往,拥抱市场、拥抱资本的"中国的经济"必将失去它的"民族身份",进而在外国垄断资本的控制下成为其巨大附属物和经济殖民地。如轰动全球的棱镜门事件,将微软、谷歌、苹果等科技巨头一并拉进信任危机的泥潭,再次印证了外国政府与跨国资本相互勾结的事实。美国政府利用高科技公司的网络和信息系统监控和获取全球军事情报、商业信息、个人数据等,这种以隐秘方式进行的对他国主权、网络安全和人权保护的公然侵犯,非常符合霸权主义的一贯传统,既不是偶然事件,也不可能有所终结,时刻折射出美国霸权主义着意塑造网络霸权空间的战略意图。值得关注的是,微软、谷歌、苹果这些自诩为自由开放典范的市场宠儿"唯命是从"地与美国情报机构交换数据、提供"后门"方便,理应遭受的不应该仅仅是市场道德的反诘。

开放秩序框架下的全球市场息息相关,一个市场的波动和恐慌,必然会牵动其他市场的连锁反应。美国等发达资本主义国家长期坚持将新自由主义竞争规则作为交换关系和资本流动的基础,从而将新兴市场逐一拉拢进资本流动和产业联动的全球化发展体系,尤其在发达国家市场爆发经济危机时,更是无一例外地利用世界市场的内在关联转嫁危机。2007年爆发的次贷危机之所以席卷全球,正是美国金融资本在自由市场旗幡下,利用微观领域的金融产品创新、金融一体化、美元大循环等多种要素手段网结一个残酷的金融陷阱。后危机时代,美国政府与金融资本合谋变相地实施财政性货币发行,以政府信用弥合私人信用肆意释放货币和信贷,长期化、高强度的量化宽松政策一再刺激能源、食品和服装等产品价格不断飙升,大幅度降低劳动者的真实收入,是以卑劣的"劫贫济富"方式进行偏向于金融资本的社会财富再分配。美国金融垄断资本集团及其利益代表无节制地超经济发行货币,无异于间接操控汇率,将全球货币和汇率体系推向"无序贬值"的动荡边缘,而流动性过剩所推动的国际大宗商品价格持续上涨,也正在使新兴市场广泛承受着输入性通胀的压力。"中国市场"虽然在危机期间成为众多

---

① 《马克思恩格斯选集》第1卷,人民出版社1995年版,第201页。

跨国公司重要的避风港和利润源,但不可避免地受到国际垄断资本力量的冲击,极其容易出现市场的脆弱性、波动性和不稳定性等问题。

由此可见,开放的市场是各种资本力量空间交互的集合,而竞争则是资本之间相互作用的外化与展现。在一个资本自由流动的开放市场框架内,规制市场竞争行为,必然"要以资本本身的发展为前提,"①尤其在跨国垄断资本借由各种路径机制肆意扩张、剥夺积累的时代背景下,无视垄断资本行为的分析,将国有企业、国有资本界定为市场紊乱之源,无疑是以一个半抽象半具体的特定市场概念代替多样具体的实体市场空间,由此构建的市场秩序自然丧失了对象性和非孤立性。

二、市场秩序的目标主旨:垄断资本控制下的结构性竞争关系

一些学者虽然长期倡导构建"竞争性市场",但总是一味地着眼于"顶层设计",即我国未来市场秩序的理想目标是什么、它具备怎样的特征和效用,却从未系统揭示完美的市场秩序的创造来源和作用方向,即我国社会主义市场经济的秩序构建的根本原点是什么,它要解决哪些战略性核心问题,这些问题形成的基本条件是怎样的,以及这种市场秩序的作用对象和作用方式。在马克思哲学视野中,秩序是一种关系存在物,"非对象性的存在物是非存在物"②,市场秩序在本质上也就是现实的市场行为、市场关系本身,它不可能凭空形成和存在,而是一定时空条件下市场行为过程和市场关系变迁的凝结物。离开了当下存在的市场关系的思考,秩序问题只是一个纯理论的抽象问题。那么,市场秩序也必然要作用于市场行为的决策过程,指向具体的作用对象。因此,构建组织化、结构化的社会主义市场经济秩序,并使之有的放矢,首先要明确是为了约束谁的行为,回归"实际发生并受'事实的经济状态'限定的人类行动之间的关系"的研究。③

---

① 马克思:《马克思恩格斯全集》第47卷,人民出版社1979年版,第352页。
② 马克思:《1844年经济学哲学手稿》,人民出版社2000年版,第106页。
③ [德]马克斯·韦伯著,张乃根译:《论经济与社会中的法律》,中国大百科全书出版社1998年版,第13页。

一般而言,不确定环境下的各种市场行为,确切反映了买方、卖方之间,以及卖方群体内部不同角色主体之间的多元结构性竞争关系。买卖双方基于预期交易价值所表现的决策行为,既包括了接触谈判、现场测试、购买支付、物流配送和安装调试等双方同步参与的实质交易行为,也包括交易前后双方各自开展的辅助交易行为,如买方交易前进行的信息搜集、比较分析、评估选择和交易后做出的反应评价等,以及卖方交易前开展的市场分析、研发生产、传播推广和交易后从事的验证评估等。买卖双方的行为方式彼此交集、相互影响,始终遵循需求的逻辑导向,即买方倾力于需求的认知、表达、传递和实现,卖方致力于需求的识别、物化、传播、满足和保障。诚然,在买方市场状态下,买方处于谈判交易的主导地位,买方需求驱动并引导卖方的决策行为,只有适应需求、满足需求的市场行为才能持续长久、循环往复。然而,迄今为止,全球范围内的能源、信息技术、生物、高端装备制造等产业和品牌奢侈品等市场仍然呈现卖方市场特征,尤其是一些跨国公司依靠雄厚的资本实力,投入大量资源进行产品创新、技术创新和材料创新,并赋予品牌以独特的功能性价值、情感性价值、认知性价值和社会性价值,从而持续不断地创造和引导新的需求。值得注意的是,仅仅从价值创新的角度判断,似乎这种交易模式契合了买方的高端消费动机,更有利于推动市场的细分化、个性化的拓展和深化。然而,在卖方高效的市场运营绩效背后,其实隐藏着卖方掠夺买方价值、催生畸形消费等问题。一方面,卖方主权占据市场交易的主导地位,很难避免卖方利用买方非专业购买的特征,故意隐瞒原料、生产、产品等风险信息或传播质量、功能、效用等虚假信息,利用信息不对称优势设计"产地游戏",强迫买方交易以获取剥夺性收益。很多国际知名品牌一味强调其欧洲纯手工工艺血统,至今仍拒绝承认代工生产事实,刻意诉求所谓的"品牌发源地制造",其实是将在我国和其他发展中国家生产的产品运回欧洲,装上拉链、纽扣等配件,最终以"纯血种"原产地形象面市。可见,通过隐蔽关键信息达到获取暴利,早已成为资本力量统治高端市场的潜规则。另一方面,卖方赋予品牌更多新的价值含义的同时,也无一例外地

>> 中国需要什么样的市场经济

利用价值的感知特性从情感上绑架买方。许多品牌在信息传播和商业推广过程中,坚持不懈地进行消费者教育,倡导自我表现、拜物教、享乐、攀比、浮华、媚洋等价值观、消费观,同时为了迎合新富阶层的品位与身份彰显、特权意识、优越感、奢侈、炫耀等心理,不断地设置消费壁垒,排斥大众购买。"骄泰奢侈,贪欲无艺"畸形的消费标杆和认知尺度严重腐化了社会的民族性、发展性根基。"棱镜门事件"再次提醒我们,必须重视关乎国家网络和通信安全的信息设备采购,目前在我国政府、电信、金融、石油、化工等核心领域内,有大量设备来自以思科为代表的美国"八大金刚"(思科、IBM、谷歌、高通、英特尔、苹果、甲骨文、微软)。其中,以思科的潜在危害最大,它的主要领地在网络基础设施领域,其产品已经全面渗透到我国电信、金融、石油、化工等关系到国计民生的关键信息基础设施中,相当于把持了我国大部分网络的命脉。① 然而,思科同时也是美国政府和军方的通信设备和网络技术设备主力供应商,一旦战争爆发,市场契约如何抵抗国家命令,我国又如何在思科部署的全球网络中维护网络安全?

资本之间存在各种趋利避害的竞争斗争。科技进步尤其是交通通讯业的飞速发展,有效消除了特定区域的传统市场保护壁垒,从而将资本力量从距离冲突的约束中解放了出来,不断尝试新的市场运营实践。由于一定时空条件下的市场需求规模总是既定的,就价值总量而言,市场利益具有稀缺性和有限性,那么,来自其他国家和地区的卖方自由进入该区域市场,必然激化了基于利益分割的卖方群体内部矛盾,即产业链之间、产业链内部相关企业之间的竞争行为。进入21世纪以来,随着社会经济的发展和国际化视野的拓展,市场需求已经不再拘囿于价格、功能、性能、质量等传统要素的权衡比较,个性化、多样化、动态化等方面的需求偏好开始成为影响买方决策的重要因素。近些年,在新材料、新技术、新工艺、新媒介的推动下,市场上的新产品和替代品层出不穷,市场需求在购买方式、订单履行、体验感知、订

---

① 马燕:《美"八大金刚"控制中国网络命脉 国货替代战略刻不容缓》,载于《证券日报》,2013年6月17日,第C2版。

制服务等方面呈现出多向度的发展新趋向,如愈发重视产品信息的真实可靠、接触情境的便利舒适、订单系统的操作简单、支付手段的便捷安全、效用保障的充足可信等,基本上覆盖了产品研发、生产计划、物流配送、渠道管理、营销推广、客户关系管理等全部市场业务环节。因此,卖方不仅要时刻关注同业竞争,也要谋划应对行业衰退和变革的潜在风险,更要承付来自买方的全方位、精细化的诉求压力。这就意味着,市场竞争终将超越单体组织,而在扩展的组织集群层面展开,如果卖方仍然局限于生产者、经营者等单一身份属性,固守通过内部有限资源的优化配置维系市场竞争力的思维,必然会逐渐丧失其竞争优势。相反地,卖方只有突破传统意义上的单一组织边界,将管理触角渗透到价值链上、下游的节点组织,以一个集成诸多职能"一体化"式的扩展组织身份属性开展系统性运作,优化配置整个虚拟企业的资源,以品牌为载体培育价值链的核心竞争能力,才能在国际化分工和全球化竞争版图中博取一席之地。

价值链之间的竞争不同于企业之间的竞争,其竞争广度从价值链终端平台拓展到价值链前端网链系统,竞争深度从成本、质量、服务水平等单一需求指向深化到价值创造、价值传递和价值实现等多维度价值目标,竞争能力也衍生出商品可得性、流程可见性、订单可跟踪性等全新内涵,从而对相关企业提出了更高要求。其一,商品可得性要求价值链所有成员同步计划,严格控制产品出产的数量、时间和配套性,尤其在买方追加或下达紧急订单时,能够通过柔性生产及时响应订单要求。其二,流程可见性要求价值链依托集成化的信息管理系统,彼此集成、交互和共享订单信息、库存信息、生产信息、产品信息等,将价值链成员之间不同层次和属性的业务环节无缝衔接为清晰可见的业务流程,最大限度地消除价值链内部的不确定因素。其三,订单可跟踪性要求价值链建立完整的订单档案,保持采购、生产、物流、销售等作业进程时刻与订单保持对应关系,在价值链外部环境发生突发意外影响交易契约履行时,能够保证高优先级订单。毫无疑问,作为价值链竞争的组织者和主导者,核心企业承担着协调供应商、制造商、分销商、外协企业之间的关系,建立柔性生产机制,整合资源再造流程,以及客户管理等系统化职能,不仅需要具有强大的资本基础,还必须具备科技研发、管理模式创新等实力。苹果之所以凭借一款手机产品占据全球手机利润的73%,正是有赖于其独特的价值链"苹果模式"。苹果将大量手机工程师分派到上游元器件工厂,完全控制手机生产的每道环节,了解每一个元器件的来源、研发、生产、测试等过程,通过模糊设计开发和制造生产的界限,无缝把控全价值链的整体运作,从而保证苹果手机的利润率。Dell、丰田、宝洁、联合利华等公司,无一不是通过倾力打造价值链以获取长期竞争优势,商业巨鳄沃尔玛更是在运用信息技术支撑信息共享方面不遗余力。1985~1987年间,沃尔玛投资4亿美元发射了一颗商用卫星,实现公司总部与全球2400多家分店、100个配送中心以及数千家供应商的信息交互集成,确保沃尔玛的销售成本低于同行业平均销售成本的2%~3%,成为沃尔玛全年低价策略以打击竞争对手的有力武器。我国只有联想、华为、海尔等寥寥少数公司构建了有效参与全球市场竞争的价值链,"走出去"仍然任重道远,"引进来"却危机四伏。我国大中城市60%以上的民生用品市场交易支配权已被外国资本巨头所缔造价值链掌控,这就是自由化的市场经济自然演变的现实结果。

在价值链主宰全球市场份额分割的现实背后,其实还充斥着另外一种更为隐秘、更为残酷的竞争关系,它是价值链成员之间基于价值收益分配形成的较量和冲突。只是长期以来,当事双方对此一直缄默其口,不去撕破这层纸。正如微笑曲线所显示的,价值链的不同业务环节创造的附加价值存在明显差异,高附加值的战略环节一般分布在价值链的两端,即研发设计和市场推广,而处于中间环节的加工制造的附加值则最低。当然,并非任何企业都有能力嵌入战略价值环节,技术和资本两道进入壁垒为此类环节注入了某种程度的垄断性质。担当核心企业的概莫能外是掌控某种核心竞争能力的企业权威,并在谁占据价值链的核心环节谁就具有利益分配的话语权和控制权的游戏规则下,支配整个价值链的财富流向。长期以来,关乎我国整体创造力、竞争力和综合国力的制造业,虽然顶着全球第一制造基地的头衔,拥有厂房、设备、员工等较强的生产能力,但是由于缺乏核心竞争力,一直受制于外国垄断资本控制下的产业品牌网链,生存在全球价值链的中低端。许多企业只能依靠代工订单模式,从事简单零部件的生产和加工装配等环节,赚取"像纸一样薄"的利润。广州市番禺区一家手袋厂浓缩了我国代工企业的境遇,它以20～30美元结单卖出的奢侈品牌包,其市场最终售价高达400～500美元,除了贸易公司赚取了10%～20%的利润,实际投入成本不到10%的品牌商独享40%～50%的利润,而这家手袋厂在扣除材料成本、人工成本、水电租金等成本之后,毛利还没超过10个点。可见,从价值链收益分配失衡的角度而言,年产上万件的偌大工厂只是一个"可怜的代工奴隶"！不仅如此,缺乏独立品牌运作的制造企业,也最终丧失了经营活动的自主权,如代工企业的零部件供应商的选择权归属于品牌商,一旦供应商供货延迟导致代工企业逾期交货,违约责任完全由代工企业承担。随着我国人力成本等多种综合成本逐年上升,一些代工企业甚至被倒逼出境设厂。可见,跨国流动资本对国际垂直生产网络化体系的超强控制,体现了何等的歧视和剥削,已经超出了话语权、定价权的范畴,变为生存权的争夺。这些处于制造环节的企业不主动嵌入国际资本控制的价值链意味着无法进入市场,而低端嵌入又被其牢牢控制难以摆脱,不仅要承担来自市场不确定性的经营管理压力,还要承受来自资本霸权以危机事件为借口肆意毁约的转嫁风险,深陷于消耗大量资源、破坏生态环境、同质竞争激烈、价值收益微薄的傀儡式生存桎梏。

既然市场秩序是市场公平的现实可能与对进一步公平渴望的激发,就需要深入探讨市场现实矛盾冲突爆发的根源,综上所述,跨国垄断资本穷尽手段的全面扩张和强势压制,正是引发我国市场关系失衡的源头。因此,无论何种模式的市场秩序,都应该最终指向国际垄断资本为核心的结构性市场竞争关系。

三、市场秩序的路径原则：国家强制权力下的垄断资本权力制衡

吴敬琏教授认为"由于政府在资源配置中起基础性作用的命令经济旧

> ≫ 中国需要什么样的市场经济

体制遗产,20世纪末初步建立起来的体制远不是一个完善的市场经济体制,充其量可以叫做'政府主导的市场经济体制'"。①继而他提出,"任何在权力控制下发生的交易都将是其他形式的交易,绝不是市场交易,任何在权力支配下失去竞争性的市场,只是一种貌似市场的假市场,而不是真正的市场。"②不难发现,"竞争性市场"倡导者所表述的重点并非是强调市场竞争的重要性,也不是揭示垄断力量对市场竞争的破坏,而是为了藉由所谓的权力批判,向国家资本权力和国家强制权力说"不",完全投入国际垄断资本组织的"自由怀抱"。一方面,对于任何真实的社会生活而言权力都是必要的、无所不在的,市场经济活动过程也一定充斥着市场权力的斗争,市场竞争样态必然反映了市场权力的占有方式和较量结果,而市场秩序则要求通过有效的权力制衡实现构建初衷。我们不禁要问,剖离了权力的市场还是一个真实的市场吗?另一方面,市场权力并非是国家所独享的,任何企业和个人都具有强烈追求占绝对优势的市场支配权的自然欲望。市场竞争状态取决于来自各方的市场权力相互影响、相互作用的结果,市场垄断则是市场权力结构失衡的外在表现。本文认为,基于权力主体一元论的权力批判实际上是一种"伪市场权力批判":一是它没有区分"权力"的逻辑层次及其含义特征,不仅将市场竞争关系的微观基础——市场权力等同于市场制度化管理层面的国家强制权力,而且将市场权力独断为国家资本权力,完全无视私人资本权力,尤其是国际资本组织市场权力的事实存在;二是它将市场垄断视为政府干预的结果,完全抽象掉市场竞争的微观基础,使市场权力竞争—市场垄断—国家强制权力干预—市场秩序—市场权力均衡的逻辑路线,扭曲为国家强制权力干预—市场垄断—市场秩序—市场权力消亡的悖论。

各国历史事实表明,私人资本权力虽然能够激发巨大能量,但缺乏约束的绝对自由无法抑制经济主体的利己天性,普遍存在的垄断倾向便不断地

---

① 吴敬琏:"期望十八大建立新的改革共识",凤凰网,2012年10月30日。
② 吴敬琏:"市场的灵魂在于竞争",《金融时报》,2013年2月25日,第2版。

催生私人垄断组织。在那些可能地方,它们始终试图排除竞争,赢得和维持垄断地位,最终,市场竞争的结果只取决于私人资本权力和垄断地位的强弱程度。当泛滥的私人资本权力渗透并主宰整个社会经济时,被私人资本权力集团确立的经营规则就具有了强制权,尤其是在垄断斗争"关闭"市场的目的驱使下,其他公民的经营自由、契约自由等自由权利被削弱或取消。因此,在私人资本权力意识控制下的自由是形式化的自由,满足一种自由便可能成为对另一种自由的威胁,自然权力消灭自由权利,必然导致市场道德价值标准失效,由此产生了限制自然状态的绝对自由的国家任务。伴随资本流动的全球化,私人资本权力的触角有机会超越国界延伸到全球开放市场的任何一个角落,计划有序地改造一个国家的市场竞争面貌。事实正是如此,这些私人资本权力集团一直在恣意分享着资本控制下的垄断利益,并借助反对民族情感的"理性人"之口刻意强调市场选择、垄断无害,"抹杀垄断和竞争的区别",①使之回避秩序的规制和国家的干预。我国农业发展的现实问题恰恰反映了外国私人垄断资本的权力意识和战略布局。改革开放以来,我国制造业、物流业、服务业无不经历了跨国资本合资、独资、并购等声势浩大的冲击,相比之下,农业似乎是资本大鳄无所作为的领域,其实这种直接指向国家安危的垄断战争从未停止过,只是我国农业企业在外国私人资本权力集团紧逼下的节节败退的事实被莫名地漠视了。从2003~2006年,在托福国际集团、邦吉、嘉吉、路易达孚等国际资本公司多重算计、挤压和兼并攻势下,我国大豆种植业彻底破产,豆油压榨业集体沦陷。原本全世界产量最高的大豆出口国,已经完全被价格低廉的美国大豆供应商牢牢控制,而美国豆农之所以能够以低于成本价的价格向中国倾销,正是因为这些私人资本集团获得了足够的美国政府的财政补贴。1954年,美国国会通过了《农产品贸易发展和援助法》,通过高额农业补贴向海外市场倾销农产品,把粮食援助或商业出口作为一种筹码,以换取别国在贸易和政治上的让步,获取美国所需的矿物资源和能源,向有支付能力的国家索要较高的粮食出

---

① [德]瓦尔特·欧肯著,左大培译:《国民经济学基础》,商务印书馆2010年版,第161页。

口价格以增加国家收入,等等。曾任美国农业部长的厄尔·布茨在 1974 年 11 月 19 日的《时代》杂志上撰文:"粮食是一种手段。它在美国外交谈判中是一种武器。"不仅仅是大豆,棉花、玉米、钾肥、种子、农药、转基因等农业产业链无一幸免。2010 年,中国进口大豆 5480 万吨,80% 来自美国;中国食用油市场,65% 以上的份额掌握在外资手中;2011 年,中国进口棉花 336.38 万吨;2010 年,美国"先玉 335"玉米种的播种面积占中国玉米播种总面积的 13%;中国每年生产化肥消耗 1000 多万吨钾盐,其中 600 多万吨依赖进口;一粒洋种子,竟然可以卖出金子的价格,[①]等等。这是何等的悲哀和危险,国以民为本,民以食为天,当一个国家的农业命脉掌控在外国资本势力手中,公民生存的砝码寄托于充满各种变数的国际贸易,一纸契约一旦遭到破坏,国家的安全、主权和尊严岂非危如累卵。

由此可见,私人资本权力的膨胀和扩张必然导致市场的失衡,从而诱发专制化的市场行为,危及他人、他国的自由,甚至成为一种制度性霸权。因此,若想彻底避免私人资本权力过度集结问题,剥夺私人垄断资本的极端权力意识的控制与依赖,必须依靠国家强制力量,建立和维持的一种平等有效竞争下的经济秩序,对其进行政策处境的约束和干预,从而将个人利益、集体利益和公共利益导入和谐的轨道。政府干预并不代表排斥市场、重回计划经济,计划经济是国家机构将一切市场权力集中在自己手里,对日常经济过程进行集中计划管理,它不仅全面决定生产资料的分配,还直接控制社会的经济过程,并制定和实施以标准化、规格化和规范化为前提的中央计划以解决稀缺问题。政府干预则是国家机构利用国家强制权力构建一个预期合理的经济秩序框架,为市场经济主体提供行为规范,使经济竞争过程的各个部分都能充分纳入其中,正如党的十八届三中全会《决定》所言,"政府的职责和作用主要是保持宏观经济稳定,加强和优化公共服务,保障公平竞争,加强市场监管,维护市场秩序,推动可持续发展,促进共同富裕,弥补市场失灵。"可以说,政府干预是以竞争秩序为媒介,以间接方式干预市场条件的改

---

① 农业问题专家臧云鹏出书谈"中国农业真相",凤凰网,2013 年 3 月 7 日。

善,而不直接控制经济过程以改善经济产出结果,这就决定了竞争秩序必须实现功能媒介的物化和作用方式的置换,因此,各种竞争秩序政策成为竞争秩序的转化表征和实现形式。在竞争秩序政策的设计和执行需要重点考虑两个问题:一是重视每个国家的具体条件的考察,依据实际的动态经济过程制定切合的经济政策,"人们不可能制定出一部适用于所有国家的、包罗万象的经济政策法典"①,"竞争秩序的实现和维持要求根据历史'时刻'采取不同类型的经济政策措施"②。二是竞争秩序政策是一个多元维度结构系统,只有关注多种经济政策之间的相互依赖和复杂互动,使诸如"工业政策、外贸政策、农业政策和货币政策等服从于总体决策,相互协调,并成为一个整体"③,才可以逐渐改变经济秩序的形式,继而趋向理想的经济秩序模式,并使其完善并合理地调节整个经济过程。

美国作为自由市场原教旨主义的坚定宣扬者和自我标榜者,在国家强制权力与私人资本权力组织联姻,大力助推本国资本全球流动的同时,政府强制干预国际贸易的单边主义活动却从未停止,一贯地对内对外实行双重贸易准则的行为方式无疑是其霸权经济的体现。美国"301条款"法律制度代表了美国新贸易保护主义的政策观念,自1974年制定以来便成为美国保护其本国利益的有力武器。按照该法律规定,如果其他国家的商品进入美国市场,就必须以同等条件开放市场,一旦美国人认为开放国的贸易政策和行为不符合美国利益和标准,美国就会动用"301条款"制裁,以此达到强迫贸易伙伴改变其贸易政策的目的。不难判断,从市场竞争秩序到政府干预,都与市场发育程度并无直接关系,而是与该国某种产业的国际竞争力密切相关,并且也都自然地承载着民族性使命。本国企业的产品可以卖给谁不能卖给谁、本国企业与谁合资、本国企业卖给谁等问题,都是美国政府干预的辐射领域。因此,美国在军品、军民两用品以及无线、芯片、软件、安全、雷达等高科技领域均对中国采取限制出口政策;在中国的纺织品对美国本土

---

① [德]瓦尔特·欧根著,李道斌译:《经济政策的原则》,上海人民出版社2001年版,第271页。
② 同上,第271页。
③ [德]瓦尔特·欧根著,李道斌译:《经济政策的原则》,上海人民出版社2001年版,第330页。

产业构成威胁时,接踵而来的必然是美国政府提起的反倾销控诉;当华为、中兴在美显示出强劲的业务拓展能力后,被认定"对美国国家安全构成威胁"事件,也都不足为奇了。

  市场秩序不是孤立的,它必须与法律秩序等其他秩序协调统一,并服从整个社会的秩序体系,因此,没有国家强制权力的合理化、专门化,就没有现代意义上的市场秩序。行使国家强制权力的"政府干预"是市场秩序赖以存在和发挥作用的必要条件。"当一国在世界主导产业中取得了竞争优势时,该国一定高举自由贸易的大旗,而当一国在世界主导产业中丧失了竞争优势时,该国就会变着法子采取保护主义政策。"[①]任何一个国家实施政府干预都是维护本国利益的理性决策,尤其在来自外国私人垄断资本和政府强制权力的剥夺本性如此昭然、侵占势力如此强大的当今,弱者的自我保护并不违背自由交易的主旨。从这个意义上,或许可以说,正是有了小而强的政府的干预,一种契合一国国情、消除所谓"世界主义"的竞争性市场才能得以实现和延续,从而契合党的十八届三中全会《决定》提出的"不走封闭僵化的老路,不走改旗易帜的邪路,坚定走中国特色社会主义道路"。

[①] 方兴起:《米赛斯的谬论:社会主义不可行与资本主义是唯一的出路》,载于《马克思主义研究》2012年第12期。